Kompakt-Lexikon
Wirtschaftsmathematik und Statistik

Lizenz zum Wissen.

Sichern Sie sich umfassendes Wirtschaftswissen mit Sofortzugriff auf tausende Fachbücher und Fachzeitschriften aus den Bereichen: Management, Finance & Controlling, Business IT, Marketing, Public Relations, Vertrieb und Banking.

Exklusiv für Leser von Springer-Fachbüchern: Testen Sie Springer für Professionals 30 Tage unverbindlich. Nutzen Sie dazu im Bestellverlauf Ihren persönlichen Aktionscode C0005407 auf
www.springerprofessional.de/buchkunden/

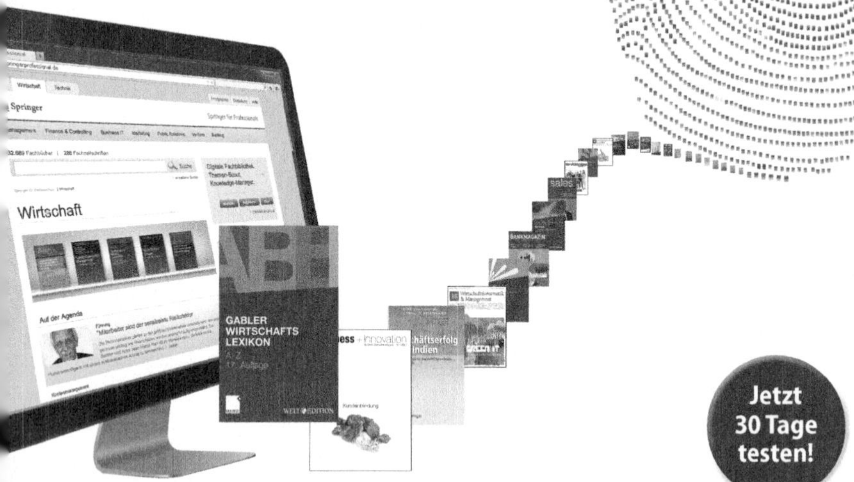

Jetzt 30 Tage testen!

Springer für Professionals.
Digitale Fachbibliothek. Themen-Scout. Knowledge-Manager.

- 🔑 Zugriff auf tausende von Fachbüchern und Fachzeitschriften
- ⊙ Selektion, Komprimierung und Verknüpfung relevanter Themen durch Fachredaktionen
- 🔖 Tools zur persönlichen Wissensorganisation und Vernetzung

www.entschieden-intelligenter.de

Springer für Professionals

Springer Fachmedien Wiesbaden (Hrsg.)

Kompakt-Lexikon Wirtschaftsmathematik und Statistik

750 Begriffe nachschlagen, verstehen, anwenden

ISBN 978-3-658-03180-0

Die Deutsche Nationalbibliothek verzeichnet diese Publikation in der Deutschen Nationalbibliografie; detaillierte bibliografische Daten sind im Internet über http://dnb.d-nb.de abrufbar.

Springer Gabler
© Springer Fachmedien Wiesbaden 2013
Das Werk einschließlich aller seiner Teile ist urheberrechtlich geschützt. Jede Verwertung, die nicht ausdrücklich vom Urheberrechtsgesetz zugelassen ist, bedarf der vorherigen Zustimmung des Verlags. Das gilt insbesondere für Vervielfältigungen, Bearbeitungen, Übersetzungen, Mikroverfilmungen und die Einspeicherung und Verarbeitung in elektronischen Systemen.

Die Wiedergabe von Gebrauchsnamen, Handelsnamen, Warenbezeichnungen usw. in diesem Werk berechtigt auch ohne besondere Kennzeichnung nicht zu der Annahme, dass solche Namen im Sinne der Warenzeichen und Markenschutz-Gesetzgebung als frei zu betrachten wären und daher von jedermann benutzt werden dürften.

Redaktion: Stefanie Brich, Claudia Hasenbalg
Layout und Satz: workformedia | Frankfurt am Main | München

Gedruckt auf säurefreiem und chlorfrei gebleichtem Papier

Springer Gabler ist eine Marke von Springer DE.
Springer DE ist Teil der Fachverlagsgruppe Springer Science+Business Media
www.springer-gabler.de

Autorenverzeichnis

Dr. **Benjamin Auer**, Universität Leipzig, Leipzig
Sachgebiet: Ökonometrie

Professor Dr. **Heinrich Holland**, Fachhochschule Mainz, Mainz
Sachgebiet: Angewandte Wirtschaftsmathematik

Professor Dr. **Udo Kamps**, Rheinisch-Westfälische Technische Hochschule, Aachen
Sachgebiet: Statistik

Professor Dr. **Marco Lübbecke**, Rheinisch-Westfälische Technische Hochschule, Aachen
Sachgebiet: Operations Research

Professor Dr. **Horst Rottmann**, Hochschule Amberg-Weiden, Weiden
Sachgebiet: Ökonometrie

Abkürzungsverzeichnis

a.	anno (Jahr)
Abb.	Abbildung
Abk.	Abkürzung
allg.	allgemein
amerik.	amerikanisch
AO	Abgabenordnung
Aufl.	Auflage
bes.	besonders(-e, -es, -er)
bez.	bezüglich
BGB	Bürgerliches Gesetzbuch
bspw.	beispielsweise
BUrlG	Bundesurlaubsgesetz
bzw.	beziehungsweise
ca.	circa
d.h.	das heißt
engl.	englisch
etc.	et cetera
EU	Europäische Union
e.V.	eingetragener Verein
evtl.	eventuell
f.	folgende(-r/-s)
ggf.	gegebenenfalls
griech.	griechisch
HGB	Handelsgesetzbuch
Hrsg.	Herausgeber
i.Allg.	im Allgemeinen
i.d.R.	in der Regel
i.e.S.	im engeren Sinn

inkl.	inklusive
i.w.S.	im weiteren Sinn
mind.	mindestens
Mio.	Millionen
Mrd.	Milliarden
o.Ä.	oder Ähnliches
RVO	Reichsversicherungsordnung
s.	siehe
S.	Seite
sog.	sogenannte(-r, -s)
u.a.	und andere; unter anderem
u.Ä.	und Ähnliche(-s)
usw.	und so weiter
u.U.	unter Umständen
v.a.	vor allem
vgl.	vergleiche

Abfertigungseinheit – Betrachtungseinheit in einem → Wartesystem, die Attributänderungen an Transaktionen vornimmt und i.d.R. einen Engpass darstellt. – *Beispiele:* Kasse, Telefonzelle, Monteur.

Abgangsfunktion – *zeitlich kumulierte Abgangsfunktion;* Begriff aus der → Verlaufsstatistik. In der beschreibenden Statistik (→ deskriptive Statistik) ordnet die Abgangsfunktion A jedem Zeitpunkt t die Abgangsmenge (oder die Anzahl der Abgänge) A(t) im Beobachtungsintervall (t_0; t) zu; t_0 ist dabei ein fest gewählter Beobachtungsbeginn.

Abgangsordnung – Begriff aus der → Verlaufsstatistik. Die Abgangsordnung konkretisiert numerisch, wie ein vorhandener Bestand abgebaut wird. Die Abgangsordnung zur Zeit t gibt die → Wahrscheinlichkeit dafür an, dass ein Element des Bestandes nach t Zeiteinheiten noch zum beobachteten Bestand gehört. – *Beispiel:* Die Anzahl der Überlebenden in einer Sterbetafel ist eine tabellarische Aufzeichnung eines Abgangsmodells und erzeugt durch Normierung eine spezielle Abgangsordnung.

Ablehnungsbereich → kritische Region.

Ableitung – Grundbegriff der → Differenzialrechnung. Die Ableitung f' gibt die → Steigung einer Funktion an, die Ableitung f" die Krümmung einer Funktion. – Vgl. auch → Differenzialquotient, → Extremwert, → Wendepunkt.

absoluter Betrag – einer reellen Zahl a; in Zeichen: |a|. Es gilt:

$$|a| = \begin{cases} a, & \text{falls } a \geq 0 \\ -a, & \text{falls } a < 0 \end{cases}$$

absoluter Fehler → Fehler.

Abszisse → Koordinatensystem.

Abweichungen – I. Statistik: Die absoluten, also ohne Vorzeichen betrachteten Differenzen zwischen den einzelnen Merkmalswerten und einem Lagemaß in einer → Stichprobe oder einer → Gesamtheit. Diese Abweichungen kennzeichnen die → Streuung von Merkmalswerten in einer Stichprobe oder einer Gesamtheit und führen zu → Streuungsmaßen.

II. Kostenrechnung: 1. *Charakterisierung:* Differenz zwischen Ist- und Plan-Kostenwerten (Kostenabweichungen). Abweichungen werden zur Kontrolle unternehmerischer Entscheidungen und ihrer Umsetzung ermittelt. Obwohl dies einen nicht unbeträchtlichen Aufwand erfordert, müssen Abweichungen ständig ermittelt werden und Abweichungsarten stets Gegenstand von Wirtschaftlichkeitsüberlegungen sein. – In der Plankostenrechnung werden Abweichungen bei der Ermittlung des Einflusses der Kostenbestimmungsfaktoren zur Kontrolle der Wirtschaftlichkeit berechnet. – 2. *Formen/Teilabweichungen:* a) *Abweichungen vor der Kostenartenrechnung:* (1) *Preisabweichungen:* Differenz zwischen den zu Istpreisen und den zu Verrechnungspreisen bewerteten Materialmengen. Erfassung beim Zugang oder Verbrauch der Materialien entweder in der Finanzbuchhaltung oder in der Betriebsbuchhaltung. (2) *Lohnsatzabweichungen:* Differenz zwischen den zu Effektivlohnsätzen und Planverrechnungslohnsätzen bewerteten Arbeitszeiten. – b) *Einzelkostenabweichungen:* (1) *Einzelmaterial-Verbrauchsabweichungen:* Differenz zwischen Isteinzelmaterialkosten einer Kostenstelle und Planeinzelmaterialkosten. Zu ermitteln für jede Materialart. Ursachen: außerplanmäßige Produktgestaltung, außerplanmäßige Materialeigenschaften, Mischungsabweichungen und Schwankungen der innerbetrieblichen Wirtschaftlichkeit. (2) *Arbeitszeit- oder Leistungsabweichungen:*

Vgl. d) (5). – c) *Abweichungen in der Kostenstellenrechnung:* (1) *Beschäftigungsabweichungen:* Tritt nur in der Vollplankostenrechnung auf. Differenz zwischen Sollgemeinkosten der Istbezugsgröße und den verrechneten Plangemeinkosten der Istbezugsgröße. Die Beschäftigungsabweichungen sind die im Fall der Unterbeschäftigung zu wenig und im Fall der Überbeschäftigung zu viel auf die Kostenträger verrechneten fixen Kosten. Deshalb stellen sie keine echte Kostenabweichung, sondern nur eine Verrechnungsdifferenz (Rechenfehler aufgrund der vorgenommenen Fixkostenproportionalisierung) zwischen Kostenstellenrechnung und -trägerrechnung dar. Die Grenzplankostenrechnung weist keine Beschäftigungsabweichung aus (Leerkostenanalyse). (2) *Verbrauchsabweichungen (Mengenabweichungen):* Differenz zwischen Ist-Gemeinkosten und Soll-Gemeinkosten der Istbezugsgrößen, in jeder Kostenstelle kostenartenweise zu erfassen. In der Plankostenrechnung die Wirtschaftlichkeitsabweichung i.e.S. – d) *Abweichungen zwischen Kostenstellen und -trägern:* (1) *Verfahrensabweichungen (Arbeitsablaufabweichungen):* Differenz zwischen den Kosten eines Arbeitsganges des Istverfahrens und des Planverfahrens. Da den Kostenträgern stets die Plangemeinkosten angelastet werden, die dem geplanten, meist optimalen Verfahren entsprechen, entsteht zwangsläufig bei Verfahrenswechsel eine Abweichung zwischen der Kostenstellen- und der Kostenträgerrechnung. Sie setzt sich zusammen aus: Kostensatzabweichung und Fertigungszeitabweichung. (2) *Seriengrößen-Abweichungen:* Abweichungen infolge außerplanmäßiger Seriengröße, wenn in der Kostenstelle mit zwei Bezugsgrößen (Rüststunden, Fertigungsstunden) gerechnet wird. In der Plankalkulation wird der Kalkulation der Kostenträger eine Planrüstzeit-Relation (Verhältnis von Planrüststunden zur Planfertigungszeit) zugrunde gelegt. Den Kostenstellen werden jedoch die den effektiven Seriengrößen (Istrüstzeit-Relation) entsprechenden Plangemeinkosten gut gebracht. Die hierdurch entstehende Abweichung wird als Seriengrößen-Abweichung bezeichnet und stellt die mit dem Plangemeinkosten-Verrechnungssatz der Rüststunde bewertete, eingetretene Rüstzeitabweichung dar. Wird in der Kostenstelle nur eine Bezugsgröße (Fertigungszeit) verwendet, so schlägt die Seriengrößen-Abweichung in die Verbrauchsabweichung durch. (3) *Verrechnungsabweichungen:* Werden in einer Kostenstelle während der Planungsperiode verfahrenstechnische und/oder kapazitätstechnische Änderungen vorgenommen, so werden sich die zu verrechnenden Plangemeinkosten-Verrechnungssätze unterscheiden, was zur Folge hätte, dass man auch die Plankalkulation aller in dieser Kostenstelle bearbeiteten Kostenträger ändern müsste. Diese Korrektur wird wegen der Änderungskosten meist erst in der nächsten Planperiode vorgenommen. Die so zwischen Kostenstellen- und Kostenträgerrechnung entstehenden Differenzbeträge bezeichnet man als Verrechnungsabweichung. (4) *Intensitätsabweichungen:* Differenz zwischen Sollgemeinkostenvorgabe bei Ist-Intensität und Sollgemeinkostenvorgabe bei Plan-Intensität. (5) *Arbeitszeit- oder Leistungsabweichungen:* Die mit dem Plan-Verrechnungssatz pro Stunde bewertete Differenz der Ist-Fertigungsstunden und der Planfertigungsstunden. – 3. *Verteilung:* Es ist anzustreben, jede Abweichungsart möglichst exakt auf die Kostenträger zu verteilen. Bei manchen Abweichungen ist dies nur schwer möglich (z.B. Beschäftigungsabweichungen). – 4. *Bedeutung:* Werden im System der Plankostenrechnung für jeden Kostenbestimmungsfaktor entsprechende Kosten geplant, so entsteht bei Durchführung der Kostenkontrolle für jede Einflussgröße i.d.R. eine Abweichung. Nur wenn alle wesentlichen Kostenbestimmungsfaktoren vorher als Abweichung isoliert wurden, bildet die zuletzt ermittelte „Verbrauchsabweichung" einen Maßstab für die innerbetriebliche Wirtschaftlichkeit.

Abzählkriterium → Identifikation.

Aggregation

Abzinsung → Diskontierung.

Abzinsungsfaktor → Diskontierung.

Adäquation – Bezeichnung für einen grundlegenden Problemkreis der Statistik. Im ursprünglichen Sinn ist Adäquation die bestmögliche Übertragung idealtypischer sozialwissenschaftlicher Begriffe in statistische Gattungsbegriffe zum Zwecke empirischer Untersuchungen. Adäquation umfasst v.a. die Probleme der korrekten Abgrenzung der → Grundgesamtheit, der Auswahl der für das Untersuchungsziel geeigneten statistischen → Merkmale, der Festlegung der Skalierung (→ Skala) dieser → Variablen und eine Vielzahl von Einzelproblemen, wie etwa die Gestaltung von Fragebögen und von Interviews.

Additionssätze – in der Wahrscheinlichkeitsrechnung: Beziehungen zwischen Wahrscheinlichkeiten von Ereignissen. – 1. Sind zwei Ereignisse A und B unvereinbar (disjunkt), ist also A B die leere Menge (das unmögliche Ereignis), so ist P(A ### ∪ B) = P(A) + P(B). Die Wahrscheinlichkeit dafür, dass die Ereignisse A oder B (oder beide) eintreten, ist also gleich der Summe der beiden Einzelwahrscheinlichkeiten. – 2. Wird nicht vorausgesetzt, dass A und B unvereinbar sind, so gilt P(A ### ∪ B) = P(A) + P(B) – P(A B). Hier ist also von der Summe der Einzelwahrscheinlichkeiten die Wahrscheinlichkeit dafür zu subtrahieren, dass sowohl A als auch B eintreten. Der Additionssatz für unvereinbare Ereignisse ist Bestandteil des Axiomensystems, das der Wahrscheinlichkeitsrechnung zugrunde liegt. – 3. Für die Berechnung der Wahrscheinlichkeit einer Vereinigung von mehr als zwei Mengen kann die Siebformel von Sylvester-Poincaré verwendet werden.

ADF-Test → Dickey-Fuller-Test.

Adjustierung des Signifikanzniveaus – Vorgehen bei → statistischen Test verfahren mit diskreten Prüfverteilungen, bei denen ein vorgegebenes → Signifikanzniveau nicht exakt eingehalten werden kann, ein faktisches Signifikanzniveau zu wählen, das möglichst nahe (über oder unter) dem vorgegebenen liegt. – Vgl. auch → konservatives Testen, → Randomisierung.

Aggregation – I. Wirtschaftstheorie: Zusammenfassung mehrerer Einzelgrößen hinsichtlich eines gleichartigen Merkmals, um Zusammenhänge zu gewinnen, z.B. Zusammenfassung der Nachfrage der einzelnen Haushalte zur Gesamtnachfrage des betreffenden Marktes. – Die Höhe des Aggregationsniveaus wird durch die jeweilige Fragestellung bestimmt. Häufig werden makroökonomische Gesetzmäßigkeiten im Wege der Analogieannahme unter Umgehung der Aggregationsproblematik aus entsprechenden mikroökonomischen Verhaltensgleichungen entwickelt. Dabei wird typischerweise von rational handelnden Wirtschaftssubjekten (nutzenmaximierende Haushalte, gewinnmaximierende Unternehmen) ausgegangen. Die makroökonomischen Verhaltenshypothesen besitzen dann eine mikroökonomische Fundierung. Dies ist kennzeichnend für die Neukeynesianische Makroökonomik. – Auf der höchsten Aggregationsstufe stehen die Größen der Makroökonomik, z.B. die gesamte Güternachfrage einer Volkswirtschaft.

II. Statistik: Übergang von enger definierten zu umfassender definierten → Variablen *(Variablenaggregation)* oder Übergang von Kenngrößen für enger abgegrenzte (Teil-) → Gesamtheiten zu Kenngrößen, die sich auf umfassende Gesamtheiten beziehen *(Sektorenaggregation)*. – Beispiele für Variablenaggregation: Der Übergang von einzelnen Einkommensarten zum Gesamteinkommen oder der Übergang von Vierteljahreswerten zu Jahreswerten (zeitliche Aggregation); für Sektorenaggregation: Übergang von den Durchschnittseinkommen in den Bundesländern zum Durchschnittseinkommen in Deutschland.

III. Ökonometrie: Zur Schätzung makroökonomischer Relationen wird das Durchschnittsverhalten von Gruppen von Wirtschaftssubjekten zugrunde gelegt. Das setzt eine Zusammenfassung mikroökonomischer Sachverhalte über Haushalte und Unternehmen voraus. Eine konsistente Aggregation als logisch-deduktive Ableitung eines Makrosystems aus dem entsprechenden Mikrosystem ist nur unter sehr speziellen Bedingungen möglich. In → Spezifikationen ökonometrischer Modelle werden deshalb i.d.R. mikroökonomische Verhaltenshypothesen in analoger Weise auf die Beziehungen zwischen den makroökonomischen Größen übertragen.

IV. Informatik: Verdichtung von Daten. In der Datenmodellierung bedeutet Aggregation, verschiedene miteinander in Beziehung stehende Objekttypen zu einem höheren Objekttyp zusammenzufassen, damit im Folgenden auf den höheren Objekttyp im Ganzen verwiesen werden kann. Dieses Vorgehen hat die Vorteile einer höheren → Konsistenz und geringerer Redundanz.

AIC → Akaike-Informationskriterium.

Akaike-Informationskriterium – von Akaike (1981) vorgeschlagene Kennzahl zum Vergleich alternativer → Spezifikationen von → Regressionsmodellen. – Das Akaike-Informationskriterium (engl. *Akaike Information Criterion, AIC*) wird als AIC = ln(RSS/n) + 2(K+1)/n berechnet, wobei RSS die Residuenquadratsumme (→ Residuen) des geschätzten Modells, n der Stichprobenumfang und K die Anzahl der erklärenden Variablen im Modell sind. ln symbolisiert den natürlichen Logarithmus. Der Vergleich zweier Modellspezifikationen anhand von AIC erfolgt analog zum eng verwandten → Schwarz-Informationskriterium.

Algorithmus – 1. Eine präzise, d.h. in einer festgelegten Sprache abgefasste, endliche Beschreibung eines allgemeinen Verfahrens unter Verwendung elementarer Verarbeitungsschritte zur Lösung einer gegebenen Aufgabe. – 2. Lösungsverfahren in Form einer Verfahrensanweisung, die in einer wohldefinierten Abfolge von Schritten zur Problemlösung führt.

Allokation – **I. Wirtschaftstheorie:** Zuweisung von Gütern und Ressourcen, bezogen auf Personen und/oder Produktionsprozesse. In Marktwirtschaften erfolgt die Allokation primär über Güter- und Faktorpreise, die auf Märkten bestimmt werden (Preismechanismus), in Zentralverwaltungswirtschaften durch zentrale politische Planungsinstanzen

II. Statistik: Zuordnung von Teil-Stichprobenumfängen zu den → Schichten beim → geschichteten Zufallsstichprobenverfahren.

Alpha-Fehler – *Fehler erster Art;* möglicher → Entscheidungsfehler bei → statistischen Testverfahren. Ein Alpha-Fehler liegt vor, wenn eine Nullhypothese abgelehnt wird, obwohl sie wahr ist. Die supremale Wahrscheinlichkeit für einen Alpha-Fehler ist stets kleiner oder gleich dem vorgegebenen → Signifikanzniveau α.

analytische Statistik → Inferenzstatistik.

Anderson-Hsiao-Schätzer für dynamische Paneldatenmodelle – von Anderson und Hsiao (1982) vorgeschlagener → Instrumentenvariablenschätzer für lineare dynamische → Paneldaten- und Panneldatenmodelle bei denen die erklärte Variable (→ Variable, endogene) in verzögerter Form als erklärende Variable auftritt. Im Vergleich zum → Arellano-Bond-Schätzer für dynamische Paneldatenmodelle weniger effizientes Verfahren, das aber leichter zu berechnen ist. – Die Modellgleichung wird in ersten Differenzen geschätzt, um die Individualeffekte zu eliminieren. Als Instrumente (→ Instrumentenvariable) für die verzögerte differenzierte endogene Variable wird entweder die zweimal verzögerte endogene Niveauvariable oder die um zwei Perioden verzögerte erste Differenz verwendet. Das Schätzverfahren berücksichtigt nicht die differenzierte Struktur der → Störterme. Voraussetzung für die Konsistenz der Schätzung ist, dass die Störterme in der Niveaugleichung keine → Autokorrelation aufweisen.

Annuität – 1. *Tilgungsrechnung:* Die Annuität ist die von Zinssatz und Laufzeit abhängige jährliche Zahlungsgröße, durch die ein anfänglicher Kreditbetrag während der Darlehenslaufzeit einschließlich Zinsen getilgt wird. Annuitäten bestehen aus einem Zins- und einem Tilgungsanteil. Während Zins- und Tilgungsanteil variieren, bleibt die Höhe der Annuität über die Laufzeit konstant. Durch den jährlichen Tilgungsbetrag verringert sich die Restschuld eines Annuitätendarlehens von Jahr zu Jahr. Daher beinhaltet die Annuität anfänglich einen vergleichsweise hohen Zinsanteil, der sich in den folgenden Jahren sukzessiv zugunsten des Tilgungsanteils verringert. – Annuitätentilgungen sind z.b. bei Hypothekendarlehen üblich. Im Vergleich zu einem Kredit mit konstanten Tilgungsraten weist das Annuitätendarlehen für den Schuldner den Vorteil der konstanten Liquiditätsbelastung auf. Aufgrund der vergleichsweise späteren Kreditrückführung sind insgesamt allerdings mehr Zinsen zu zahlen als bei einem Ratenkredit. – Annuitäten können als eine → Rente aufgefasst werden. Bei einem Endwert R_n im Zeitpunkt t = n bzw. Anfangswert K_0 im Zeitpunkt t = 0 ergibt sich die zugehörige (kapitalwertgleiche) Annuität A bzw. Rente r in Form konstanter Zahlungen von t = 1 bis t = n für einen einheitlichen Kalkulationszinssatz i (mit q = 1 + i) als

$$A = r = R_n \frac{q-1}{q^n - 1} = K_0 \frac{q^n(q-1)}{q^n - 1}.$$

2. *Investitionsrechnung*: Annuitätenmethode.

Anpassungstest → statistische Testverfahren.

Anteilswert – zwischen 0 und 1 gelegener Wert, der sich als Quotient a) aus der Anzahl der Elemente einer Teilmenge der Gesamtheit (z.B. der über 60-Jährigen) und der Anzahl der Elemente der → Gesamtheit (der Personengesamtheit) oder b) einer Summe ausgewählter Beobachtungswerte und der Summe aller Beobachtungswerte ergibt.

Approximation – 1. *Deskriptive Statistik*: Das Vorgehen, eine bestimmte Kenngröße bei unvollständiger Information (z.B. klassierte Daten) unter Verwendung vereinfachender Annahmen näherungsweise zu bestimmen. – 2. *Inferenzstatistik*: Das Vorgehen, die → Verteilung einer Zufallsvariablen durch eine einfache Verteilung anzunähern. Bspw. kann die Verteilung einer Summe von Zufallsvariablen unter gewissen Voraussetzungen durch eine → Normalverteilung näherungsweise angegeben werden. Die Rechtfertigung für solche Approximationen liefern → Grenzwertsätze. Bei der Approximation einer diskreten durch eine stetige Verteilung ist die → Stetigkeitskorrektur durchzuführen.

AR(p)-Prozess – *autoregressiver Prozess p-ter Ordnung*. Ein stochastischer Prozess heißt AR(p), wenn seine Realisation im Zeitpunkt t linear nur von seinen p gewichteten Vergangenheitswerten und einem → weißen Rauschen abhängt. – Ein autoregressiver Prozess erster Ordnung (AR(1)), ist demzufolge ein stochastischer Prozess, dessen Realisation im Zeitpunkt t, X_t, nur von seiner mit β_1 gewichteten Realisation im Zeitpunkt t−1, X_{t-1}, und einem weißen Rauschen ε_t abhängt, d.h. $X_t = \beta_0 + \beta_1 X_{t-1} + \varepsilon_t$ gilt. Ist das Gewicht β_1 gleich eins, spricht man von einem → Random Walk. Ist zudem $\beta_0 \neq 0$, liegt ein sog. Random Walk mit → Drift vor.

ARCH(p)-Modell – von Engle (1982) vorgeschlagenes Modell zur Modellierung von → Heteroskedastizität in Zeitreihen (engl. *Autoregressive Conditional Heteroscedasticity, ARCH*), bei dem angenommen wird, dass die bedingte Varianz des stochastischen Störterms ε_t in der Form

$$Var(\epsilon_t | \epsilon_{t-1}, ..., \epsilon_{t-p}) = \beta_0 + \beta_1 \epsilon_{t-1}^2 + ... + \beta_p \epsilon_{t-p}^2$$

von p quadrierten Vorperiodenwerten abhängt, d.h. einem autoregressiven Prozess (AR(p)-Prozess) folgt. Ob eine solche Modellierung empfehlenswert ist, kann durch einen → ARCH-Test geprüft werden. – Durch eine ARCH-Modellierung der Heteroskedastizität bleibt OLS (→ Kleinstquadratemethode, gewöhnliche) ein effizienter und konsistenter (linearer) Schätzer. Es existiert jedoch ein effizienterer (nicht-linearer) GLS-Schätzer (→ Kleinstquadratemethode, verallgemeinerte), der die Parameter des gesamten ARCH-Modells (ursprüngliche Modellgleichung und störtermbestimmende Gleichung, die obige Varianz verursacht) schätzt.

ARCH-TEST – Test zur Prüfung, ob ARCH-Effekte (→ ARCH(p)-Modell) vorliegen. Die einfachste Möglichkeit der Testdurchführung ist ein → Lagrange-Multiplier-Test, bei dem die quadrierten → Residuen der OLS-Schätzung (→ Kleinstquadratemethode, gewöhnliche) auf eine Konstante und quadrierte verzögerte Residuen regressiert werden. Die LM-Statistik, welche sich als Produkt aus Stichprobenumfang und dem → Bestimmtheitsmaß dieser Regression ergibt, folgt asymptotisch einer Chi-Quadrat-Verteilung mit Freiheitsgraden in der Höhe der Anzahl der Lags in der Testregression.

Arellano-Bond-Schätzer für dynamische Paneldatenmodelle – von Arellano und Bond (1991) vorgeschlagener GMM-Ansatz (→ Momentenmethode, verallgemeinerte) zur Schätzung von linearen dynamischen Paneldatenmodellen (→ Paneldaten und Paneldatenmodelle), bei denen die erklärte Variable (→ Variable, endogene) in verzögerter Form als erklärende Variable auftritt. Außerdem kann das Modell weitere vorherbestimmte oder endogene Erklärungsvariablen enthalten (→ Variable, vorherbestimmte). Zudem dürfen die unbeobachtbaren Individualeffekte mit den erklärenden Variablen korreliert sein. Im Vergleich zum → Anderson-Hsiao-Schätzer für dynamische Paneldatenmodelle komplexerer aber effizienterer Schätzansatz. – Die Gleichung wird in ersten Differenzen geschätzt, um die Individualeffekte zu eliminieren. Als Instrumente (→ Instrumentenvariable) für die verzögerte differenzierte endogene Variable werden Lags der endogenen Niveauvariablen ab der zweiten und höherer Ordnung (soweit vorhanden) verwendet. Das Schätzverfahren berücksichtigt die differenzierte Struktur der → Störterme. Voraussetzung für die Konsistenz der Schätzung ist, dass die Störterme in der Niveaugleichung keine Autokorrelation aufweisen. Dies kann mit einem Test von Arellano und Bond (1991) überprüft werden. Außerdem ermöglicht dieser Ansatz einen → Sargan-Test oder Hansen-Test (Verallgemeinerung des Sargan-Tests) auf überidentifizierende Restriktionen. Falls die endogene Variable sehr persistent ist oder fast einem → Random Walk folgt, so ist dieser Ansatz schlecht geeignet. In diesem Fall stellen die verzögerten Niveaus nur schlechte Instrumente für die ersten Differenzen der Variablen dar. Dann eignet sich häufig der System-GMM-Schätzer von Blundell und Bond (1998) besser.

ARIMA(p,d,q)-Prozess – Ist eine → Zeitreihe eine Realisation eines nicht stationären (→ Stationarität) → ARMA(p,q)-Prozesses, so kann untersucht werden, ob dieser Prozess nach d-maliger Differenzenbildung (Differenzen) stationär wird. Ist dies der Fall, so wird diese Zeitreihe als ARIMA(p,d,q)-Prozess bezeichnet, wobei p für die Ordnung des AR(p)-Teiles (→ AR(p)-Prozess), q für die Ordnung des MA(q)-Teiles (→ MA(q)-Prozess) und d für den → Integrationsgrad steht, d.h. für die Anzahl der Differenzenbildungen, die notwendig sind, um den nicht stationären Prozess in einen stationären Prozess zu überführen.

arithmetische Folge → Folge.

arithmetisches Mittel – *Durchschnitt*; gebräuchlichster → Mittelwert der Statistik, der in der Inferenzstatistik auch wünschenswerte schätztheoretische Eigenschaften besitzt (→ Erwartungstreue, → Wirksamkeit, → Konsistenz). Sind n Ausprägungen x_i (i = 1,..., n) eines → metrischen Merkmals gegeben, so ist das arithmetische Mittel definiert durch

$$\bar{x} = \frac{1}{n} \cdot \sum_{i=1}^{n} x_i$$

Das arithmetische Mittel ist also gleich dem → Gesamtmerkmalsbetrag, dividiert durch die Anzahl der → Merkmalsträger. – *Gewogenes arithmetische Mittel:* Die einzelnen Merkmalswerte werden mit Gewichten $g_1, \ldots, g_n \geq 0$ mit $g_1 + \ldots + g_n = 1$ versehen (→ Gewichtung):

$$\bar{x}_g = \sum_{i=1}^{n} g_i x_i$$

Ein Spezialfall eines gewogenen arithmetischen Mittels ist die näherungsweise Berechnung des arithmetischen Mittels bei Vorliegen von klassierten Daten (→ klassierte Verteilung). Ist v_j die Mitte der j-ten Klasse und n_j (p_j) deren absolute (relative) → Häufigkeit, j=1, ..., m, so verwendet man

$$\bar{x}_{klass} = \frac{1}{m} \sum_{j=1}^{m} v_j n_j = \sum_{j=1}^{m} v_j p_j$$

also den mit den Klassenhäufigkeiten gewogenen Durchschnitt der Klassenmitten, als → Approximation für den Gesamtdurchschnitt.

ARMA(p,q)-Prozess – Kann eine → Zeitreihe als Realisation eines stationären (→ Stationarität) stochastischen Prozesses angesehen werden, dann ist sie entweder ein schwach stationärer → AR(p)-Prozess, ein → MA(q)-Prozess oder eine Mischung daraus. Ein solcher Mischprozess heißt ARMA(p,q)-Prozess, wobei p für die Ordnung der AR(p)-Komponente und q für die Ordnung der MA(q)-Komponente steht. Die Stationarität eines ARMA(p,q)-Prozesses hängt nur von der Stationarität der AR(p)-Komponente ab, da MA(q)-Prozesse stets schwach stationär sind.

Assoziation – I. Allgemein: Vereinigung bzw. Zusammenschluss wirtschaftlicher Organe zur Verfolgung bes. wirtschaftlicher Ziele.

II. Psychologie: automatischer Denkvorgang; eine gelernte Beziehung zwischen zwei kognitiven Elementen, meist einem Reiz und einer belohnten (oder bestraften) Reaktion (Behaviorismus). – *Bedeutung für die Werbung:* Durch Ausnutzung von Sprach- und Denkgewohnheiten werden bei den Umworbenen durch Verwendung von (1) informativen Sprachformeln bestimmte *sachbezogene Vorstellungen* ausgelöst und damit indirekt Sachinformationen vermittelt; (2) emotionalen Sprachformeln automatisch *gefühlsmäßige Vorstellungen* ausgelöst und damit indirekt emotionale Eindrücke vermittelt.

III. Soziologie: zumeist freiwillige Verbindung von Gruppen (aber auch einzelnen Personen) u.a. sozialen Gebilden (z.B. Organisationen) zu Gruppen-, Zweck-, Interessenverbänden (wie Gewerkschaften, Genossenschaften, Sportverbänden). – Der Begriff *Assoziierung* ist teilweise gebräuchlich zur Bezeichnung aller sozialen Prozesse, die zu Verbindungen unter Menschen führen im Gegensatz zu Assoziationen zur Kennzeichnung aller so zustande gekommenen Kontakte, Vereinigungen etc.

IV. Statistik: 1. Bezeichnung für den *Zusammenhang zweier nominaler Merkmale oder speziell* → dichotomer Merkmale. Die → Häufigkeitstabelle (Kontingenztafel) wird für dichotome Merkmale als Vierfeldertafel bezeichnet. Zur Quantifizierung der Assoziation werden *Assoziationsmaße* berechnet, etwa der Yule'sche Assoziationskoeffizient oder der Pearson'sche Kontingenzkoeffizient. Zur Prüfung der Existenz von Assoziationen werden → statistische Testverfahren eingesetzt. – 2. Assoziation wird auch als Oberbegriff für den *Zusammenhang von zwei Merkmalen beliebiger Skalierung* (→ Skala) verwendet, umfasst dann also auch Maß- und Rangkorrelation (→ Korrelation). – Vgl. auch → Kontingenz.

Asymptote – Gerade, die sich einer Kurve immer mehr nähert, ohne sie im Endlichen zu erreichen.

Aufbereitung – I. Statistik: Bezeichnung für die auf die → Erhebung folgende Verarbeitung der statistischen Daten. Aufbereitung umfasst: (1) Kontrolle und Ordnung des Datenmaterials; (2) Identifizierung fehlender oder fehlerhafter Daten (3) Kodierung der → Ausprägungen der erhobenen → Merkmale; (4) Durchführung einer elementaren

Datenanalyse, etwa durch Ermittlung von Kenngrößen, z.B. → Mittelwerte, und Veranschaulichung von Resultaten durch Tabellen oder Grafiken.

II. Buchführung: Aufbereitung des innerbetrieblich vorliegenden Zahlenmaterials kann für die Erstellung der Bilanz und der Bilanzanalyse erforderlich sein.

Aufzinsung – Begriff der Zinseszinsrechnung; Ermittlung des Endkapitals aus gegebenem Anfangskapital und einem gegebenen Zinsfuß bzw. Ermittlung des Endwertes einer Zahlungsreihe durch Multiplikation der Zahlungen mit den zugehörigen → Aufzinsungsfaktoren. – *Gegensatz:* → Diskontierung.

Aufzinsungsfaktor – Begriff der Zinseszinsrechnung. Durch Multiplikation des Kapitals mit dem Aufzinsungsfaktor erhält man das um Zinsen bzw. Zinseszinsen vermehrte Kapital. – *Gegensatz:* Diskontierungsfaktor (→ Diskontierung).

Ausgangsgesamtheit → Grundgesamtheit.

Ausprägung – *Merkmalsausprägung;* möglicher Wert eines statistischen → Merkmals, das bei einem → Merkmalsträger beobachtet werden kann. – *Beispiel:* „ledig, verheiratet, ..." beim Merkmal Familienstand (nominales Merkmal), „sehr gut, gut, ..., ungenügend" beim Merkmal Schulnote (ordinales Merkmal), „1, 2, ..." beim Merkmal Anzahl der Messebesucher (diskretes Merkmal), „12,12 mm, 12,10 mm, ..." beim Merkmal Durchmesser eines Werkstücks (stetiges Merkmal).

Ausreißer – Bezeichnung in der Statistik für einen Beobachtungswert, der scheinbar nicht zu den übrigen Beobachtungswerten in der Stichprobe (Urliste) passt. I.Allg. handelt es sich dabei um einen besonders großen oder kleinen Merkmalswert in einer → Gesamtheit. In der beschreibenden Statistik kann man „verdächtige" Beobachtungen in einem Box-Plot kenntlich machen. Ausreißer wirken sich z.B. sehr auf das → arithmetische Mittel und auf → Streuungsmaße wie die → Varianz aus. Andere Kenngrößen wie der Median sind dagegen nicht anfällig für Änderungen durch einzelne Ausreißer; sie sind robust. Dies ist der Ausgangspunkt für Untersuchungen und Verfahren der robusten Statistik. In der schließenden Statistik gibt es statistische Verfahren, mit welchen eine Entscheidung darüber herbeigeführt wird, ob ein Ausreißer vorliegt und daher aus dem Datensatz entfernt werden kann.

Auswahleinheit – in der Statistik bei → Teilerhebungen Zusammenfassung mehrerer Merkmalsträger in einer → Grundgesamtheit, die zusammen in eine Erhebung eingehen können. Eine Auswahleinheit dient als Auswahlgrundlage, ist aber selbst nicht Zielgesamtheit der Untersuchung. – *Beispiel:* Haushalte bei einer Untersuchung, die auf Personen zielt, und bei der Auswahl eines Haushalts werden alle zugehörigen Personen in die Stichprobe aufgenommen.

Auswahlsatz – Verhältnis des Umfangs n einer Stichprobe zum Umfang N der → Grundgesamtheit: n/N. Der Auswahlsatz gibt den Anteil der Zielpersonen an, die zu einer Untersuchung herangezogen wurden.

Auswahlverfahren – Methoden zur Auswahl von → Teilgesamtheiten (Stichproben) aus einer → Grundgesamtheit bei statistischen Untersuchungen. – Man unterscheidet: (1) für die (uneingeschränkte) Zufallsauswahl: *Originalverfahren* (Verwendung von Zufallszahlen, s. → Zufallszahlentafel; Einsatz eines Zufallszahlengenerators) und *Ersatzverfahren* (→ systematische Auswahl mit Zufallsstart, → Schlussziffernverfahren, → Buchstabenverfahren, → Geburtstagsverfahren); (2) *nichtzufällige* oder *bewusste Auswahlverfahren* (Auswahl nach dem → Konzentrationsprinzip, → Quotenauswahlverfahren).

Auswertung – I. Rechnungswesen: Aufdeckung vorhandener Zusammenhänge zwischen wirtschaftlicher Lage bzw. Entwicklung des Betriebes und dem Markt (Branchenstatistik, Marktbeobachtung) aus *Buchhaltung* und *Bilanz* in Prüfungsberichten u.Ä. mittels Bilanzanalyse.

II. Statistik: Statistische Analyse von Daten (Ergebnissen statistischer Untersuchungen) mit Methoden der deskriptiven Statistik oder der induktiven Statistik im Anschluss an die → Erhebung und die → Aufbereitung.

Autokorrelation – in einem → Regressionsmodell für zeitlich geordnete Daten die Erscheinung, dass Störvariablen (→ Störterme) paarweise korreliert sind. Im Zeitreihenkontext kann dies z.B. bedeuten, dass der Störterm einer Periode linear vom Störterm der Vorperiode abhängt. Man spricht dann auch von Autokorrelation erster Ordnung. Bei Korrelation des Störterms einer Periode mit dem s Perioden zurückliegenden, spricht man von Autokorrelation s-ter Ordnung. – Das Vorliegen von Autokorrelation stellt eine Verletzung der Annahmen des klassischen Modells der linearen Regression (→ Regression, lineare) dar und führt zu einem Effizienzverlust des OLS-Schätzers (→ Kleinstquadratemethode, gewöhnliche) und falsch ermittelten Standardfehlern, die Testentscheidungen mittels des → t-Tests verfälschen. Zur Verzerrung des OLS-Schätzers kommt es, wenn Autokorrelation in einem Modell auftritt, in dem z.B. die verzögerte erklärte Variable (→ Variable, endogene) als erklärende Variable auftaucht. Die Existenz der Autokorrelation ist mittels diverser → Autokorrelationstests statistisch prüfbar. Um den Folgen von Autokorrelation zu begegnen, bietet sich die Verwendung des GLS-Schätzers (→ Kleinstquadratemethode, verallgemeinerte) oder von → Newey-West-Standardfehlern an.

Autokorrelationsfunktion – Funktion, die die Autokorrelationskoeffizienten einer Variablen X in Abhängigkeit von der Zahl der Lags angibt. Sie beginnt mit dem Korrelationskoeffizienten zwischen X_t und X_{t-1}, gefolgt vom Korrelationskoeffizienten zwischen X_t und X_{t-2}, usw. – Die Autokorrelationsfunktion ist insbesondere bei der Aufdeckung von → Autokorrelation des stochastischen → Störterms in → Regressionsmodellen hilfreich. Man kann die Autokorrelationskoeffizienten hier nämlich durch Regression der → Residuen auf ihre verzögerten Werte und daraus die Autokorrelationsfunktion schätzen. Konkret erhält man die Schätzung des Autokorrelationskoeffizienten s-ter Ordnung als Schätzung des Steigungsparameters in einer Regression der Residuen in t auf jene in t-s. – Für → MA(q)-Prozesse sollten die geschätzten Autokorrelationskoeffizienten für Lags größer als q gleich null sein, sodass man die Autokorrelationsfunktion zur Bestimmung der Ordnung eines MA-Prozesses verwenden kann. Die geschätzte Autokorrelationsfunktion kann auch zur Beurteilung der → Stationarität eingesetzt werden. Die Werte der geschätzten Autokorrelationsfunktion einer Variablen, die einem stationären Prozess entstammt, sollten nämlich mit zunehmender Zahl der Lags schnell gegen null gehen. – Vgl. auch → Autokorrelationsfunktion, partielle.

Autokorrelationsfunktion, partielle – Funktion, die die partiellen Autokorrelationskoeffizienten einer Variablen X in Abhängigkeit von der Zahl der Lags s angibt. Im Vergleich zum regulären Autokorrelationskoeffizienten handelt es sich bei partiellen Autokorrelationskoeffizienten um solche, die den linearen Zusammenhang zwischen X_t und X_{t-s} unter Ausschaltung des Einflusses der dazwischen liegenden Variablen angeben. Die Bestimmung partieller Autokorrelationskoeffizienten erfolgt über sog. Yule-Walker-Gleichungen. – Für → AR(p)-Prozesse sollten die geschätzten partiellen Autokorrelationskoeffizienten für Lags größer als p gleich null sein, sodass man die partielle Autokorrelationsfunktion zur Bestimmung der Ordnung eines AR-Prozesses verwenden kann. – Vgl. auch → Autokorrelationsfunktion.

Autokorrelationstest – Test zur Überprüfung der Nullhypothese nicht autokorrelierter → Störterme in linearen → Regressionsmodellen. Zum Test auf Autokorrelation erster Ordnung wird in der Praxis der → Durbin-Watson-Autokorrelationstest und für höhere Ordnungen der → Breusch-Godfrey-Autokorrelationstest verwendet.

autoregressives Modell → AR(p)-Prozess.

B

Barwert – 1. *Begriff:* Heutiger Wert zukünftiger Zahlungen (Cashflows) unter Annahme einer bestimmten Verzinsung (z.B. Barwert von Investitionsrückflüssen, Barwert einer Rente oder Barwert einer Anleihe). Durch die Ermittlung des Barwertes werden Zahlungen, die zu unterschiedlichen Zeitpunkten entstehen, vergleichbar gemacht. Zur Ermittlung des Barwertes eines Zahlungsstroms werden die einzelnen Ein- bzw. Auszahlungen mit einem laufzeit- und risikoäquivalenten Kalkulationszinssatz abgezinst (diskontiert). Die → Diskontierung berücksichtigt den Umstand, dass der heutige Wert einer Zahlung sowohl für den Zahlungspflichtigen als auch für den Zahlungsempfänger umso geringer ist, je später diese Zahlung fällig wird. – 2. *Bedeutung:* Der Barwert drückt den Wert eines künftigen Zahlungsstroms in der Gegenwart aus. Die Höhe des Barwertes hängt von der Höhe der zukünftigen Ein- bzw. Auszahlungen, der zeitlichen Struktur dieser Zahlungen sowie dem verwendeten Zinssatz ab. Je weiter eine Zahlung in der Zukunft liegt und je höher der Zinssatz ist, desto niedriger ist ceteris paribus der Barwert dieser Zahlung. – 3. *Ermittlung:* Der Barwert BW_0 ist die Summe der mit dem Kalkulationszinssatz i auf den heutigen Zeitpunkt diskontierten künftigen Zahlungen C_t:

$$BW_0 = \sum_{t=1}^{n} C_t \cdot (1+i)^{-t}$$

4. *Anwendungszwecke:* Der Barwert ist ein grundlegendes finanzwirtschaftliches Konzept, das bei vielfältigen Fragestellungen zum Einsatz kommt. Bei *Spar- oder Versicherungsverträgen* wird z.B. der Barwert der zukünftigen Ablaufleistungen ermittelt. Damit wird bestimmt, welcher einmalige Betrag bzw. welche regelmäßige Rate einzuzahlen ist, um nach einer festgelegten Laufzeit und unter Zugrundelegung der angenommenen Verzinsung das vorgegebene Endvermögen (Ablaufleistung) zu erreichen. – Ein weiteres Anwendungsbeispiel ist die *Bewertung von Aktien oder Anleihen*. Im Rahmen der fundamentalen Aktienanalyse werden die zukünftig erwarteten Gewinne je Aktie prognostiziert und anschließend mit einem risikoäquivalenten Kalkulationszinssatz auf den Bewertungsstichtag diskontiert. Das Ergebnis ist der rechnerische Aktienkurs als Barwert der zukünftig erwarteten Gewinne. Auch der rechnerische Wert einer festverzinslichen Anleihe lässt sich als Barwert ermitteln, wenn die zukünftig aus dieser Anleihe fließenden Zins- und Tilgungszahlungen mit einem laufzeit- und risikoäquivalenten Kapitalmarktzinssatz abgezinst werden. – In der Investitionsrechnung werden ebenfalls Barwertmodelle genutzt. Die Kapitalwertmethode bestimmt die Vorteilhaftigkeit von Investitionsprojekten, indem sie den Barwert sämtlicher mit der Investition verbundenen Ein- und Auszahlungen ermittelt. – Schließlich kommen Barwertmodelle im Rahmen der *Unternehmensbewertung* zum Einsatz. Die Discounted-Cashflow-Methode (Unternehmungsbewertung) ermittelt den Unternehmenswert als Barwert der zukünftigen freien Cashflows. – 5. *Fazit:* Zusammenfassend lässt sich festhalten, dass jeder Zahlungsstrom mithilfe seines Barwertes bewertet und mit anderen Zahlungsströmen verglichen werden kann. – *Gegensatz:* Endwert.

Baum – I. *Wirtschaftsinformatik:* 1. *Begriff:* Bei der Programmentwicklung verwendete *abstrakte Datenstruktur*. – *Rekursive Definition:* Ein Baum ist entweder leer oder er besteht aus einer Wurzel, die mit endlich vielen (Teil-)Bäumen verknüpft ist. – 2. *Verwendung:* Sehr allg., in der betrieblichen Datenverarbeitung häufig benutzte Datenstruktur, z.B. für die Speicherung von Stücklisten; auch generell zur → grafischen Darstellung hierarchischer Zusammenhänge eingesetzt.

II. Netzplantechnik: Zusammenhängender, ungerichteter oder gerichteter → Graph, der keine geschlossene Folge von Kanten bzw. Pfeilen (Kette) enthält.

Baxter-King-Filter – von Baxter und King (1995) vorgeschlagener → Filter, der wie der → Hodrick-Prescott-Filter zur Trendextraktion bei Zeitreihen verwendet werden kann. Im Gegensatz zu diesem zerlegt er die Zeitreihe in drei Komponenten. – Der Baxter-King-Filter unterteilt eine Zeitreihe in Zyklen unterschiedlicher Länge. Der sich ergebende Konjunkturzyklus berechnet sich aus Gesamtzeitreihe abzüglich sehr langen Zyklen (→ Trend), abzüglich sehr kurzen Zyklen (irreguläre Komponente). Die Zerlegung ist willkürlich, da die Periodenlängen für die einzelnen Komponenten einfach festgelegt werden müssen. Im Gegensatz zum Hodrick-Prescott-Filter ist er ein endlicher Filter, d.h. die Anzahl der Beobachtungen für die Berechnung der Zerlegung muss willkürlich vorgegeben werden. Es handelt sich um einen symmetrischen Filter, der somit ein Endwertproblem besitzt.

Bayesianische Schätzungen – auf dem → Bayes-Theorem gründende, meist numerisch aufwendige Schätzung von Parametern. Bayesianische Schätzungen werden bes. dann gebraucht, wenn man gewisse Vorinformationen bez. der Parameter mit in die Schätzung einbeziehen will. Ihr Einsatz erfolgt v.a. in → Vektorautoregressionsmodellen.

Bayes-Theorem – Es sei $f(y \mid \vartheta)$ die bedingte Dichtefunktion von Y. Gemäß der baysianischen Sichtweise ist der Parameter ϑ die Realisation einer Zufallsvariablen mit einer Dichtefunktion $f(\vartheta)$, dem sog. „Prior". Der Prior kann durch eine meist subjektive Verarbeitung von Vorinformationen bestimmt werden. Die Beobachtungen erlauben dann mittels der Posteriori-Dichtefunktion die Parameter ϑ zu schätzen. Die Posteriori-Dichtefunktion ist dann nach dem Bayes-Theorem gegeben durch

$$f(\vartheta|Y) = \frac{f(Y|\vartheta) \cdot f(\vartheta)}{f(Y)} = \frac{f(Y|\vartheta) \cdot f(\vartheta)}{\int_{-\infty}^{+\infty} f(Y|\vartheta) \cdot f(\vartheta) d\vartheta},$$

wobei f(Y) die unbedingte Dichtefunktion von Y ist.

bedingte Wahrscheinlichkeit – Begriff der → Wahrscheinlichkeitsrechnung. Sind A und B zwei → Ereignisse mit den Wahrscheinlichkeiten P(A) und P(B), wobei P(B) ≠ 0 ist, so ist P(A | B) = P(A ∩ B) / P(B) die bedingte Wahrscheinlichkeit von A unter der (Vor- oder Zusatz-) Information B (oder auch der Bedingung B). Diese gibt die Wahrscheinlichkeit für das Eintreten von A unter Berücksichtigung der Information B wieder, dass Ereignis B eintritt. Als Funktion von A bildet P(A | B) bei fest gewähltem Ereignis B wieder eine Wahrscheinlichkeitsverteilung. Der Spezialfall P(A | B) = P(A) kennzeichnet die → stochastische Unabhängigkeit der Ereignisse A und B. Mehrere bedingende Ereignisse gehen in die Bayessche Formel ein. Allgemein betrachtet man statistische Verfahren unter Einbeziehung von Vor- oder Zusatzinformation in der Bayesschen Statistik.

begrenzte Enumeration – *unvollständige Enumeration*; Verfahren des Operations Research (→ Entscheidungsbaumverfahren). Die Vorgehensweise entspricht der → vollständigen Enumeration, jedoch wird der Algorithmus abgebrochen, wenn ein Zeit- oder Knotenlimit erreicht ist, oder bessere als die schon bekannten Lösungen nicht zu erwarten sind.

Berichtszeit → Referenzzeit.

Bernoulli-Variable → Indikatorvariable.

Bernoulli-Verteilung – Bezeichnung für → Verteilung einer → Indikatorvariablen.

beschreibende Statistik → deskriptive Statistik.

Bestandsfunktion – Begriff aus der → Verlaufsstatistik. In der beschreibenden Statistik ordnet die Bestandsfunktion B jedem

Zeitpunkt t die Bestandsmenge B(t) zu. Bei einem Anfangsbestand $B(t_0)$ zum Zeitpunkt t_0, der Zugangsmenge Z(t) bis zum Zeitpunkt t und der Abgangsmenge A(t) bis zum Zeitpunkt t ergibt sich die Formel der Bestandsfortschreibung

$B(t) = B(t_0) + Z(t) - A(t)$, $t > t_0$.

Die Funktionen Z und A heißen (kumulierte) → Zugangsfunktion bzw. (kumulierte) → Abgangsfunktion. – Vgl. auch → Fortschreibung.

Bestandsgesamtheit – *Bestandsmasse*; in der Statistik Bezeichnung für eine → Gesamtheit, deren Abgrenzung durch Festlegung eines Zeitpunktes erfolgt. – *Beispiel:* Die Wohnbevölkerung eines Landes zu einem bestimmten Zeitpunkt; nicht jedoch die Gesamtheit der Lebendgeborenen eines Landes innerhalb eines bestimmten Zeitraumes. – *Gegensatz:* → Bewegungsgesamtheit.

Bestandsmasse → Bestandsgesamtheit.

bester linearer unverzerrter Schätzer – unter allen linearen unverzerrten Schätzfunktionen diejenige Schätzfunktion, welche die kleinste Varianz aufweist (engl. *Best Linear Unbiased Estimator, BLUE*). Der OLS-Schätzer (→ Kleinstquadratemethode, gewöhnliche) für ein lineares → Regressionsmodell, für welches die klassischen Modellannahmen erfüllt sind, zeichnet sich durch diese Eigenschaft aus.

Bestimmtheitsmaß – Das Bestimmtheitsmaß R^2 lässt sich als Quadrat des Korrelationskoeffizienten zwischen den beobachteten und den regressionsanalytisch geschätzten Werten der erklärten Variablen angeben, hat also Werte zwischen Null und Eins. Alternativ kann eine Berechnung über $R^2 = 1 - RSS/TSS$ erfolgen, wobei RSS die Residuenquadratesumme (→ Residuen) ist und TSS die Summe der quadrierten Abweichungen der Ausprägungen der erklärten Variable von ihrem Mittelwert darstellt. Ist der Wert des Bestimmtheitsmaßes nahe bei eins, wird dies häufig als Qualitätsmerkmal eines Regressionsansatzes verstanden. – Die Hinzunahme weiterer erklärender Variablen führt i.d.R. zu einer Erhöhung des Bestimmtheitsmaßes, was scheinbar die Modellgüte steigert. Gleichzeitig ist dies aufgrund der erforderlichen Schätzung weiterer Modellparameter mit einem Verlust an Freiheitsgraden verbunden, der zu ungenaueren Schätzungen führt. Um Ansätze mit verschiedenen Anzahlen erklärender Variablen und gleicher erklärter Variable vergleichen zu können, wird daher ein korrigiertes Bestimmtheitsmaß eingesetzt, welches auch die Freiheitsgrade berücksichtigt. Dieses ergibt sich durch Modifikation der Formel des Bestimmtheitsmaßes, indem der Nenner durch die Differenz aus Stichprobenumfang und Anzahl zu schätzender Modellparameter und der Zähler durch den um eins reduzierten Stichprobenumfang dividiert wird. – Es muss vor einer in der Praxis immer wieder verbreiteten Vorgehensweise gewarnt werden, die versucht, das (korrigierte) Bestimmtheitsmaß zu maximieren, da dies i.d.R. zu keiner brauchbaren ökonometrischen Spezifikation führt. Es kann sein, dass das Bestimmtheitsmaß eine gute Beschreibung ausdrückt, obwohl der Erklärungsgehalt des Modells gering ist. Dies ist z.B. der Fall, wenn das zugrundeliegende Modell unpassend ist oder wenn die erklärte Variable und die erklärenden Variablen Realisationen von nicht stationären (→ Stationarität) stochastischen Prozessen in Form von → Random Walks sind (→ Scheinregression).

Beta-Fehler – *Fehler zweiter Art;* möglicher → Entscheidungsfehler bei statistischen Testverfahren. Ein beta-Fehler liegt vor, wenn eine Nullhypothese nicht abgelehnt wird, obwohl sie falsch ist. Die Wahrscheinlichkeit eines beta-Fehlers hängt u.a. vom wahren Wert des zu prüfenden → Parameters ab. Die supremale Wahrscheinlichkeit für einen beta-Fehler heißt Schärfe oder Power des entsprechenden Tests (s. → Gütefunktion).

Between-Schätzer für Paneldatenmodelle – Im Gegensatz zum Within-Schätzer für Paneldatenmodelle verwendet der Between-Schätzer als Information nur die Variation der Daten zwischen den Individuen des Panels. Dazu werden von jeder Variablen die individuenspezifischen Mittelwerte berechnet und anschließend eine OLS-Schätzung (→ Kleinstquadratemethode, gewöhnliche) mit diesen Mittelwerten durchgeführt. – Verzerrungen, die auf Messfehlern beruhen, kann der Between-Schätzer evtl. aufgrund der Durchschnittsbildung reduzieren. Allerdings ist der Between-Schätzer inkonsistent, wenn unbeobachtete Individualeffekte mit den erklärenden Variablen korreliert sind.

Bewegungsgesamtheit – *Bewegungsmasse, Ereignisgesamtheit, Ereignismasse*; in der Statistik Bezeichnung für eine → Gesamtheit, deren Abgrenzung durch Festlegung eines *Zeitraumes* erfolgt. – *Beispiel:* Gesamtheit der Personen, die innerhalb eines Jahres in einer Region arbeitslos werden; nicht jedoch die Gesamtheit der Arbeitslosen dieser Region zu einem bestimmten Zeitpunkt. – *Gegensatz:* → Bestandsgesamtheit.

Bewegungskomponenten – in der → Zeitreihenanalyse zusammenfassende Bezeichnung für die Bestandteile → Trend, → Konjunkturkomponente, Saison (→ Saisonschwankungen) und zufällige Restgröße einer → Zeitreihe.

Bewegungsmasse → Bewegungsgesamtheit.

bewerteter Digraph → Digraph G (V, E) mit einer reellwertigen Abbildung β ($β_{ij}$ = β (i,j)) auf der Menge der Pfeile E. – *Schreibweise:* G (V, E, β). Die Bewertung der Pfeile wird im Sinn einer Kapazitäts- (→ Flussgraph), Kosten- bzw. Längenbewertung interpretiert.

bewusste Auswahl – zusammenfassende Bezeichnung für nichtzufällige → Auswahlverfahren. Zur bewussten Auswahl gehören bes. das → Quotenauswahlverfahren und die Auswahl nach dem → Konzentrationsprinzip. Der Einsatz von Verfahren der → Inferenzstatistik ist bei bewusster Auswahl nicht zulässig (s. → Repräsentativerhebung).

Beziehungszahl – in der Statistik Bezeichnung für eine → Verhältniszahl, bei der Zähler und Nenner sachlich zusammenhängende Größen sind, von denen keine eine Teilgröße der jeweils anderen ist. – *Beispiel:* Die Bevölkerungsdichte ist der Bevölkerungsumfang, dividiert durch die Fläche eines Landes.

Bias – *Verzerrung.* 1. *Inferenzstatistik:* Differenz zwischen dem → Erwartungswert einer → Schätzfunktion und dem zu schätzenden → Parameter. Wünschenswert ist ein Bias von Null; in diesem Fall liegt → Erwartungstreue (Unverzerrtheit) vor. – 2. In einem allgemeineren Sinn wird Bias in der *Meinungsforschung* und *Marktforschung* synonym für *Verfälschung von Umfrageergebnissen* verwendet; z.B. heißt die ungewollte Ergebnisbeeinflussung durch den Interviewer *Interviewer-Bias*. – Vgl. auch → systematischer Fehler.

Binnenklassenvarianz → interne Varianz.

Binomialkoeffizient – Begriff aus der Kombinatorik. Der Binomialkoeffizent $\binom{n}{k}$ (lies: n über k) ist eine abkürzende Schreibweise für den Quotienten (n! = n · (n-1) · ... · 2 · 1, 0! = 1):

$$\binom{n}{k} = \frac{n!}{(n-k)!\,k!} \quad n, k \in \mathbb{N} \text{ und } k \leq n.$$

Vgl. auch → Kombination.

Binomialverteilung – spezielle diskrete Wahrscheinlichkeitsverteilung mit der Wahrscheinlichkeitsfunktion (Zähldichtefunktion)

$$b(k|n;p) = \begin{cases} \binom{n}{k} p^k (1-p)^{n-k}, k = 0, 1, ..., n \\ 0, sonst \end{cases}$$

Dabei ist $\binom{n}{k}$ ein → Binomialkoeffizient.

Das bedeutet, hat die Zufallsvariable X eine Binomialverteilung mit den Parametern n (natürliche Zahl) und p mit 0 < p < 1, dann gilt: P(X = k) = b(k|n;p), k = 0, 1, ..., n.

Der zugehörige Erwartungswert ist np und die Varianz np(1-p). Die Binomialverteilung mit → Parametern n und p erfasst folgenden Sachverhalt: In einer Grundgesamtheit befinden sich zwei Sorten von Elementen mit den → Anteilswerten p bzw. 1-p. Es werden nach dem einfachen → Urnenmodell mit Zurücklegen n Elemente entnommen. Dann gibt b(k|n;p) die → Wahrscheinlichkeit dafür an, dass genau k Elemente der ersten Sorte in die Ziehung gelangen. Für große n kann die Binomialverteilung u.a. durch die → Normalverteilung approximiert werden (→ Approximation). – *Beispiel:* Stichprobe vom Umfang n aus einer Produktion mit dem Anteil p defekter Teile; b(k|n;p) ist dann die Wahrscheinlichkeit für genau k defekte Teile in der Stichprobe.

bivariate Analysemethoden – Methoden der statistischen Datenanalyse, die Variablen mit zwei Komponenten (zwei Merkmale bei jedem Merkmalsträger) zum Gegenstand der Analyse haben. In der Marktforschung häufig verwendete Verfahren sind Kreuztabellierung, → Korrelationsanalyse und einfache → Regressionsanalyse. – Vgl. auch → multivariate Statistik.

BLUE – Abk. für *Best Linear Unbiased Estimator*, vgl. → bester linearer unverzerrter Schätzer.

Box-Cox-Transformation – von Box und Cox (1964) vorgeschlagene Transformation, die von einem Parameter, der aus den Daten geschätzt werden kann, abhängt. Box-Cox-Transformationen dienen u.a. zur → Spezifikation und Auswahl der Funktionsform ökonometrischer Modellgleichungen. Sie enthalten auch als Spezialfälle das lineare und das logarithmisch lineare → Regressionsmodell.

Box-Jenkins-Verfahren – Grundvoraussetzung für die Anwendung des Verfahrens ist → Stationarität. Sie ist ggf. durch geeignete Transformation der betrachteten Variablen Y (z.B. Bildung von Differenzen) herzustellen, was die neue Variable Y* liefert. Das allg. Modell für Y* kann dann als

$$Y_t^* = \phi_1 Y_{t-1}^* + \phi_2 Y_{t-2}^* + \ldots + \phi_p Y_{t-p}^* +$$
$$\epsilon_t + \theta_1 \epsilon_{t-1} + \theta_2 \epsilon_{t-2} + \ldots + \theta_q \epsilon_{t-q}$$

formuliert werden, wobei die f und q unbekannte Parameter und die e unabhängig und identisch normalverteilte → Störterme mit Erwartungswert null sind. Diese Form wird auch als → ARIMA(p,d,q)-Prozess (engl. *Autoregressive Integrated Moving Average, ARIMA*) bezeichnet, wobei p für die Anzahl der verzögerten Werte von Y*, d für die Anzahl der Differenzierungen zur Herstellung der Stationarität bzw. den → Integrationsgrad und q die Anzahl der verzögerten Störterme beschreiben. Aus dem Box-Jenkins-Verfahren erwachsen die → AR(p)-Prozesse, → MA(q)- Prozesse und → ARMA(p,q)-Prozesse. – In der Literatur diskutierte Vergleiche für mikro- und makroökonomische Variablen stellen die Leistungsfähigkeit und relative Treffsicherheit des Box-Jenkins-Verfahren bes. bei Kurzfristprognosen heraus.

Box-Pierce-Test – von Box und Pierce (1970) vorgeschlagenes Testverfahren zur Prüfung der Nullhypothese, dass alle Autokorrelationskoeffizienten einer Variablen bis zu einem bestimmten Lag k gleich null sind, gegenüber der Alternativhypothese, dass mind. einer von null verschieden ist. – Die Teststatistik, welche sich als Produkt aus dem Stichprobenumfang und der Quadratsumme der interessierenden k geschätzten Autokorrelationskoeffizienten ergibt, folgt bei korrekter Nullhypothese und bei großen Stichprobenumfängen approximativ einer Chi-Quadrat-Verteilung mit k Freiheitsgraden. Überschreitet der Wert der Teststatistik den kritischen Wert aus der Chi-Quadrat-Verteilung, kann die Nullhypothese abgelehnt werden.

Box-Plot – graphische Darstellung in der beschreibenden Statistik (→ deskriptive Statistik) zur Veranschaulichung von Lage- und Streuungsmaßen zu einem metrischen Datensatz (insbesondere unteres und oberes

→ Quartil, → Median, → arithmetisches Mittel, Quartilsabstand, → Spannweite). Box-Plots sind besonders zum schnellen und direkten Vergleich mehrerer Datensätze geeignet.

Branch-and-Bound-Verfahren – 1. *Begriff:* Verfahren des → Operations Research (OR) zur exakten, d.h. optimalen Lösung eines (häufig schweren) kombinatorischen Optimierungsproblems (endliche Anzahl unabhängiger Variablen mit diskretem Wertevorrat). – 2. *Vorgehensweise:* Der → Algorithmus verwendet das Prinzip der Aufteilung und Begrenzung des Lösungsraumes. Durch fortwährende Aufteilung des ursprünglichen Problems entsteht eine Baumstruktur, der Branch-and-Bound-Baum. Schritte in jedem Knoten des Baums: a) Lösung einer Relaxation, häufig der LP-Relaxation, bei der die Ganzzahligkeitsbedingungen auf den Variablen zunächst weggelassen werden. Folgende Fälle können eintreten: i) die Lösung ist ganzzahlig (dann ist ggf. eine neue beste bekannte zulässige Lösung gefunden; der Knoten muss nicht mehr weiter betrachtet werden); ii) die Lösung ist unzulässig, dann muss der Knoten nicht mehr weiter betrachtet werden; iii) die Lösung hat noch fraktionale, d.h. nicht-ganzzahlige Variablenwerte, obwohl diese ganzzahlig sein sollten. – b) *Branch (Verzweigung):* Eine fraktionale Variable wird ausgewählt und zwei neue Teilprobleme gebildet, indem dieser Variablen einmal der nächstgrößere ganzzahlige Wert zugewiesen wird und einmal der nächstkleinere ganzzahlige Wert. Die Auswahl der Variablen erfolgt durch eine Verzweigungsregel (Branchingregel). – c) *Bound (Schranke):* Falls die aus der Relaxation gewonnene (sog. duale) Schranke schlechter (d.h. bei einem Minimierungsproblem größer) ist als der Wert einer besten bisher bekannten zulässigen Lösung (sog. primale Schranke), muss der Knoten nicht mehr weiter betrachtet werden. Das Optimum ist erreicht, wenn keine Knoten des Baum mehr offen sind, d.h. noch fraktionale Variablen aufweisen, aber noch nicht verzweigt wurde. – Die *Laufzeit eines Branch-and-Bound-Verfahrens* hängt wesentlich von der Qualität der Schranken ab. Für die primale Schranke werden zusätzlich Heuristiken eingesetzt, die duale Schranke hängt von der Qualität der Relaxation ab und wird oft durch zusätzliche Schnittebenen verschärft. Im schlimmsten Fall entartet der → Algorithmus zu einer → vollständigen Enumeration. – 3. *Anwendung:* Prinzipiell ist der → Algorithmus u.a. auf alle diskreten Probleme anwendbar, v.a. auf gemischt-ganzzahlige Programme oder das Traveling-Salesperson-Problem.

Branchenkennziffer – statistische Messzahl, mit der die Leistungsfähigkeit eines Wirtschaftszweiges oder von Unternehmungen, die zu einem Marktverbund zusammengeschlossen wurden, dargestellt wird, sodass z.B. der Marktanteil einzelner Betriebe ersichtlich ist.

Breusch-Godfrey-Autokorrelationstest – von Breusch und Godfrey (1979) vorgeschlagener → Lagrange-Multiplier-Test zur Prüfung der Nullhypothese „keine → Autokorrelation" gegenüber der Alternativhypothese „Autokorrelation" in großen Stichproben. Anders als der → Durbin-Watson-Autokorrelationstest führt er immer zu einer Testentscheidung, ist in der Lage auch auf Autokorrelation höherer Ordnung zu testen, erfordert nicht die Annahme normalverteilter Störterme und kann außerdem auch verwendet werden, wenn die Modellgleichung nicht strikt exogene Variablen (z.B. den verzögerten Regressanden als erklärende Variable) enthält. – Zur Testdurchführung werden die → Residuen des zu untersuchenden Modells auf eine Konstante, die erklärenden Variablen des Modells und eine Anzahl s verzögerter Residuen regressiert. Welche Anzahl s von verzögerten Residuen verwendet wird, richtet sich nach dem Grad der vermuteten Autokorrelation. Meistens wird sich aber an der Periodizität (Monate, Quartale, Jahre, etc.) des vorliegenden

Datenmaterials orientiert. Bei Jahresdaten wählt man häufig eins oder zwei, bei Quartalsdaten vier oder fünf. Die Teststatistik ergibt sich als Produkt aus dem Bestimmtheitsmaß dieser Regression und der Differenz aus Stichprobenumfang und s. Sie folgt bei korrekter Nullhypothese asymptotisch einer Chi-Quadrat-Verteilung mit s Freiheitsgraden. Die Nullhypothese wird abgelehnt, wenn der Wert der Teststatistik größer als der kritische Wert aus der Chi-Quadrat-Verteilung ist.

Breusch-Pagan-Heteroskedastizitätstest – von Breusch und Pagan (1979) vorgeschlagener Test zur Prüfung der Nullhypothese → Homoskedastizität gegenüber der Alternativhypothese → Heteroskedastizität in großen Stichproben. – In einer von Koenker (1981) vorgeschlagenen LM-Variante (→ Lagrange-Multiplier-Test) für große Stichproben werden hier zunächst die quadrierten → Residuen (Proxies für die Varianzen der → Störterme) aus der Schätzung des Ursprungsmodells, das auf Heteroskedastizität untersucht werden soll, auf bestimmte Variablen regressiert, von denen angenommen wird, dass diese die Varianz der Störterme bestimmen. Dies sind in der Praxis meist alle oder eine Teilmenge der erklärenden Variablen. Multipliziert man das Bestimmtheitsmaß dieser Hilfsregression mit dem Stichprobenumfang, ergibt sich die Teststatistik dieses LM-Tests. Sie folgt bei korrekter Nullhypothese asymptotisch einer Chi-Quadrat-Verteilung mit Freiheitsgraden in Höhe der Anzahl der erklärenden Variablen in der Hilfsregression. Die Nullhypothese wird gegenüber der Alternativhypothese abgelehnt, wenn die LM-Statistik den kritischen Wert aus der Chi-Quadrat-Verteilung übersteigt.

Breusch-Pagan-Random-Effects-Test – von Breusch und Godfrey (1980) vorgeschlagener → Lagrange-Multiplier-Test für Paneldatenmodelle (→ Paneldaten und Paneldatenmodelle). Er kommt bei → Random-Effects-Modellen zum Einsatz und basiert auf den → Residuen der OLS-Schätzung (→ Kleinstquadratemethode, gewöhnliche). Er testet die Nullhypothese, dass die Varianz der individuenspezifischen Komponente (Indvidualeffekte) des zusammengesetzten → Störterms null ist.

Buchstabenverfahren – spezielles Ersatzverfahren zur Gewinnung einer Zufallsstichprobe (→ Auswahlverfahren) aus einer Personengesamtheit. In die Stichprobe gelangen alle Personen, deren Familienname mit einem oder mehreren bestimmten Buchstaben beginnt. – *Nachteile*: Stichprobenumfang und → Auswahlsatz können nicht von vornherein genau angegeben werden. Stehen die Untersuchungsgegenstände in einer Beziehung mit dem Familiennamen in der Personengesamtheit, kann das Buchstabenverfahren nicht eingesetzt werden.

Bündelbedingung – Begriff der → Netzplantechnik, für eine spezielle Anordnungsbeziehung zwischen einem Vorgang und seinen Vorgängern, bei der der betreffende Vorgang bereits beginnen kann, wenn nur eine gewisse Anzahl seiner Vorgänger beendet ist.

Chi-Quadrat-Test → statistisches Testverfahren; zentrale Anwendung: Prüfung einer Hypothese über die Verteilung eines Merkmals *(Anpassungstest)*, z.B. Prüfung einer Hypothese über die → Anteilswerte p_i (i = 1, ..., k) der Kategorien eines → qualitativen Merkmals oder Prüfung der Hypothese, die Verteilung eines → quantitativen Merkmals sei eine → Normalverteilung mit bestimmten → Parametern; in diesem Fall muss eine → Klassenbildung vorgeschaltet werden. Die Gegenüberstellung der bei Gültigkeit der → Nullhypothese in k einzelnen Kategorien oder → Klassen zu erwartenden → Häufigkeiten np_i und der in einer → Stichprobe des Umfanges n tatsächlich beobachteten Häufigkeiten n_i geschieht in Form der → Prüfgröße

$$\chi^2 = \sum\nolimits_{i=1}^{k} \frac{(n_i - np_i)^2}{np_i}$$

Diese Prüfgröße hat bei Gültigkeit der Nullhypothese asymptotisch eine x^2-Verteilung mit k–1 Freiheitsgraden (→ Chi-Quadrat-Verteilung). – *Voraussetzung:* Großer Stichprobenumfang n und Einhaltung gewisser Mindestbedingungen bez. der (erwarteten) Häufigkeiten in den einzelnen Kategorien oder Klassen. – *Weitere Anwendungen:* Überprüfung der Unabhängigkeit zweier Variablen oder Vergleich zweier Verteilungen.

Chi-Quadrat-Verteilung – stetige Wahrscheinlichkeitsverteilung (→ Verteilung), die durch Helmert (1876) und Pearson (1900) als Prüfverteilung eingeführt wurde. Sind n → Zufallsvariablen $X_1, ..., X_n$ stochastisch unabhängig und jeweils standardnormalverteilt (→ Standardnormalverteilung), so ist die Summe der Quadrate dieser Zufallsvariablen χ^2-verteilt mit n Freiheitsgraden. Die Chi-Quadrat-Verteilung hat einen → Parameter, die Anzahl n der Freiheitsgrade. Sie ist eingipflig und für kleine n stark linkssteil (→ Schiefe).

Die Dichtefunktion einer Chi-Quadrat-Verteilung mit n Freiheitsgraden ist gegeben durch

$$f(x) = (2^{n/2}\Gamma(n/2))^{-1} x^{n/2-1} e^{-x/2}, x > 0$$

Der zugehörige Erwartungswert ist durch n und die Varianz ist durch 2n gegeben. Die Chi-Quadrat-Verteilung ist eine spezielle gamma-Verteilung. Es gibt Tabellenwerke für Quantile der χ^2-Verteilung. Für große n kann die Verteilungsfunktion unter Verwendung der → Normalverteilung approximiert werden. Anwendung findet die Chi-Quadrat-Verteilung z.B. bei statistischen Tests für Varianzen von Normalverteilungen und beim → Chi-Quadrat-Test.

Chow-Test – von Chow (1960) vorgeschlagenes Verfahren zur Überprüfung der Hypothese beobachtungsinvarianter Koeffizienten in linearen → Einzelgleichungsmodellen (→ Strukturbruchtests). – Aufgrund der Vermutung eines Strukturbruches im Sinn einer numerischen Veränderung der Koeffizienten ab einer bestimmten Stelle wird der Stützbereich für die Schätzung in zwei Bereiche zerlegt. Mit den → Residuen der OLS-Schätzungen (→ Kleinstquadratemethode, gewöhnliche) für die Teilbereiche und den gesamten Stützbereich wird dann die Teststatistik berechnet. Sind RSS_1, RSS_2 und RSS_G die Residuenquadratsummen der Teilbereiche und des gesamten Stützbereichs, n_1, n_2 und n die Stichprobenumfänge der Teilbereiche und des Gesamtbereiches und K die Anzahl der erklärenden Variablen im zu untersuchenden Modell, so erhält man die Teststatistik als Sonderfall des → F-Tests für das multiple Regressionsmodell zu F = [(RSS_G – RSS_1 – RSS_2)/(K + 1)]/[(RSS_1 + RSS_2)/(n – 2K – 2)]. Die Nullhypothese wird abgelehnt, wenn F größer als der kritische Wert aus der F(K + 1; n − 2K − 2)-Verteilung ist.

Cluster – I. Statistik: homogene Gruppe von bezüglich eines bestimmten Merkmals gleichartigen Elementen. – Vgl. auch → Clusteranalyse.

II. Wirtschaftsgeografie: 1. *Begriff:* räumliche Konzentration miteinander verbundener Unternehmen und Institutionen innerhalb eines bestimmten Wirtschaftszweiges. Der Cluster kann neben Unternehmen vernetzter Branchen auch weitere für den Wettbewerb relevante Organisationseinheiten (z.B. Forschungsinstitutionen, Hochschulen, Kammern, Behörden, Finanzintermediäre, Normen setzende Instanzen etc.) beinhalten. Als räumliche Zusammenballung von Menschen, Ressourcen, Ideen und Infrastruktur stellt sich ein Cluster als hoch komplexes Netzwerk mit dynamischen internen Interaktionen dar, das nicht zwingend mit administrativen Grenzen kongruent sein muss. Die Grundüberlegung ist, dass räumliche Nähe die wirtschaftliche Entwicklung sowie die Entstehung von Wissen und Innovationen fördert. – 2. *Dimensionen eines Clusters:* Es lassen sich folgende Dimensionen eines Clusters unterscheiden: a) *horizontale Dimension:* Sie beschreibt die gleichzeitige Präsenz von Unternehmen, die ähnliche Produkte herstellen, und daher in Konkurrenz stehen. Zwar unterhalten sie keine intensiven Kontakte zueinander, profitieren aber von der Kopräsenz an einem Standort, welche sie in die Lage versetzt, sich über Produkte und Produktionsbedingungen der Wettbewerber zu informieren. Dies ist v.a. bei räumlicher Nähe möglich, über längere Distanzen dagegen nur schwer zu erreichen. b) *Vertikale Dimension:* Sie meint die Konzentration vor- und nachgelagerter Unternehmenseinheiten. Sobald ein spezifischer industrieller Cluster existiert, besteht für Zulieferer, Abnehmer und Dienstleister der Anreiz, sich in derselben Region niederzulassen, um Agglomerationseffekte auszuschöpfen. Der Ansiedlungsanreiz ist dabei umso stärker ausgeprägt, je intensiver die Arbeitsteilung innerhalb der Wertschöpfungskette des Clusters ist. c) *Institutionelle Dimension:* Sie bezieht sich darauf, dass regionale Konzentrationsprozesse die Bildung eines spezifischen Regel- und Normensystems begründen. So teilen die Clusterakteure dieselben bzw. sich ergänzende Technikvorstellungen und Arbeitswerte, sodass sich feste Beziehungen und Konventionen bilden, welche die Grundlage für Zuverlässigkeit und Vertrauen in die gegenseitige Leistungsfähigkeit sind. d) *Externe Dimension:* In ihr kommt zum Ausdruck, dass die Offenheit eines Clusters nach außen von substanzieller Bedeutung ist. Die kontinuierliche Integration externer Impulse gilt als unabdingbare Voraussetzung für die Sicherstellung der Reproduktivität und die Generierung von Innovations- und Wachstumsprozessen über clusterinterne Netzwerke. Ein sog. „lock in", d.h. die kreative Austrocknung eines Clusters durch mangelnde Impulse von außen, ist zu vermeiden. – 3. *Eigenschaften und Beispiele:* Cluster divergieren hinsichtlich ihrer Größe, Bandbreite und ihres Entwicklungsstandes. Sie bestehen meist aus kleinen und mittleren Unternehmen (z.B. der italienische Schuhmodencluster oder der Möbelcluster im US-Bundesstaat North Carolina), umfassen gegebenenfalls aber auch größere Unternehmen (z.B. das Silicon Valley oder Hollywood). Die zusammengefassten Unternehmen können modernen Hochtechnologiebranchen entstammen. Beispiele sind u.a. die Route-128-Region im Raum Boston (Minicomputer, Softwareentwicklung, Bio- und Gentechnologie), Sophia Antipolis in Südfrankreich und der M4-Corridor im britischen Berkshire/Thames Valley (Informations- und Telekommunikationstechnologie), die südschwedischen Regionen Lund und Malmö sowie Martinsried bei München (Biotechnologie). Es kann sich aber auch um konventionelle Branchen handeln, wie z.B. die Textilindustrie auf der Schwäbischen Alb, die Messerwarenindustrie in Solingen, das

Fahrradhandwerk in Freiburg, die Uhrenindustrie im Schweizer Jura, den Standortverbund des kalifornischen Weinanbaus oder das Dritte Italien (u.a. Schuhe, Textilien, Möbel, Glas in Nordostitalien), handeln. – Zu beachten ist, dass von einem Cluster auch Gefahren für die wirtschaftliche Entwicklung einer Region ausgehen können. Dies gilt insbesondere dann, wenn der Cluster nur aus wenigen Branchen besteht, auf welche sich die Region, z.B. bei der Bereitstellung von Infrastruktur, der Wirtschaftsförderung oder der Qualifizierung von Arbeitskräften, einseitig spezialisiert. Eine derartige, anpassungsresistente Monostruktur macht eine Region gegenüber strukturellen und konjunkturellen Krisen besonders anfällig. Als Beispiele lassen sich der Niedergang der Montanindustrie im Ruhrgebiet, die Krise des Automobilstandortes Detroit und die nachlassende Wettbewerbsfähigkeit der Schweizer Uhrenindustrie Ende der 1980er-/Anfang der 1990er-Jahre anführen. Zu beachten ist ferner, dass bei einer zu starken Ausrichtung eines Clusters auf lokale Beziehungen und Institutionen wichtige nationale oder internationale Bezügen vernachlässigt werden. Hinzu kommen klassische Agglomerationsnachteile. Denn ein clusterbedingtes Wirtschaftswachstum führt zu regionalen Belastungen durch hohe Immobilienpreise und Mieten, steigende Arbeitskosten sowie eine überlastete Infrastruktur. Ein Anstieg der Lebenshaltungskosten und Umweltbelastungen bewirkt, dass die Zuwanderung qualifizierter Arbeitskräfte und damit die Wettbewerbsfähigkeit wieder nachlassen.

Clusteranalyse – deskriptive Methode der → multivariaten Statistik zur Strukturierung der beobachteten Elemente durch Bildung in sich möglichst homogener und untereinander möglichst unähnlicher Gruppen oder Cluster. Die Clusteranalyse erfolgt durch Quantifizierung der Ähnlichkeit zwischen zwei (Mengen von) Elementen mittels Ähnlichkeits- oder Distanzmaßen und anschließender Clusterbildung durch geeignete Algorithmen. Hierbei werden bes. Verfahren mit Austauschalgorithmen (partitionierende Verfahren) und hierarchische Verfahren unterschieden, die sukzessive gegebene Cluster zusammenfassen (agglomerativ) oder aufteilen (divisiv). Daneben gibt es noch Verfahren, welche mit Annahmen bez. der Verteilungsform arbeiten, z.B. die Latent Class Analyse. Die Clusteranalyse wird in der Marktforschung insbesondere zur Marktsegmentierung eingesetzt. – *Grafische Darstellung von hierarchischen Verfahren:* → Dendrogramm.

Cochrane-Orcutt-Schätzer bei Autokorrelation – von Cochrane und Orcutt (1949) vorgeschlagener Ansatz zur Schätzung von GLS-Gleichungen (→ Kleinstquadratemethode, verallgemeinerte), wenn für das autokorrelierte Modell ein AR(1)-Störterm unterstellt werden kann, der Autokorrelationskoeffizient erster Ordnung ρ jedoch unbekannt ist. – In einem ersten Schritt wird hier das autokorrelierte Modell mit OLS (→ Kleinstquadratemethode, gewöhnliche) geschätzt und die Residuen bestimmt. Im zweiten Schritt wird dann ρ geschätzt (z.B. durch Regression der → Residuen auf ihre um eine Periode verzögerten Werte). Im dritten Schritt wird der geschätzte Autokorrelationskoeffizient dann zur GLS-Transformation herangezogen und das transformierte Modell mit OLS geschätzt. Die Parameterschätzungen aus diesem Modell werden dann in das originäre Modell eingesetzt und daraus erneut die Residuen bestimmt. Aus diesen kann dann erneut eine Schätzung von r gewonnen werden. Diese Prozedur kann man beliebig oft wiederholen. Standard ist es aber, dass der Iterationsprozess gestoppt wird, wenn sich die neue Schätzung von r um weniger als 0,01 oder 0,005 von der vorhergehenden unterscheidet. Die letzte Schätzung von r und die daraus resultierenden Ergebnisse der GLS-Schätzung können dann als finale Ergebnisse betrachtet werden. Es kann aber theoretisch nicht gesagt werden, dass diese Iterationsvorgehensweise zu effizienteren Schätzungen führt als nur ein

Durchlauf des Verfahrens. – Vgl. auch → Hildreth-Lu-Schätzer bei Autokorrelation, → FGLS.

Coverage-Fehler – bei statistischen → Erhebungen der → Fehler, der dadurch entsteht, dass die → Grundgesamtheit, auf die sich die Untersuchung richtet *(Zielgesamtheit)*, und die Gesamtheit, welche erhoben wird *(Erhebungsgesamtheit)*, nicht deckungsgleich sind; also der Fehler, der durch eine falsche Abgrenzung der Grundgesamtheit zustande kommt (→ Adäquation).

CPM – Abk. für *Critical Path Method*; spezielle → Netzplantechnik, die Vorgangspfeilnetzpläne verwendet. Sämtliche dargestellten Ablaufbeziehungen sind Normalfolgen mit Mindestabständen der Zeitdauer Null.

Critical Path Method → CPM.

CUSUMQ-Test – mit dem → CUSUM-Test vergleichbares Verfahren zur Aufdeckung eines Strukturbruches (→ Strukturbruchtests) auf der Basis quadrierter standardisierter rekursiver Residuen (→ Residuen, rekursive) sukzessiver OLS-Schätzungen (→ Kleinstquadratemethode, gewöhnliche). – Die Testgrafik entsteht hier durch Abtragen der Anteile der sukzessiven Summen der quadrierten standardisierten rekursiven Residuen an der Quadratesumme aller standardisierten rekursiven Residuen. Edgerton und Wells (1994) liefern hierfür die kritischen Werte. Die Interpretation der Grafik erfolgt analog zum CUSUM-Test.

CUSUM-Test – von Brown, Durbin und Evans (1975) vorgeschlagenes Verfahren zur Aufdeckung eines Strukturbruches (→ Strukturbruchtests) auf der Basis standardisierter rekursiver Residuen (→ Residuen, rekursive) sukzessiver OLS-Schätzungen (→ Kleinstquadratemethode, gewöhnliche). – Der CUSUM-Test (engl. *Cumulative Sum, CUSUM*), der auch für Modelle mit verzögerten erklärten Variablen als Regressoren anwendbar ist, basiert auf einer grafischen Darstellung der sukzessiven Summe der standardisierten rekursiven Residuen, die sich für ein Regressionsmodell ermitteln lassen. Überschreitet diese Summe eine spezielle kritische Grenze, folgert man, dass ein Strukturbruch vorliegt, der zu dem Zeitpunkt begann, an dem die Summe begann, sich auf diese Grenze zuzubewegen. Vorteil einer derartigen Testvorgehensweise im Vergleich zur üblichen Berechnung einer Teststatistik ist, dass die hier verwendete Testgrafik mehr Informationen enthält als eine einzige Kennzahl.

Datenanalyse – *statistische Datenanalyse;* statistische Methoden, mit welchen aus vorliegenden Einzeldaten zusammenfassende Informationen (Kenngrößen) gewonnen und tabellarisch oder grafisch dokumentiert werden. – 1. *Deskriptive Datenanalyse:* Liegt eine Totalerhebung oder generell ein Datensatz vor, so ist es die Aufgabe der Datenanalyse, die in den Einzeldaten enthaltene Information zu verdichten und diese so darzustellen, dass Wesentliches deutlich wird. Dazu werden Tabellen, graphische Darstellungen und charakteristische Maßzahlen verwendet. Die Datenanalyse hat ausschließlich beschreibenden Charakter (→ deskriptive Statistik). – 2. *Inferenzielle Datenanalyse:* Bei einer Stichprobenerhebung (→ Teilerhebung) liegt der Schwerpunkt der Datenanalyse auf der Übertragung der Stichprobenbefunde auf die Grundgesamtheit auf der Basis eines statistischen Modells. Wesentliche Verfahren der Inferenzstatistik sind → Punktschätzung, → Intervallschätzung und Hypothesenprüfung (→ statistische Testverfahren). Zur Datenanalyse gehört in diesem Fall z.B. die Angabe von Punktschätzwerten oder die Angabe von Konfidenzintervallen für Parameter der Grundgesamtheit. – 3. Neben der deskriptiven und inferenziellen wird auch zwischen der *explorativen* und der *konfirmatorischen* Datenanalyse unterschieden. Bei der explorativen Datenanalyse wird die verfügbare Datenmenge verarbeitet mit der Absicht, Strukturen in den Daten oder einfache bzw. überschaubare Zusammenhänge hervortreten zu lassen oder auf diese Weise erst zu entdecken. Im Gegensatz dazu ist das Ziel der konfirmatorischen Datenanalyse die Überprüfung von Zusammenhängen (z.B. → Regressionsanalyse oder der LISREL-Ansatz (→ LISREL) der Kausalanalyse). – 4. Bei der Datenanalyse ist bezüglich der Analyseverfahren allg. zwischen *univariater, bivariater* und *multivariater* Datenanalyse zu unterscheiden, je nachdem, ob ein (eindimensionales) Merkmal bzw. zwei- oder mehrdimensionale Merkmale im Vordergrund stehen (univariate Analysemethoden, → bivariate Analysemethoden, multivariate Analysemethoden).

Datenerhebung – Erhebung der interessierenden Daten, i.d.R. durch eine Stichprobe. Dies kann durch Befragung, Beobachtung oder Experiment geschehen. – Vgl. auch computergestützte Datenerhebung, → Erhebung.

Datenreduktion – Komprimierung des Datenmaterials einer Erhebung mittels statistischer Methoden auf Graphiken, wenige aussagekräftige Kennwerte oder Reduktion der Anzahl der betrachteten Merkmale. Dem damit zwangsläufig verbundenen Verlust an Einzelinformationen steht die globale Charakterisierung der Gesamtheit als Vorteil gegenüber. – *Verwendete Methoden:* In erster Linie Tabellen, Maßzahlen (z.B. Mittelwerte, Verhältniszahlen, Indexzahlen), empirische Verteilungen, grafische Veranschaulichungen, aber auch multivariate Analysemethoden, bes. → Faktorenanalyse, → Clusteranalyse und → Regressionsanalyse.

Dendrogramm – *Baumdiagramm;* graphische Darstellung der Clusterbildung bei Einsatz von → Clusteranalysen mit hierarchischen Techniken oder AID-Analyse. Auf jeder Stufe werden jeweils zwei Elemente oder Cluster vereinigt. Der Vorteil dieser Gruppenbildung besteht darin, dass man die Abstände der Gruppen, die zu einer neuen Gruppe zusammengefasst werden, durch die vertikalen Linienzüge verdeutlichen kann. – Vgl. Abbildung „Dendrogramm".

deskriptive Statistik – *beschreibende Statistik;* der Teilbereich der statistischen Methoden, der die Beschreibung von

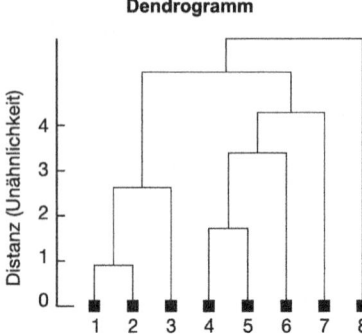

Dendrogramm

→ Gesamtheiten, bes. durch Tabellen, Grafiken sowie durch Kennwerte wie → Mittelwerte und → Streuungsmaße, zum Gegenstand hat. Bei Stichproben bedarf die deskriptive Statistik der Ergänzung durch die → Inferenzstatistik, deren Gegenstand die Übertragung von Befunden aus → Zufallsstichproben auf zugehörige → Grundgesamtheiten ist.

dichotomes Merkmal → Merkmal, bei dem nur zwei → Ausprägungen unterschieden werden, z.B. Geschlecht oder ja/nein-Antworten. – Vgl. auch → Dichotomisierung.

Dichotomisierung – in der Statistik Zerlegung einer → Gesamtheit in zwei → Teilgesamtheiten mithilfe eines Merkmals, bei dem nur zwei Ausprägungen unterschieden werden (→ dichotomes Merkmal). – *Beispiel:* Dichotomisierung einer Personengesamtheit bezüglich des Geschlechts oder mittels des Merkmals „Alter der Person" in Personen mit höchstens 30 Jahren oder mehr als 30 Jahren.

Dichtefunktion – bei einer stetigen → Zufallsvariablen die Ableitung der → Verteilungsfunktion. Der Zusammenhang zwischen einer Verteilungsfunktion F und der zugehörigen Dichtefunktion f ist gegeben durch

$$F(x) = \int_{-\infty}^{x} f(z)dz, x \in (-\infty, \infty)$$

dichtester Wert → Modus.

Dickey-Fuller-Test – Zur Testdurchführung bestehen drei Möglichkeiten: (1) Es wird die erste → Differenz einer → Zeitreihe auf den gelagten Wert (Lag) der gleichen Zeitreihe regressiert. Eine Ablehnung der Nullhypothese bedeutet hier, dass die Zeitreihe einem Prozess mit Erwartungswert null entstammt. – (2) Es wird die erste Differenz einer Zeitreihe auf den gelagten Wert der gleichen Zeitreihe und eine Konstante regressiert. Wird die Nullhypothese nun abgelehnt, bedeutet dies, dass die Zeitreihe einem Prozess mit von null verschiedenem Erwartungswert entstammt. – (3) In die Testgleichung aus Möglichkeit (2) wird zusätzlich ein deterministischer → Trend integriert. Eine Ablehnung der Nullhypothese bedeutet hier, dass ein trendstationärer Prozess vorliegt, d.h. erst nach Trendbereinigung (Trendbereinigung und Stationarisierung) von einem stationären Prozess ausgegangen werden kann. – Die Testentscheidung erfolgt anhand des t-Werts (hypothetischer Parameterwert gleich null) für die gelagte erklärende Variable in den Modellen (1) bis (3). Liegt der Regressionskoeffizient nahe bei null, so kann die Hypothese des Vorhandenseins einer Einheitswurzel nicht verworfen werden. Dickey und Fuller (1979) haben für diesen Test spezielle kritische Werte tabelliert. – Sollte der Störterm der Regression autokorreliert sein, empfiehlt sich der Augmented Dickey-Fuller-Test, bei dem zusätzlich noch gelagte Differenzen der Zeitreihe in das zum Test verwendete Regressionsmodell als erklärende Variablen miteinbezogen werden. Die Lag-Anzahl wird dabei i.d.R. über das → Akaike-Informationskriterium oder das → Schwarz-Informationskriterium bestimmt. Sinnvoll ist es zudem, für die gewählte Lag-Anzahl zu prüfen, ob die → Residuen der ADF-Regression autokorreliert sind oder nicht (z.B. mit dem → Breusch-Godfrey-Autokorrelationstest). Sind sie dies nicht, ist die richtige Lag-Anzahl gefunden.

Differenz – Unter der ersten Differenz ΔX_t einer Variablen X versteht man die Differenz aus dem aktuellen Variablenwert X_t und den um eine Periode verzögerten Wert X_{t-1}, d.h. $\Delta X_t = X_t - X_{t-1}$. Es sind hier jedoch auch Verzögerungen um s Perioden möglich. Die zweite Differenz $\Delta\Delta X_t = \Delta^2 X_t$ einer Variablen X entsteht, wenn die erste Differenz erneut differenziert wird, d.h. $\Delta\Delta X_t = \Delta(X_t - X_{t-1}) = \Delta X_t - \Delta X_{t-1} = X_t - 2X_{t-1} + X_{t-2}$. Höhere Differenzen bzw. d-te Differenzen $\Delta^d X_t$ werden analog bestimmt.

Differenzenschätzung – Verfahren der gebundenen → Hochrechnung, bei welchem neben der Untersuchungsvariablen (→ Merkmal) Y ein Hilfsmerkmal X ausgewertet wird. Bei bekanntem Durchschnittswert (→ arithmetisches Mittel) des Hilfsmerkmals in der Grundgesamtheit $\overline{X}$ und unter Verwendung der Durchschnittswerte in der Stichprobe $\overline{X}$ und $\overline{y}$ ergibt sich für den Durchschnittswert $\overline{y}$ der Untersuchungsvariablen in der Grundgesamtheit der → Schätzwert $\overline{Y}' = \overline{y} + B \cdot (\overline{X} - \overline{x})$. Dabei ist B eine Konstante, die häufig mit 1 angesetzt wird. Bei der → Differenzenschätzung wird davon ausgegangen, dass die Differenzen zwischen den Durchschnittswerten in der Grundgesamtheit und in der Stichprobe bei Untersuchungs- und Hilfsmerkmal proportional zueinander sind.

Differenzial (dy) – Ist f eine an der Stelle x_0 differenzierbare → Funktion mit f(x) = y, dann ist das Differenzial $dy = f'(x_0) \cdot dx$ mit $dx = x - x_0$. Das Differenzial gibt näherungsweise an, wie sich der Funktionswert y an der Stelle x_0 ändert, wenn sich x_0 um dx ändert. – *Beispiel*: Ist $K(x) = x^2$ eine progressive Kostenfunktion, so lautet das Differenzial $dK = 2x \cdot dx$. Es soll die Änderung der Kosten K abgeschätzt werden, wenn die Produktionsmenge x von 300 auf 305 Einheiten erhöht wird: $dK = 2 \cdot 300 \cdot (305 - 300) = 3.000$; die Kostenänderung beträgt näherungsweise 3.000 Geldeinheiten (die exakte Kostenänderung beträgt 3.025 Geldeinheiten).

Differenzialgleichung – mathematisches Konzept zur Erfassung stetiger zeitlicher Abläufe, angewandt in der Volkswirtschaftslehre (v.a. in der Konjunkturtheorie und Wachstumstheorie). Im Gegensatz zur Differenzengleichung wird die Zeit als Kontinuum mit infinitesimal kleiner Periodenlänge aufgefasst *(stetiges Zeitkonzept)*. – *Beispiel*:

$$\frac{dx}{dt} =: \dot{x}_t = f(x_t),$$

mit dx/dt als Ableitung der Variablen x_t nach der Zeit bzw. Veränderung der Variablen im Zeitpunkt t. – Eine *Differenzialgleichung n-ter Ordnung* liegt vor, wenn in ihr die n-te Ableitung (nach der Zeit) vorkommt. – Vgl. auch → Differenzialgleichungssystem, Differenzengleichung.

Differenzialgleichungssystem – simultane Darstellung der gegenseitigen Beeinflussung von Variablen im stetigen Zeitablauf in Form zweier oder mehrerer → Differenzialgleichungen. – *Beispiel*:

$$\dot{x}(t) = f(x(t), y(t)), \quad \dot{y}(t) = g(x(t), y(t)),$$

mit x_t bzw. y_t als Wert der Variablen x und y im Zeitpunkt t; $\dot{x}_t$ und $\dot{y}_t$ bezeichnen die Ableitungen nach der Zeit. – *Anders*: Differenzengleichungssystem.

Differenzialquotient – Grundbegriff aus der → Differenzialrechnung. Alle → Ableitungen f' und → Differenzierungsregeln sind über den Differenzialquotienten berechnet worden.

$$f'(x_1) = \lim_{x_2 \to x_1} \frac{f(x_2) - f(x_1)}{x_2 - x_1}$$

oder

$$f'(x_1) = \lim_{\Delta x \to 0} \frac{f(x + \Delta x) - f(x)}{\Delta x} = \frac{dy}{dx}.$$

Differenzialrechnung – Teilgebiet der Mathematik, das sich mit der Steigung von → Funktionen beschäftigt. Sie stellt einfache Methoden zur Berechnung der Steigung zur Verfügung (→ Differenzierungsregeln).

Ein weiteres wichtiges Anwendungsgebiet der Differenzialrechnung ist die Bestimmung von → Extremwerten und auch → Wendepunkten einer Funktion; da diese sich durch ein spezifisches Steigungsverhalten auszeichnen, kann ihre Lage mithilfe der Differenzialrechnung bestimmt werden. – Durch den → Differenzialquotienten kann die → Ableitung f ', die die Steigung der Funktion f angibt, bestimmt werden.

Differenzieren – Begriff der Mathematik. Berechnung bzw. Bildung der → Ableitung einer Funktion.

Differenzierungsregeln – Methoden zur Berechnung der Steigung von → Funktionen:

(1) Potenzregel:

$f(x) = x^n \quad f'(x) = n \cdot x^{n-1}$, wobei $n \in \mathbb{Q}$

2) Konstantenregel:

$f(x) = a \cdot x^n \quad f'(x) = n \cdot a \cdot x^{n-1}$

(3) Logarithmusfunktion:

$f(x) = \ln x \quad f'(x) = \dfrac{1}{x}$

(4) Exponentialfunktion zur Basis e:

$f(x) = e^x \quad f'(x) = e^x$

(5) Summenregel:

$f(x) = g_1(x) \pm g_2(x) \quad f'(x) = g_1'(x) \pm g_2'(x)$

(6) Produktregel:

$f(x) = g_1(x) \cdot g_2(x)$
$f'(x) = g_1'(x) \cdot g_2(x) + g_1(x) \cdot g_2'(x)$

(7) Quotientenregel:

$f(x) = \dfrac{g_1(x)}{g_2(x)}$, mit $g_2(x) \neq 0$

$f'(x) = \dfrac{g_1'(x) \cdot g_2(x) - g_1(x) \cdot g_2'(x)}{(g_2(x))^2}$

(8) Kettenregel:

$f(x) = g(h(x)) = g(z)$,

mit

$h(x) = z$ innere Funktion, $g(z)$ äußere Funktion
$f'(x) = g_1'(h(x)) \cdot h'(x) = g'(z) \cdot h'(x)$
$=$ „äußere Ableitung innere Ableitung".

Digraph – endlicher, gerichteter → Graph, der weder parallele Kanten (Kanten mit gleichen Endknoten) bzw. parallele Pfeile (gleiche Anfangs- und Endknoten) noch Schlingen (übereinstimmende Endknoten bzw. übereinstimmende Anfangs- und Endknoten) hat. – Vgl. auch → bewerteter Digraph.

direkter Schluss → Inklusionsschluss.

Diskontierung – 1. *Mathematik:* Begriff aus der → Finanzmathematik. Die Bestimmung von K_0 (Anfangskapital) bei gegebenem K_n (Endkapital), q (Zinsfaktor; mit q = 1 + p/100) und n (Laufzeit) bezeichnet man als Bestimmung des Barwertes oder Diskontierung (Abzinsung) eines Kapitals. Es gilt:

$$K_0 = \dfrac{K_n}{q^n}$$

Dabei wird $1/q^n$ Diskontierungsfaktor (Abzinsungsfaktor) genannt. – Die Diskontierung lässt Vergleiche zwischen zu verschiedenen Zeiten fälligen Kapitalen zu. – *Gegensatz:* → Aufzinsung. – 2. *Bankwesen:* Diskontgeschäft.

Diskontierungsfaktor → Diskontierung.

diskretes Merkmal – in der Statistik Bezeichnung für ein quantitatives (metrisches) → Merkmal mit endlich vielen oder abzählbar unendlich vielen möglichen → Ausprägungen. Bei überabzählbar vielen möglichen Ausprägungen spricht man von einem → stetigen Merkmal. – *Beispiele:* Kinderzahlen von Familien, Anzahl der Verkäufe eines Produkts in einer Woche.

Diskriminanzanalyse – I. Statistik: Komplex von empirischen Methoden in der → multivariaten Statistik zur Einteilung

(Klassifikation) vorliegender Einheiten (Personen; Gegenstände) in zwei oder mehrere (Teil)- → Gesamtheiten nach Maßgabe der Werte mehrerer → metrischer Merkmale oder zur Zuordnung von Einheiten zu Teilgesamtheiten. – Die Trennung der Einheiten erfolgt mithilfe einer sog. *Diskriminanzfunktion*, in die die beobachteten Merkmalswerte eingehen.

II. Kreditgeschäft: modernes Verfahren der Bonitätsprüfung, (Bonitätsprüfung im Firmenkundengeschäft, Bonitätsprüfung im Privatkundengeschäft) bei dem eine Beobachtungsmenge vergangener Kreditengagements mit bekanntem Ausgang in zwei Gruppen eingeteilt wird. Dabei besteht eine Gruppe aus Kreditnehmern, die sich als kreditwürdig erwiesen haben, die andere, möglichst gleich große Vergleichsgruppe aus Kreditnehmern, die ihren Kredit nicht zurückgezahlt haben. Im Rahmen der eigentlichen Diskriminanzanalyse sind dann zwei Arbeitsschritte durchzuführen: (1) Die beiden Gruppen werden empirisch darauf überprüft, durch welche Eigenschaften, Merkmale und Kennzahlen sie sich voneinander unterscheiden. (2) Anschließend wird die Trennungsqualität dieser Faktoren analysiert. Das Ziel ist dabei, eine möglichst überschneidungsfreie Zuordnung der Objekte zu den Teilgruppen vornehmen zu können. Die Trennung erfolgt mittels einer Trennfunktion, der sog. Diskriminanzfunktion, die aus einem oder mehreren Merkmalen gebildet wird, sowie der Festlegung eines Trennwertes, dem sog. Cut-off Point, dessen Über- bzw. Unterschreiten über die Zuordnung zu den Gruppen entscheidet. Stehen die zu erfassenden Einzelmerkmale, deren Ausprägungen und die Gewichtungsfaktoren (vorläufig) fest, kann die relative Häufigkeit bestimmter Diskriminanzwerte der „guten" und der „schlechten" Risiken festgestellt werden (vgl. Abbildung „Diskriminanzanalyse", Annahme von normalverteilten Werten).

Trotz einer weitgehenden Trennung der „guten" und der „schlechten" Kreditengagements durch die Trenngerade Z+ verbleiben noch

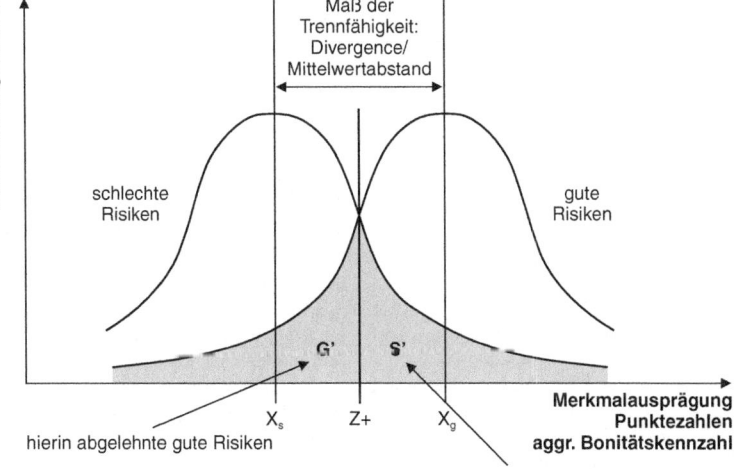

Diskriminanzanalyse

Bereiche (Flächen G' und S'), in denen es zu einer Fehleinschätzung kommt. Hierbei müssen zwei Arten von Fehlern berücksichtigt und minimiert werden: Einerseits kann ein schlechtes Engagement als gut (Fläche S'), andererseits kann ein gutes Kreditengagement als schlecht klassifiziert werden (Fläche G'). Gelingt eine völlige Trennung der Grundgesamtheiten, d.h. wird der durch die Flächen G' und S' dargestellte Überlappungsbereich eliminiert, werden beide Fehlerarten beseitigt. Dies gelingt umso besser, je weiter die Mittelwerte der Verteilungen auseinander liegen und je schlanker die Verteilungskurven sind. Aufgabe der Diskriminanzanalyse ist es nun, mithilfe statistisch-mathematischer Suchverfahren die Merkmale und die Gewichte so zu bestimmen, dass der Überlappungsbereich minimiert wird. Auf der Basis einer ermittelten Diskriminanzfunktion werden vorliegende Kreditanträge untersucht. Liegt die Punktzahl unter einem bestimmten Cut-off Point, wird das betrachtete Kreditengagement als „schlecht" klassifiziert, wird der Trennwert überschritten, handelt es sich auf Basis der Diskriminanzanalyse um ein „gutes" Kreditengagement. Ein weiterer Vorteil liegt darin, dass sich die korrekte Einordnung eines Kreditengagementes anhand der tatsächlichen erhobener Merkmale überprüft werden kann. Bei Abweichungen kann das System entsprechend kalibriert werden, es optimiert sich quasi selbst. – *Anwendungsgebiete*: Insolvenzprognose; Credit-Scoring-Verfahren.

Diskriminanzfunktion → Diskriminanzanalyse.

Dispersion → Streuung.

Drift – Konstante, die ein nicht stationärer (→ Stationarität) stochastischer Prozess enthält. – Wird z.B. ein → Random Walk $X_t = X_{t-1} + \varepsilon_t$, um eine Konstante bzw. den Drift d ≠ 0 ergänzt, so ergibt sich ein sog. Random Walk mit Drift $X_t = d + X_{t-1} + \varepsilon_t$. Man sagt dann auch, der Random Walk besitzt einen stochastischen → Trend.

Dummie – erklärende Variable in einem → Regressionsmodell, die nur fest vorgegebene Werte (z.B. null oder eins) annehmen kann. – Dummies dienen dazu, exogene Strukturveränderungen zu berücksichtigen, die nicht von den anderen erklärenden Variablen aufgefangen werden. Typisches Anwendungsgebiet stellen saisonale Dummies dar. Sie werden benutzt, um saisonalen Schwankungen in Zeitreihendaten Rechnung zu tragen. In ein typisches Quartalsmodell werden drei Dummie-Variablen integriert, wobei die erste den Wert eins annimmt, wenn die Beobachtung aus dem ersten Quartal stammt, und andernfalls null ist. Analoges gilt für die anderen Dummies. Nehmen alle drei Dummies den Wert null an, ist die Beobachtung aus dem vierten Quartal. Ergibt ein F-Test (→ F-Test für das multiple Regressionsmodell) der Nullhypothese, dass die Koeffizienten der Dummies alle null sind, eine Ablehnung selbiger, kann davon ausgegangen werden, dass die erklärte Variable von saisonalen Effekten beeinflusst wird. Würde in einem solchen Fall auf die Dummies im Modell verzichtet, würden Veränderungen der erklärten Variable Y, die rein saisonbedingt sind, auf Veränderungen der erklärenden Variablen $X_1, ..., X_K$ zurückgeführt werden, was zu einer Fehleinschätzung des Einflusses der $X_1, ..., X_K$ auf Y bzw. einer Verzerrung der OLS-Schätzer (→ Kleinstquadratemethode, gewöhnliche) der Parameter von $X_1, ..., X_K$ führen kann.

Durbin-Watson-Autokorrelationstest – Das Testverfahren bedient sich der → Residuen eines geschätzten Modells, um festzustellen, ob Autokorrelation erster Ordnung vorliegt. Autokorrelation höherer Ordnung vermag er nicht aufzudecken. Voraussetzungen für seine Anwendung sind, dass das Regressionsmodell eine Konstante beinhaltet, der stochastische Störterm normalverteilt ist und in der Modellgleichung keine verzögerte erklärte Variable als erklärende Variable auftaucht. – Bildet man die Differenzen zwischen den Residuen und ihrem Vorperiodenwert und dividiert die damit berechenbare Quadratesumme der Differenzen durch die Residuenquadratesumme, so erhält man die zur Testentscheidung notwendige Teststatistik. Sie nimmt im Falle extremer positiver Autokorrelation ($\rho = 1$) genau den Wert null, bei extremer negativer Autokorrelation ($\rho = -1$) einen Wert nahe vier und bei absenter Autokorrelation ($\rho = 0$) einen Wert nahe zwei an. Da die exakte Verteilung dieser Teststatistik vom jeweiligen Modell abhängt, haben Durbin und Watson (1951) Abschätzungen der tatsächlichen Verteilung nach unten und oben gemacht, die nur vom Stichprobenumfang und der Anzahl der zu schätzenden Koeffizienten abhängen. Diese Abschätzungen für die kritischen Werte dieses Testes sind tabelliert und erleichtern so die Testdurchführung. Die Testentscheidungsprozedur ist vergleichsweise umständlich. Außerdem gibt es Fälle, bei denen der Test zu keiner Entscheidung kommt. In der Praxis hat sich daher die Daumenregel bewährt, dass beim Auftreten eines Teststatistikwerts nahe zwei davon ausgegangen werden kann, dass weder positive noch negative Autokorrelation erster Ordnung vorliegt. – Eine in der Praxis häufig verwendete Alternative zum Durbin-Watson- ist der → Breusch-Godfrey-Autokorrelationstest. Er kann auch im Falle verzögerter erklärter Variablen im Modell und zum Test auf Autokorrelation höherer Ordnung eingesetzt werden.

Durchschnitt → arithmetisches Mittel.

durchschnittliche (mittlere) Verweildauer – in der → Verlaufsstatistik das → arithmetische Mittel der individuellen → Verweildauern der Elemente einer Beobachtungsgesamtheit (eines Bestandes) im Beobachtungsintervall (t_0, t_1). Die durchschnittliche (mittlere) Verweildauer ist oft nicht präzise berechenbar, da einzelne Verweildauern unbekannt sind (Eintritt in die Bestandsmasse vor t_0, Austritt nach t_1). Ist die Beobachtungsgesamtheit geschlossen, sind also Anfangsbestand und Endbestand jeweils Null, so kann bei bekannter kumulierter → Zugangsfunktion und → Abgangsfunktion die durchschnittliche Verweildauer als Quotient aus der Maßzahl der → Verweilfläche und der Anzahl der insgesamt zugegangenen Elemente errechnet werden.

durchschnittliche absolute Abweichung – in der beschreibenden Statistik ein → Streuungsmaß mit der Definition

$$d = \frac{1}{n}\sum_{i=1}^{n}|x_i - m|$$

Dabei bezeichnet n die Anzahl der Beobachtungswerte und m den → Median im Datensatz $x_1, \ldots, x_n$; d ist also der Durchschnitt der ohne Vorzeichen ermittelten Abweichungen der Werte von ihrem Median. Betrachtet man d als Funktion von m, so wird d beim Median minimal. Die mittlere absolute Abweichung ist für einen Datensatz stets kleiner oder gleich der empirischen Standardabweichung. Statt des Medians m wird auch das → arithmetische Mittel als Lagemaß verwendet. Bei → Häufigkeitsverteilungen müssen die Abweichungen mit den entsprechenden Häufigkeiten gewichtet werden (→ Gewichtung).

Durchschnittsbestand – I. Betriebswirtschaftslehre: 1. *Begriff*: Mittelwert einer Reihe von gemessenen Beständen, bes. von Waren und Materialien sowie Forderungen und Verbindlichkeiten. Wichtige Größen bei Bewertungen, Planungsarbeiten (Errechnung des Kapitalbedarfs, der Umschlagshäufigkeit bzw. Umschlagsdauer etc.). – 2. *Berechnung*: a) *Arithmetisches Mittel aus den Eckbeständen eines Gesamtzeitraumes*:

$$DB = \frac{\text{Anfangsbestand} + \text{Endbestand}}{2};$$

Dies ist ein oberflächliches Verfahren; es führt zu falschen Ergebnissen, wenn die Zwischenbestände stark schwanken. b) *Arithmetisches Mittel aus den Eckbeständen gleich großer Teilzeiträume*:

$$DB = \frac{\text{Summe der Teilzeit-Eckbestände}}{\text{Anzahl der Teilzeit-Eckbestände}}.$$

Es handelt sich im Vergleich zu a) um eine Verfeinerung des Verfahrens; es kann jedoch ebenfalls zu falschen Ergebnissen führen. c) *Arithmetisches Mittel aus tatsächlichen Beständen zwischen den einzelnen Bestandsveränderungen:*

$$DB = \frac{\text{Summe der Einzelbestände}}{\text{Anzahl der Einzelbestände}},$$

Es handelt sich um eine Verfeinerung des erstgenannten Verfahrens, ebenfalls noch nicht fehlerfrei. d) *Gewogenes arithmetisches Mittel aller tatsächlichen Bestände:*

$$\frac{\text{Summe aller}}{\text{Produkte aus DB}} = \frac{\text{Teilzeitbestände und Teilzeitraum}}{\text{Gesamtzeit}}.$$

Dies Verfahren entspricht dem bei der Zinsberechnung üblichen Verfahren (Zinsstaffel; → Zinsrechnung) und liefert immer richtige Ergebnisse.

II. Statistik: In der → Verlaufsstatistik die durchschnittliche Bestandsmenge in einem Beobachtungsintervall (t_0, t_1]. Der Durchschnittsbestand lässt sich errechnen als Quotient aus der → Verweilfläche

$$\int_{t_0}^{t_1} B(t)\,dt$$

und der Länge t_1-t_0 des Beobachtungsintervalls.

Durchschnittsmenge → Schnittmenge.

dynamische Optimierung – *dynamische Programmierung*. 1. *Begriff:* Verfahren des → Operations Research (OR), das mehrstufige Entscheidungsprozesse in eine rekursive Form überführt. Hierbei werden parallel stufenweise Teillösungen gebildet, die dann ausgeschieden („dominiert") werden, wenn sie nicht eindeutig zu einer besseren Lösung führen als eine bereits vorhandene Teillösung. Damit wird die simultane Optimierung eines Prozesses, der von mehreren Parametern abhängig ist, auf die rekursive Optimierung jeweils nur eines Parameters zurückgeführt. – 2. *Vorgehensweise:* Der zu optimierende Prozess sei abhängig von n Parametern. Legt man von einigen dieser Parameter die Werte im Voraus fest, so liefert die passende Wahl der restlichen ein bedingtes Optimum, dessen Wert von den festgelegten Parametern abhängt. Es ergibt sich somit eine Hierarchie von Optima, je nachdem wie viele der Parameter festgelegt sind. In Stufe 0 der Hierarchie sind alle Parameter frei; in Stufe n sind alle Parameter festgelegt. Zunächst werden die bedingten Optima der höchsten Stufe bestimmt; ein Parameter wird freigegeben. Unter denjenigen Optima der höchsten Stufe, für die alle übrigen Parameter die gleichen festen Werte besitzen, wird das günstigste ausgewählt und stellt das bedingte Optimum der nächst-niedrigeren Stufe dar. Entsprechend werden stufenweise alle weiteren Parameter freigegeben. Auf der Stufe 0 wird so das Gesamtoptimum gefunden. – 3. *Anwendung:* Im Vordergrund der Anwendungen stehen Lagerhaltungs- und Produktionsprobleme, die in zeitlicher Abhängigkeit stufenweise über den Planungszeitraum gerechnet werden müssen.

dynamische Programmierung → dynamische Optimierung.

dynamisches Modell → Lag-Modell.

E

effizienter Algorithmus → Algorithmus, der für jede Probleminstanz nach einer polynomialen Anzahl von elementaren Rechenschritten eine Lösung erreicht.

Effizienz – I. *Allgemein:* Beurteilungskriterium, mit dem sich beschreiben lässt, ob eine Maßnahme geeignet ist, ein vorgegebenes Ziel in einer bestimmten Art und Weise (z.B. unter Wahrung der Wirtschaftlichkeit) zu erreichen

II. *Produktion:* technisches Kriterium, nach dem Güterbündel partiell geordnet werden. Ein Güterbündel $(x_1, ..., x_n)$ heißt effizient, wenn es kein weiteres Güterbündel $(y_1, ..., y_n)$ gibt, sodass gilt $y_i \geq x_i$ für alle i=1, ..., n und $y_j > x_j$ für mind. ein $1 \leq j \leq n$. Findet Anwendung bei der Beurteilung der Produktion (effiziente Produktion).

III. *Umweltökonomik:* Entscheidungskriterium, das von mehreren ökologisch gleich wirksamen Maßnahmen diejenige auswählt, die mit den geringsten volkswirtschaftlichen Kosten verbunden ist (ökonomisches Prinzip).

IV. *Informatik:* Merkmal der Softwarequalität, v.a. auf Inanspruchnahme der Hardware-Ressourcen (Hardware) bezogen. – *Arten:* (1) *Laufzeit-Effizienz:* Ist gegeben, wenn ein Softwareprodukt möglichst geringe Rechenzeiten im Computer verursacht (hohe Ausführungsgeschwindigkeit der Programme). – (2) *Speicher-Effizienz:* Möglichst geringer Speicherbedarf im Arbeitsspeicher.

V. *Statistik:* → Wirksamkeit.

Einfallsklasse – in der Statistik Bezeichnung für die → Klasse, der ein Element einer → Gesamtheit nach Maßgabe seines Merkmalswertes zugehört.

Einheit – 1. *Organisation:* organisatorische Einheit. – 2. *Statistik:* → Erhebungseinheit.

Einheitswurzeltest – Ein → AR(p)-Prozess ist dann stationär (→ Stationarität), wenn die Wurzeln seines charakteristischen Polynoms, d.h. des Polynoms, das durch die p Gewichtungsfaktoren plus eins gegeben ist, alle außerhalb des Einheitskreises liegen. Liegen die Wurzeln des charakteristischen Polynoms innerhalb oder auf dem Einheitskreis, so ist der Prozess nicht stationär. Problematisch ist es, wenn Wurzeln des charakteristischen Polynoms nahe bei eins liegen, weil dann der Entscheid, ob ein Prozess stationär ist oder nicht, schwer zu treffen ist. Zu diesem Zweck wurden Einheitswurzeltests entwickelt. Am gebräuchlichsten sind dabei der → Dickey-Fuller-Test und der → KPSS-Stationaritätstest.

einseitige Fragestellung – bei der statistischen Hypothesenprüfung (→ statistische Testverfahren) der Fall der Prüfung einer *Höchst-* oder *Mindesthypothese* über den Wert eines → Parameters der Grundgesamtheit. Die → kritische Region, die mithilfe einer geeigneten → Prüfgröße abgegrenzt wird, besteht aus einem zusammenhängenden Intervall. – *Gegensatz:* → zweiseitige Fragestellung, zwei Teilintervalle. – Abgelehnt wird bei einer Mindesthypothese, wenn ein bes. niedriger Wert der Prüfgröße resultiert; bei einer Höchsthypothese, wenn ein bes. hoher Wert auftritt.

Einzelgleichungsmodell – 1. *Lineare Funktionalform:* Eine endogene Variable wird linear durch eine bestimmte Anzahl exogener Variablen erklärt. Die Diskrepanz zwischen Modell und Beobachtung wird dabei durch identisch verteilte und stochastisch unabhängige Zufallsvariablen erfasst. Der Erwartungswert dieser als Störvariablen in die Modellspezifikation aufgenommenen Zufallsvariablen wird als null angenommen. Die Beobachtungswerte für die Modellvariablen können → Zeitreihendaten oder

→ Querschnittsdaten sein. Die unbekannten Koeffizienten werden i.d.R. als beobachtungsinvariant vorausgesetzt. Unter der Annahme, dass das betrachtete Modell korrekt spezifiziert ist und die Daten frei von Mess- oder Beobachtungsfehlern sind, ergibt OLS (→ Kleinstquadratemethode, gewöhnliche) für die unbekannten Koeffizienten der linearen Modellgleichung erwartungstreue und unter allen linearen Schätzfunktionen auch effiziente Schätzfunktionen. Zu den gleichen Schätzfunktionen für die Koeffizienten führt unter diesen Annahmen die → Maximum-Likelihood-Methode. Treffen nicht alle dieser gemachten Annahmen zu, ergeben sich je nach der jeweiligen Annahmenkonstellation spezifische Schätzprobleme. – 2. *Nicht lineare Funktionalform:*In diesem Fall muss entweder ein für ein nicht lineares Modell geeignetes Schätzverfahren verwendet werden (z.B. Nonlinear Least Squares, NLS) oder das nicht lineare Modell so transformiert werden, dass sich ein linearer Schätzansatz ergibt. Dabei ist aber darauf zu achten, ob und inwieweit die stochastischen Spezifikationen der Störvariablen im Ausgangsmodell und im Schätzansatz miteinander kompatibel sind. – 3. *Dynamische Modelle*: Tritt die endogene Variable bei einem auf Zeitreihendaten basierenden Modell verzögert unter den erklärenden Variablen auf, dann sind zwangsläufig nicht mehr alle erklärenden Variablen exogener Natur (→ Endogenität) und es ergibt sich ein dynamisches Modell(→ Lag-Modell). Eine eigene Klasse von Modellen bilden dabei solche dynamischen Modelle, bei denen die vom Modell zu erklärenden Variablen nur durch die verzögerten Werte der endogenen Variablen beschrieben werden (→ Zeitreihenmodelle).

Element einer Gesamtheit → Merkmalsträger.

empirische Verteilungsfunktion – Bezeichnung für eine relative → Summenfunktion.

Endogenität – Bei einer endogenen erklärenden Variable (→ Variable, endogene) in einem → Regressionsmodell ist der bedingte Erwartungswert des → Störterms der Regressionsbeziehung gegeben, der jeweils betrachteten Beobachtung der erklärenden Variable von der betrachteten erklärenden Variable abhängig. Folge der Endogenität ist die Korreliertheit der erklärenden Variable mit dem Störterm, was zu einer Verzerrung der OLS-Schätzer (→ Kleinstquadratemethode, gewöhnliche) im linearen Regressionsmodell führt. Ursachen von Endogenität sind im Regressionsmodell vernachlässigte Variablen, falsche funktionale Form der Regressionsgleichung, Messfehler bei den erklärenden Variablen, Simultanitäten (→ simultanes System) und verzögerte erklärte Variablen als erklärende Variablen im Regressionsmodell. – *Gegensatz*: → Exogenität.

Engle-Granger-Kointegrationstest – von Engle und Granger (1987) vorgeschlagenes Testverfahren zur Prüfung der Nullhypothese fehlender → Kointegration gegenüber der Alternativhypothese Kointegration zweier oder mehrerer Variablen. – Das Testverfahren beruht auf einem → Dickey-Fuller-Test (Testgleichung ohne Konstante) der Residuen einer Regression der zu untersuchenden Variablen. Zur Testentscheidung sind allerdings nicht die von Dickey und Fuller (1979), sondern spezielle, von Engle und Granger, tabellierte kritische Werte zu verwenden. Sind die → Residuen stationär, sind die Variablen kointegriert. Sind sie nicht stationär, liegt keine Kointegrationsbeziehung zwischen den Variablen vor und eine Regression dieser Variablen wäre eine typische → Scheinregression.–Zu den wichtigsten modernen Kointegrationstests für multiple Regressionsmodelle zählt der → Johansen-Kointegrationstest. Er besitzt anders als das Verfahren nach Engle und Granger den Vorteil, auf mehr als eine Kointegrationsbeziehung unter mehr als zwei Variablen zu testen.

Entscheidungsbaumverfahren – *Enumerationsverfahren;* zusammenfassende Bezeichnung für Verfahren des → Operations Research (OR), basierend auf der Konstruktion eines Entscheidungsbaums (allg. Vorgehensweise). – *Zu unterscheiden:* (1) → Vollständige Enumeration; (2) unvollständige Enumeration (→ begrenzte Enumeration).

Entscheidungsfehler – bei → statistischen Testverfahren zusammenfassende Bezeichnung für → Alpha-Fehler und → Beta-Fehler.

Enumerationsverfahren → Entscheidungsbaumverfahren.

Ereignis – 1. *Begriff des Projektmanagements (PM)* bzw. der → Netzplantechnik: Eintritt eines definierten Zustands im Zeitablauf. – Vgl. auch → Ereignispuffer, → Meilenstein. – 2. *Statistik:* Teilmenge von Elementen einer Menge (Gesamtheit), der eine Wahrscheinlichkeit zugeordnet werden kann. – 3. *Informatik:* Veränderung eines Systemzustands (Prozess).

Ereignisgesamtheit → Bewegungsgesamtheit.

Ereignisknotennetzplan → Netzplan.

Ereignismasse → Bewegungsgesamtheit.

Ereignispuffer – *Ereignispufferzeit.* 1. *Begriff* der → Netzplantechnik: Zeitraum, um den sich der Eintritt eines → Ereignisses – bei gewissen Annahmen über dessen direkt vorhergehende und nachfolgende Ereignisse – hinauszögern darf, ohne dass der geplante bzw. der frühestmögliche Endtermin des Projekts gefährdet wird. – 2. *Arten:* a) *Gesamter Puffer (gesamte Pufferzeit, Gesamtpuffer, Gesamtpufferzeit, Schlupf):* Zeitraum, um den das Ereignis verspätet eintreten darf, wenn sämtliche direkt vorhergehenden Ereignisse zu ihren frühestmöglichen und sämtliche direkt nachfolgenden Ereignisse zu ihren spätesterlaubten Eintrittszeitpunkten eintreten. – b) *Freier Puffer (freie Pufferzeit):* Puffer, der sich ergibt, wenn sämtliche direkt vorhergehenden und nachfolgenden Ereignisse zu ihren frühestmöglichen Eintrittszeitpunkten eintreten. – c) *Unabhängiger Puffer (unabhängige Pufferzeit):* Puffer, der sich unter der Annahme ergibt, dass alle direkt vorhergehenden Ereignisse zu ihren spätesterlaubten und alle direkt nachfolgenden Ereignisse zu ihren frühestmöglichen Eintrittspunkten eintreten. – d) *Freier Rückwärtspuffer (freie Rückwärtspufferzeit):* Ergibt sich analog für den Fall, dass sämtliche direkt vorhergehenden und nachfolgenden Vorgänge zu ihren spätesterlaubten Eintrittspunkten eintreten.

Ereignispufferzeit → Ereignispuffer.

Ergebnismenge – in der Statistik die Menge aller möglichen Ergebnisse eines → Zufallsvorganges; z.B. beim einmaligen Würfeln die Menge der ganzen Zahlen von eins bis sechs.

Erhebung – *Datenerhebung;* die Ermittlung der → Ausprägungen der Merkmale bei den Elementen einer Untersuchungsgesamtheit. Eine Erhebung kann in Form einer schriftlichen oder mündlichen Befragung (Fragebogen, Interview) oder durch Beobachtung erfolgen. Man unterscheidet primärstatistische Erhebung (→ Primärstatistik) und sekundärstatistische Erhebung (→ Sekundärstatistik). Je nachdem, ob die Grundgesamtheit vollständig erfasst oder ob ihr eine Stichprobe entnommen wird, spricht man von → Vollerhebung oder → Teilerhebung. – Diejenigen Subjekte oder Objekte, deren Merkmalsausprägungen festgestellt werden, werden als → Erhebungseinheiten oder → Untersuchungseinheiten bezeichnet.

Erhebungseinheit – *statistische Einheit;* als Träger statistischer → Merkmale dasjenige Subjekt oder Objekt, das als kleinste Einheit einer statistischen → Erhebung zugrunde liegt und an dem die Merkmalsausprägungen (→ Ausprägung) festgestellt werden. Die Erhebungseinheit ist oft *nicht* identisch mit der → Auswahleinheit bei Stichproben oder der Darstellungseinheit bei der Aufbereitung und Publikation (Darstellung) der statistischen Ergebnisse. – Vgl. auch → Untersuchungseinheit.

Erhebungsgesamtheit → Coverage-Fehler.

Erhebungsmerkmal → Merkmal.

Erlang-Verteilung – stetige Wahrscheinlichkeitsverteilung. Eine stetige Zufallsvariable X heißt Erlang-verteilt mit den Parametern n und λ, wenn sie die Dichtefunktion

$$f(x) = \frac{\lambda^n}{(n-1)!} x^{n-1} e^{-\lambda x}$$

für x > 0 besitzt; n ist eine natürliche Zahl und λ eine positive Zahl. Der zugehörige Erwartungswert ist n/λ und die Varianz n/λ². Eine Summe von n stochastisch unabhängigen Zufallsvariablen, welche je eine → Exponentialverteilung mit identischem Parameter λ aufweisen, ist Erlang-verteilt mit den Parametern n und λ. Die Erlang-Verteilung spielt daher in der Praxis im Zusammenhang mit der statistischen Analyse von Lebensdauern und → Verweildauern eine Rolle. Eine Erlang-Verteilung ist eine spezielle gamma-Verteilung.

Ersatzprobleme – Problembereich des → Operations Research (OR), der die Probleme der Instandhaltung und Wartung von Maschinen, wie z.B. Produktionsanlagen, umfasst. Die Lösung von Ersatzproblemen erfolgt durch die Festlegung optimaler Inspektionsstrategien und Ersatzzeitpunkte für Maschinen und Maschineneinzelteile.

Erwartungstreue – *Unverzerrtheit*; in der → Inferenzstatistik Bezeichnung für eine wünschenswerte Eigenschaft einer → Schätzfunktion. Eine Schätzfunktion erfüllt das Kriterium der Erwartungstreue, wenn ihr → Erwartungswert für jeden Parameterwert gleich dem zu schätzenden Parameterwert (→ Parameter) in der → Grundgesamtheit ist. – Für eine Stichprobe $X_1, \ldots, X_n$ von Zufallsvariablen, die alle den Erwartungswert μ besitzen, ist das arithmetische Mittel

$$\bar{X} = \frac{1}{n} \sum_{i=1}^{n} X_i$$

stets eine erwartungstreue Schätzfunktion für μ. Sind die Zufallsvariablen auch stochastisch unabhängig mit derselben Varianz σ², so ist die Stichprobenvarianz

$$\hat{\sigma}^2 = \frac{1}{n-1} \sum_{i=1}^{n} (X_i - \bar{X})^2$$

stets eine erwartungstreue Schätzfunktion für σ².

Erwartungswert – Grundbegriff der → Wahrscheinlichkeitsrechnung. Sind $x_1, \ldots, x_n$ die Ausprägungen einer diskreten → Zufallsvariablen X und $f(x_1), \ldots, f(x_n)$ die jeweils zugehörigen → Wahrscheinlichkeiten, so ist

$$EX = \sum_{i=1}^{\infty} x_i f(x_i)$$

der Erwartungswert von X. Im Fall der Gleichverteilung bei einer endlichen Anzahl von Ausprägungen ergibt sich das → arithmetische Mittel. Für eine stetige Zufallsvariable mit Dichtefunktion f erhält man den Erwartungswert durch Integration:

$$EX = \int_{-\infty}^{\infty} x f(x) dx$$

Der Erwartungswert einer Zufallsvariablen ist ein Lagemaß der Wahrscheinlichkeitsverteilung (→ Lokalisation). Die Erwartungswertbildung ist linear, d.h. für zwei Konstanten a und b gilt stets

$$E(a + bX) = a + bE(X)$$

Zudem gilt für beliebige Zufallsvariablen X und Y die Additivität:

$$E(X + Y) = EX + EY$$

Eulersche Zahl – Konstante e = 2,71828..., die z.B. durch

$$e = 1 + \sum_{k=1}^{\infty} \frac{1}{k!}$$

erklärt ist und in der Mathematik und Statistik eine wichtige Rolle spielt, u.a. als Basis der natürlichen Logarithmen. – Vgl. auch → Exponentialfunktion, → Exponentialverteilung, → Normalverteilung, → Poissonverteilung.

EVPI – Abk. für *Europäischer Verbraucherpreisindex*; vgl. Harmonisierter Verbraucherpreisindex (HVPI).

EWMA-Modell – spezielles Verfahren zur Glättung von → Zeitreihen, bei dem die verzögerten Variablen exponentiell gewichtet sind (engl. *Exponentially Weighted Moving Average, EWMA*). Dabei nehmen die Gewichte exponentiell mit der Zeit ab. Der EWMA kann als ARIMA(0,1,1)-Prozess (→ ARIMA(p,d,q)-Prozess) interpretiert werden und wird in der Praxis häufig bei Volatilitätsanalysen auf Finanzmärkten eingesetzt.

Ex-ante-Prognose → ökonometrisches Prognosemodell.

Exogenität – Bei einer exogenen erklärenden Variable (→ Variable, exogene) in einem → Regressionsmodell ist der bedingte Erwartungswert des → Störterms der Regressionsbeziehung gegeben der jeweils betrachteten Beobachtung der erklärenden Variable null. Folge der Exogenität ist die Unkorreliertheit des Regressors mit dem Störterm. – *Gegensatz*: → Endogenität. – Vgl. auch → Exogenität, strikte.

Exogenität, strikte – Bei einer strikt exogenen erklärenden Variable (→ Variable, exogene) in einem → Regressionsmodell ist der bedingte Erwartungswert des → Störterms der Regressionsbeziehung gegeben allen Beobachtungen der erklärenden Variable null. D.h. auch, dass der Störterm der Periode t nicht mit den erklärenden Variablen aller Perioden korreliert sein darf. Eine vorherbestimmte Variable (→ Variable, vorherbestimmte) ist damit niemals strikt exogen.

explorative Datenanalyse – zusammenfassende Bezeichnung für deskriptive statistische Verfahren zur Aufdeckung von Datenstrukturen, Abhängigkeitsstrukturen und von Abweichungen der Einzelbefunde von einer vorhandenen Grundstruktur. Die explorative Datenanalyse, v.a. durch J. Tukey (1970; 1977) konzipiert, entwickelte sich aus der Erkenntnis gewisser Grenzen der → Inferenzstatistik. Die Analyse erfolgt ohne Modellannahmen (z.B. Normalverteilungsannahme). Explorative Datenanalyse umfasst v.a. grafische Verfahrensweisen, Verfahren der Transformation von Variablenwerten (→ Variablentransformation) und Bevorzugung von Kenngrößen mit gewissen Robustheitseigenschaften (→ robuste Statistik), etwa Bevorzugung des → Medians vor dem → arithmetischen Mittel.

Exponent → Potenzieren.

Exponentialfunktion – Funktion, die dadurch gekennzeichnet ist, dass die unabhängige Variable im Exponenten steht. Allg. hat eine Exponentialfunktion die Funktionsform: $f(x) = a^x$; $(a > 0)$.

Die wichtigste Exponentialfunktion in der Wirtschaft ist die *e-Funktion*: $f(x) = e^x$; (e: → Eulersche Zahl).

Exponentialfunktionen werden in den Wirtschaftswissenschaften v.a. als Wachstumsfunktionen verwendet. In der Statistik spielt die exponentielle Trendfunktion für die Beschreibung volkswirtschaftlicher und demografischer Prozesse eine wichtige Rolle.

Exponentialgleichung – Bei einer Exponentialgleichung tritt die Unbekannte x im Exponenten auf: $a^x = b$; $(a > 0, b > 0)$.

Durch Logarithmieren beider Gleichungsseiten kann eine Exponentialgleichung gelöst werden. Dabei kann zu jeder beliebigen Basis logarithmiert werden; aus praktischen Gründen verwendet man den dekadischen → Logarithmus oder den natürlichen Logarithmus, da diese auf den Taschenrechnern implementiert sind.

$\log a^x = \log b$;

$x \log a = \log b$

(laut Rechenregeln für Logarithmus);

$$x = \frac{\log b}{\log a}.$$

Exponential Smoothing → exponentielles Glätten.

Exponentialverteilung – stetige Wahrscheinlichkeitsverteilung. Eine stetige Zufallsvariable X heißt exponentialverteilt mit dem Parameter λ > 0, falls sie die → Dichtefunktion

$$f(x) = \lambda e^{-\lambda x}$$

für x > 0 besitzt. Erwartungswert und Varianz sind durch $1/\lambda$ bzw. $1/\lambda^2$ gegeben. Die Exponentialverteilung ist eine spezielle gamma-Verteilung. Die Exponentialverteilung spielt in der Praxis im Zusammenhang mit der statistischen Analyse von → Verweildauern und Lebensdauern unter speziellen Voraussetzungen eine Rolle: Befindet sich ein Element in einer Bestandsgesamtheit und weist es die von seiner bisherigen Verweildauer unabhängige Abgangsrate λ auf, besitzt es also ungefähr die Wahrscheinlichkeit λ × Δt, in einem kleinen Zeitintervall (t; t + Δt) aus der Gesamtheit auszuscheiden unter der Bedingung einer Verweilzeit größer als t, dann ist seine Verweildauerverteilung die Exponentialverteilung mit dem Parameter λ. - Vgl. auch → Warteschlangentheorie.

exponentielles Glätten – *Exponential Smoothing;* Verfahren der kurzfristigen direkten → Prognose auf der Grundlage einer → Zeitreihe. Ist $y_{T-1,T}$ der Prognosewert für die Periode T, berechnet unter Verwendung der Vergangenheitsbeobachtungen bis zur Periode T – 1, und x_T der Beobachtungswert der Periode T, so ist (rekursive Definition)

$$y_{T,T+1} = \alpha x_T + (1 - \alpha) y_{T-1,T}$$

die Prognose für Periode T + 1 unter Berücksichtigung von Vergangenheitswerten bis zur Periode T (verwendbar nur bei konstantem → Trend). Der Wert α (0 < α < 1) heißt *Glättungskonstante* und wird aus dem Sachzusammenhang heraus festgelegt. Man kann zeigen, dass die Vergangenheitswerte mit abnehmender Aktualität mit den abnehmenden Gewichten α; α(1-α); α(1-α)²; ... (geometrische Folge) in die Prognose eingehen. Liegt ein linearer Trend vor, ist exponentielles Glätten geeignet zu variieren *(exponentielles Glätten 2. Ordnung; exponentielles Glätten mit Trendkorrektur).* Das exponentielle Glätten zeichnet sich aus durch Einfachheit des Ansatzes und durch die Möglichkeit dosierter Berücksichtigung der jüngeren und älteren Vergangenheit. – *Anwendung:* Z.B. bei der kurzfristigen Bedarfsermittlung.

Ex-Post-Prognose → ökonometrisches Prognosemodell.

externe Varianz – *Zwischenklassenvarianz;* bei einer klassierten → Häufigkeitsverteilung die Größe

$$s_b^2 = \sum (\bar{x}_j - \bar{x})^2 p_j,$$

wobei $\bar{x}_j$ das → arithmetische Mittel, p_j den → Anteilswert der j-ten Klasse und $\bar{x}$ den Gesamtdurchschnitt bezeichnet. Die externe Varianz kennzeichnet die → Streuung der → Klassendurchschnitte um den Gesamtdurchschnitt. Sie ergibt zusammen mit der → internen Varianz die *Gesamtvarianz* (→ Varianz, → Varianzzerlegung).

Extrapolation – *Trendextrapolation;* in der → Zeitreihenanalyse die Fortführung empirisch beobachteter Reihen in die Zukunft aufgrund von Regelmäßigkeiten, die aus den Vergangenheitswerten ermittelt wurden (→ Trend).

Extremwert – Minima und Maxima einer → Funktion, z.B. Gewinnmaxima oder Kostenminima. – *Arten:* Absolutes Maximum/Minimum: Stelle mit dem größten/kleinsten Funktionswert im Definitionsbereich (x_4/x_1). – *Relatives (lokales) Maximum/Minimum:* Stelle mit dem größten/kleinsten Funktionswert in seiner Umgebung ($x_2; x_4/x_3; x_5$). Absolute Extremwerte können auch relative Extremwerte sein. – Vgl. auch → Extremwertbestimmung.

Extremwertbestimmung – Mithilfe des folgenden Schemas zur Extremwertbestimmung lassen sich alle relativen (lokalen) Minima und Maxima von nicht linearen Funktionen f mit einer unabhängigen Variablen bestimmen: (1) Bildung von f'; – (2) Bestimmung der Nullstellen von f': f'(x) = 0; – (3) Bestimmung von f"; – (4) Überprüfung aller Nullstellen von f' durch Einsetzen in f":f"(x0) > 0;

Extremwertbestimmung

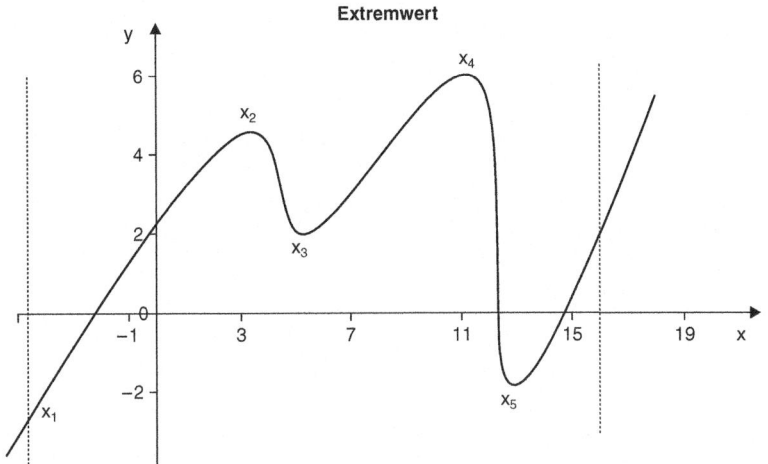

Extremwert

an der Stelle x_0 liegt ein Minimum vor; $f''(x0) < 0$; an der Stelle x_0 liegt ein Maximum vor; $f''(x0) = 0$; Untersuchung der höheren Ableitungen bis erstmals eine Ableitung ungleich Null wird;–(5) $f^{(n)}(x_0) > 0$; n gerade: an der Stelle x_0 liegt ein Minimum vor; $f^{(n)}(x_0) < 0$; n gerade: an der Stelle x_0 liegt ein Maximum vor; $f^{(n)}(x_0) \neq 0$; n ungerade: an der Stelle x_0 liegt ein Sattelpunkt vor. – Vgl. auch → lineare Optimierung.

F

Faktor – 1. *Allgemein:* wichtiger Umstand, Gesichtspunkt. – 2. *Wirtschaftstheorie:* Produktionsfaktoren. – 3. *Mathematik:* Multiplikant und Multiplikator, deren Zusammenwirken das Produkt ergibt.

Faktorenanalyse – Verfahren der → multivariaten Statistik zur Datenverdichtung. Bei der Faktorenanalyse werden Variablen (z.B. Einzeleigenschaften von Produkten) zu wenigen, wesentlichen und nicht beobachteten → Variablen (sog. Faktoren) verdichtet. Faktorenanalyse wird u.a. im Marketing und in den Bereichen Psychologie und Soziologie verwendet. Ein Beispiel sind Intelligenztests, in denen die Ergebnisse vieler Einzeltests (Merkmale) zu übergeordneten Gruppen von Merkmalen (sog. Faktoren) zusammengefasst werden.

Fakultät – 1. *Hochschulwesen:* Ein bestimmtes Fachgebiet umfassender Zweig einer wissenschaftlichen Hochschule (z.B. juristische, medizinische, naturwissenschaftliche Fakultät), neuerdings meist *Fachbereich* genannt. – 2. *Mathematik:* Begriff aus der → Kombinatorik. Dabei bedeutet die Fakultät n! oder x! = 1 · 2 · 3 · ... · n das Produkt der Zahlen 1 bis n. – Vgl. auch → Permutation, → Kombination, → Binomialkoeffizient.

Fehler – *statistischer Fehler;* Grundbegriff der Statistik mit drei hauptsächlichen Erscheinungsformen: (1) Ein *ermittelter Wert eines* → Merkmals weicht vom tatsächlichen (wahren) *Wert* mehr oder weniger *ab*. Ist x_i der tatsächliche und x'_i der beobachtete Wert, so heißen $(x'_i - x_i)$ bzw. $|x'_i - x_i|$ bzw. $(x'_i - x_i)/x_i$ Fehler, absoluter Fehler bzw. relativer Fehler. – *Grund:* z.B. falsche Antworten, falsches Vorgehen des Interviewers oder falsche Beobachtungen. (2) Der *berechnete Wert eines* → Parameters der → Grundgesamtheit, etwa des → arithmetischen Mittels oder der → Varianz, *ist nicht mit dem wahren Wert identisch*. – *Grund:* falsche Merkmalswerte (→ Fehlerfortpflanzung), falsche Abgrenzung der → Grundgesamtheit (→ Coverage-Fehler, → Non-Response-Problem), falsche Verarbeitung der Beobachtungswerte. Gegenseitige Neutralisierung von Fehlereinflüssen ist hier möglich. (3) Ein → Schätzwert aus einer → Zufallsstichprobe unterscheidet sich mehr oder weniger stark *vom zu schätzenden Parameter in der Grundgesamtheit. Grund:* Die unter den Punkten 1 und 2 genannten Ursachen, die als → Nichtstichprobenfehler zusammengefasst werden; ein Schätzwert aus einer Stichprobe weicht zufallsbedingt vom wahren Wert ab (→ Stichprobenzufallsfehler). In der modernen → Stichprobentheorie gilt das Augenmerk der simultanen Verminderung von Stichproben- und Nichtstichprobenfehlern. (4) Zusätzlich ist der Begriff statistischer Fehler zur Bezeichnung von *falschen Entscheidungen* (→ Fehlerrisiko, → Alpha-Fehler, → Beta-Fehler) bei → statistischen Testverfahren gebräuchlich.

Fehler erster Art → Alpha-Fehler.

Fehlerfortpflanzung – die Erscheinung, dass die bei der Verarbeitung von fehlerbehafteten Daten (→ Fehler) resultierenden Größen, z.B. Kennwerte, ebenfalls mehr oder minder fehlerbehaftet sind. Der Fehler einer abgeleiteten Größe kann als Funktion der Fehler der verarbeiteten Werte angegeben werden. – *Beispiel:* Der (nicht relativierte) Fehler eines → arithmetischen Mittels ist gleich dem durchschnittlichen Fehler der Einzelwerte.

Fehlerkorrekturmodell – Modell zur gemeinsamen Abbildung kurz- und langfristiger Zusammenhänge von Variablen. – In Fehlerkorrekturmodellen beeinflussen Abweichungen vom langfristigen Gleichgewicht die kurzfristige Dynamik einer Variablen. Hier wird i.d.R. die erste → Differenz eines stochastischen Prozesses durch eine Linearkombination von Variablen in Niveauform und eines oder mehrerer weiterer stochastischer Prozesse erklärt, d.h. die Information des Niveaus einer (oder mehrerer) Variablen wird zur Erklärung ihrer Änderungen benutzt. – Eine Spezialform sind → Kointegrationsmodelle, welche → Kointegration zwischen stochastischen Prozessen voraussetzen. Die kointegrierten Linearkombinationen (z.B. logarithmierte Differenz zwischen Volkseinkommen und Konsum) besitzen häufig eine ökonomische Interpretation, was die Fehlerkorrekturmodelle für die ökonometrische Analyse interessant machen.

Fehlerrisiko – bei → statistischen Testverfahren die → Wahrscheinlichkeit dafür, einen → Alpha-Fehler bzw. → Beta-Fehler zu begehen.

Fehler zweiter Art → Beta-Fehler.

FGLS – Bezeichnung für Verfahren (engl. *Feasible Generalized Least Squares, FGLS*; gelegentlich auch *Estimated Generalised Least Squares, EGLS*), in denen nicht die wahren Autokorrelationskoeffizienten, sondern Schätzungen davon zur Datentransformation bei GLS (→ Kleinstquadratemethode, verallgemeinerte) verwendet werden. Häufig wird eine iterative Variante dieses Verfahren angewendet. Es kann aber theoretisch nicht gesagt werden, dass die iterative Vorgehensweise zu effizienteren Schätzungen führt als nur ein Durchlauf des Verfahrens. Typische Vertreter davon sind der → Cochrane-Orcutt-Schätzer bei Autokorrelation und der → Hildreth-Lu-Schätzer bei Autokorrelation, die im Falle von Autokorrelation erster Ordnung Anwendung finden. – Man kann bei Verwendung von FGLS insbesondere in kleinen Stichproben nicht generell sagen, dass die Modellparameter effizient geschätzt werden, da dies nur bei bekannten Autokorrelationskoeffizienten der Fall ist oder wenn die Schätzungen sehr nahe bei den wahren Autokorrelationskoeffizienten liegen. Man kann aber sagen, dass konsistent geschätzt wird, da man sich mit zunehmendem Stichprobenumfang den wahren Werten der Autokorrelationskoeffizienten immer mehr annähert. Auch typische Testverfahren besitzen im FGLS-Kontext streng genommen nur asymptotisch Gültigkeit. FGLS sollte daher nur bei großen Stichproben eingesetzt werden. In großen Stichproben führt FGLS dann nämlich zu effizienteren Schätzern als OLS (→ Kleinstquadratemethode, gewöhnliche), falls die Modellannahmen erfüllt sind.

Filter – jede Transformation eines stochastischen Prozesses in einen anderen stochastischen Prozess, z.B. durch Differenzenbildung. – Filter werden v.a. bei der Saisonbereinigung (→ Saisonbereinigung und -modellierung) und der Trendbereinigung (→ Trendbereinigung und Stationarisierung) gebraucht und dienen damit auch der Generierung stationärer Variablen (→ Stationarität). Zu den in der Praxis bekanntesten Filtern gehören der → Baxter-King-Filter, der → Hodrick-Prescott-Filter und der → Kalman-Filter.

finale Form → Mehrgleichungsmodell.

Finanzmathematik – Teilgebiet der angewandten Mathematik, das auf den mathematischen Grundlagen von → Folgen und → Reihen basiert. Sie wird genutzt zu Berechnungen in der → Zinsrechnung, → Rentenrechnung, → Tilgungsrechnung und Investitionsrechnung.

Fixed-Effects-Modell – Der Vorteil dieser Vorgehensweise besteht darin, dass die unbeobachteten Individualeffekte a_i mit den im Modell enthaltenen Einflussfaktoren $x_{i,t}$ korreliert sein dürfen. Die Nachteile bestehen in einem großen Verlust an Freiheitsgraden (v.a. bei großer Dimension N des Panels) und darin, dass der Einfluss von zeitinvarianten Erklärungsvariablen nicht geschätzt werden kann. Die Alternative zum Panneldatenmodell mit fixen Effekten ist das Panneldatenmodell mit stochastischen Effekten (→ Random-Effects-Modell). – Der einfachste Fall eines linearen Panneldatenmodells ist durch $y_{i,t} = \beta'x_{i,t}$

$+ \alpha_i + \varepsilon_{i,t}$ gegeben, wobei $\varepsilon_{i,t}$ einen unabhängig und identisch verteilten Störterm darstellt. Indem man für jedes Individuum eine Dummyvariable bei der Schätzung mit aufnimmt, konditioniert man auf die unbeobachteten Individualeffekte α_i und erhält konsistente Schätzungen (LSDV-Schätzer). Bei großer Dimension N erfordert dies einen hohen Rechenaufwand. Deswegen verwendet man häufig den Within-Schätzer (Fixed-Effects-Schätzer). Dabei werden von jeder in der Gleichung enthaltenen Variablen die jeweiligen individuenspezifischen Mittelwerte abgezogen. Die Within-Transformation eliminiert somit die Individualeffekte, da diese zeitinvariant sind. Die transformierte Gleichung kann nun mittels OLS (→ Kleinstquadratemethode, gewöhnliche) geschätzt werden. Der LSDV- und der Fixed-Effects-Schätzer sind völlig identisch. Die Schätzer verlangen jedoch, dass die Erklärungsvariablen strikt exogen sind. Messfehler der exogenen Variablen können zu starken Verzerrungen des Fixed-Effects-Schätzers führen. Der Einfluss von zeitinvarianten Erklärungsvariablen kann nicht geschätzt werden.

Flächenstichprobenverfahren – Spezialfall eines → höheren Zufallsstichprobenverfahrens. Besteht eine Untersuchungsgesamtheit aus der Bevölkerung eines Gebietes oder aus Einheiten, die regional eindeutig zugeordnet werden können (z.B. landwirtschaftliche Betriebe), so wird diese häufig durch Abgrenzung von Regionen (Wohnbezirken, Straßenzügen, Landkreisen, Regierungsbezirken) in Primäreinheiten im Sinn der höheren Zufallsstichprobenverfahren zerlegt. Je nachdem, ob die Elemente der erststufig ausgewählten Regionen (Primäreinheiten) voll erhoben werden oder nicht, ist das Flächenstichprobenverfahren eine Klumpenstichprobe oder eine allg. zwei- oder mehrstufige Zufallsstichprobe.

Flussgraph → bewerteter Digraph mit genau einer Quelle q und genau einer Senke s. Eine reellwertige Abbildung $f(f_{i,j} = f(i,j))$ auf der Menge der Pfeile heißt Fluss (der Stärke v), wenn gilt:

a) $\sum_{i \in N_q} f_{q,i} = v$,

wobei: N_q = Menge der Nachfolger der Quelle q;

b) $\sum_{i \in V_s} f_{i,s} = v$,

wobei: V_s = Menge der Vorgänger der Senke s;

c) $\sum_{j \in V_i} f_{j,i} = \sum_{k \in N_i} f_{i,k}$,

für alle $i \in E/\{q, s\}$, wobei: V_i = Menge der Vorgänger von i, N_i = Menge der Nachfolger von i; sog. *Flusserhaltung*. – *Untersuchungsgegenstand bei Flussgraphen* sind maximale oder kostenminimale Flüsse (→ Netzplantechnik).

Folge – 1. *Begriff:* Ordnet man den natürlichen Zahlen (1, 2, 3, 4, ...) durch eine beliebige Vorschrift je genau eine reelle Zahl zu, so entsteht eine Zahlenfolge. Man schreibt $a_1, a_2, a_3, ..., a_n, ...$ oder (a_n).

1   2   3   4   ...   n   ...   Natürliche Zahlen
↓   ↓   ↓   ↓   ...   ↓   ...
a_1 a_2 a_3 a_4 ... a_n ...   Reelle Zahlen

Durch die Zuordnung $n \to a_n$ ist eine → Funktion definiert. Die a_n heißen Glieder der Folge. – 2. *Arten:* a) *Arithmetische Folge:* Die Differenz $a_{n+1} - a_n = d$ zweier aufeinander folgender Glieder ist konstant. Das Bildungsgesetz lautet $a_n = a_1 + (n-1) \cdot d$. – *Beispiel:* 10, 7, 4, 1, -2, -5, ... mit $a_n = 10 - 3 \cdot (n-1)$. – b) *Geometrische Folge:* Der Quotient $q = a_{n+1}/a_n$ zwischen zwei aufeinander folgenden Gliedern ist konstant. Das Bildungsgesetz lautet: $a_n = a_1 \cdot q^{n-1}$.

Beispiel: 2, 4, 8, 16, ... mit $a_n = 2 \cdot 2^{n-1}$.

Folgeprüfverfahren → Sequentialtestverfahren.

Fortschreibung – I. Statistik: fortlaufende Dokumentation von Veränderungen von → Bestandsgesamtheiten durch Zugänge und Abgänge auf der Grundlage einer früher erfolgten → Erhebung. – *Beispiel:* Ermittlung der Einwohnerzahl einer Gemeinde durch Fortschreibung unter Verwertung der Resultate einer früheren Volkszählung.
II. Lager- und Anlagenbuchführung: laufende Inventur, Skontration.
III. Steuerrecht: Fortschreibung von *Einheitswerten:* 1. Im Fall einer nach dem letzten Feststellungszeitpunkt eingetretenen und für die Besteuerung bedeutsamen Änderung der tatsächlichen Verhältnisse: (1) Bei Änderung im Wert eines Gegenstands als *Wertfortschreibung;* (2) bei Änderung in der nach bewertungsrechtlichen Grundsätzen bestimmten Art eines Gegenstands als *Artfortschreibung;* (3) bei Änderung in der Zurechnung (Eigentumsverhältnisse) eines Gegenstands als *Zurechnungsfortschreibung.* – 2. Zur Beseitigung eines Fehlers der letzten Feststellung als *Berichtigungsfortschreibung.* – Die Fortschreibungsarten bestehen selbstständig nebeneinander, können aber miteinander verbunden werden.

F-Test auf fixe Effekte bei Paneldatenmodellen – Test für Paneldatenmodelle (→ Paneldaten und Paneldatenmodelle), der bei → Fixed-Effects-Modellen zum Einsatz kommt. Er testet die Nullhypothese, dass die konstanten Terme aller Individuen identisch sind, d.h. es gibt keine Individualeffekte. Die Vorgehensweise entspricht derjenigen eines gewöhnlichen → F-Tests für das multiple Regressionsmodell, wobei es sich bei der restringierten um die gepoolte OLS-Schätzung (→ Kleinstquadratemethode, gewöhnliche) und bei der unrestringierten um die LSDV-Schätzung (→ Fixed-Effects-Modell) handelt.

F-Test für das multiple Regressionsmodell – Zur Testdurchführung werden der Regressionsgleichung zunächst lineare Restriktionen in Form einer Nullhypothese aufgezwungen. Die daraus resultierende restriktive Regressionsgleichung ist diejenige, die gelten würde, wenn die Nullhypothese korrekt ist. Im nächsten Schritt wird diese restriktive Gleichung mit OLS (→ Kleinstquadratemethode, gewöhnliche) geschätzt und die Anpassungsgüte dieser Gleichung mit der der Regressionsgleichung ohne Restriktionen verglichen. Sind sie nicht signifikant verschieden, werden die Restriktionen der Nullhypothese nicht abgelehnt, andernfalls schon. Die F-Statistik berechnet sich als ein Quotient, in dessen Zähler die Differenz der Residuenquadratsummen (→ Residuen) des restriktiven Modells und des originären Modells durch die Anzahl der Restriktionen R geteilt wird. Der Nenner ergibt sich durch Division der Residuenquadratsumme des originären Modells durch den um die Anzahl der Parameter im originären Modell reduzierten Stichprobenumfang (Freiheitsgrade G). Bei korrekter Nullhypothese folgt die F-Statistik einer F-Verteilung mit R und G Freiheitsgraden. Überschreitet die F-Statistik den kritischen Wert aus dieser Verteilung, kommt es zur Ablehnung der Nullhypothese. – Gebräuchlichste Anwendung des F-Tests ist die Hypothese, dass alle Steigungsparameter eines Modells gleich null sind (sog. F-Test der Gesamtsignifikanz), d.h. die erklärenden Variablen keinen Erklärungsgehalt besitzen. Man kann auch sagen, dass die Hypothese eines Bestimmtheitsmaßes von null geprüft wird. Dieser Test verbirgt sich hinter den in Ökonometriesoftware ausgegebenen F-Werten für mit OLS geschätzte Modelle. – Vgl. auch → Chow-Test, → Dummie.

Funktion – I. Organisation: Teilaufgabe zur Erreichung des Unternehmungsziels. – *Beispiele:* Beschaffung, Produktion, Absatz, Verwaltung. – *Funktion als Grundlage der Organisationsstruktur:* Funktionalorganisation.

II. Mathematik: 1. *Begriff:* Eine Funktion dient der Beschreibung von Zusammenhängen zwischen mehreren verschiedenen Faktoren. Bei einer Funktion – einer eindeutigen Zuordnung – wird jedem Element der einen Menge genau ein Element der anderen zugewiesen; jedem x wird genau ein y zugeordnet und nicht mehrere. – 2. *Arten:* a) *Zweidimensionale Funktion:* $y = f(x)$, d.h. y ist eine Funktion von x (y gleich f von x). – b) *Mehrdimensionale Funktionen:* $y = f(x_1, x_2, ..., x_n)$. Dabei wird y als die abhängige Variable und x bzw. x_i als die unabhängige Variable bezeichnet. Der Definitionsbereich ist der Gesamtbereich der Werte, die für die unabhängigen Variablen zugelassen sind. Der Wertebereich ist die Menge der Funktionswerte, die die abhängige Variable y annimmt. – 3. *Darstellung:* Eine Funktion kann durch eine Funktionsgleichung, eine Tabelle oder durch einen Graphen dargestellt werden.

III. **Informatik:** Unterprogramm, das als Ergebnis genau einen Wert zur Verfügung stellt (z.B. das Resultat einer Berechnung). Die benötigten Eingangsgrößen werden i.Allg. als → Parameter an die Funktion übergeben. Ausgangsgröße ist der Funktionswert selbst.

F-Verteilung – *Snedecor-Verteilung;* stetige Wahrscheinlichkeitsverteilung, eingeführt durch R.A. Fisher (1924) und Snedecor (1937). Sind die → Zufallsvariablen X_1 bzw. X_2 χ^2-verteilt (→ Chi-Quadrat-Verteilung) mit k_1 bzw. k_2 Freiheitsgraden und stochastisch unabhängig, so ist die aus ihnen abgeleitete Zufallsvariable

$$(X_1 / k_1) : (X_2 / k_2)$$

F-verteilt mit k_1 und k_2 Freiheitsgraden. Die F-Verteilung ist i.d.R. eingipflig und linkssteil (→ Schiefe). Für Quantile (→ Quantil der Ordnung p) der F-Verteilung existieren Tabellenwerke. – Wichtige *Anwendungsgebiete* sind → statistische Testverfahren, etwa der Vergleich von Varianzen bei normalverteilten Variablen (→ Varianzanalyse).

Galtonsches Brett – ein nach dem Naturforscher F. Galton (1822–1911) benanntes Experimentiergerät, mit dem eine → Binomialverteilung veranschaulicht wird und eine Approximation durch eine → Normalverteilung motiviert werden kann.

gamma-Verteilung – stetige Wahrscheinlichkeitsverteilung. Eine stetige Zufallsvariable heißt gamma-verteilt mit den positiven Parametern α und β, falls sie die → Dichtefunktion f mit

$$f(x) = \frac{\alpha^\beta}{\Gamma(\beta)} x^{\beta-1} e^{-\alpha x}$$

für x > 0 besitzt. Γ(·) bezeichnet dabei die sog. Gammafunktion. → Exponentialverteilung, → Erlang-Verteilung und → Chi-Quadrat-Verteilung sind spezielle gamma-Verteilungen. Erwartungswert und Varianz sind durch β/α bzw. β/α² gegeben.

ganze Zahlen → Zahlenmengen.

ganz-rationale Funktion → Funktion, deren Gleichung von der folgenden Form ist: y = $a_0 + a_1 x + a_2 x^2 + ... + a_n x^n$,

wobei n eine natürliche Zahl ist. Die (festen) Zahlen $a_0, a_1, ..., a_n$ heißen Koeffizienten, der in der Funktionsgleichung rechts stehende Term Polynom (hier vom „n-ten Grad").

GARCH(p,q)-Modell – von Bollerslev (1986) vorgeschlagene Verallgemeinerung des → ARCH(p)-Modells (engl. *Generalised Autoregressive Conditional Heteroscedasticity, GARCH*), bei dem neben dem autoregressiven Prozess (→ AR(p)-Prozess) noch q historische bedingte Varianzen des → Störterms als Erklärung für den Verlauf der bedingten Varianz des Störterms angenommen werden.

Gaußsche Normalverteilung → Normalverteilung.

Gebietsauswahl → Flächenstichprobenverfahren.

Geburtstagsverfahren – Ersatzverfahren zur Gewinnung einer → Zufallsstichprobe (→ Auswahlverfahren) aus einer Personengesamtheit. Ausgewählt werden die Personen, die an einem oder an mehreren bestimmten Tagen des Jahres Geburtstag haben. Pro Tag wird also ein → Auswahlsatz von etwa 1/365 verwirklicht.

Gegenwahrscheinlichkeit – Die Gegenwahrscheinlichkeit 1 – P(A) ist die Wahrscheinlichkeit des zu A komplementären → Ereignisses A^c (Axiome der → Wahrscheinlichkeitsrechnung), also des Ereignisses, dass A nicht eintritt.

geometrische Folge → Folge.

geometrisches Mittel – in der Statistik spezieller → Mittelwert. Das geometrische Mittel von n Werten $x_1, ..., x_n$ eines verhältniskalierten Merkmals (→ Verhältnisskala), das nur positive Werte annimmt, ist

$$\bar{x}_{geo} = (x_1 \cdot ... \cdot x_n)^{1/n}$$

Der Logarithmus des geometrischen Mittels ist gleich dem → arithmetischen Mittel der Logarithmen der Beobachtungswerte. – *Anwendung* des geometrischen Mittels etwa bei der Errechnung einer mittleren → Wachstumsrate oder einer mittleren Verzinsung eines Kapitals.

Gesamtheit – zusammenfassende Bezeichnung für eine → Grundgesamtheit, eine → Stichprobe (i.w.S.) oder eine → Teilgesamtheit.

Gesamtmerkmalsbetrag – Summe der → Ausprägungen eines → metrischen Merkmals bei den Elementen einer → Gesamtheit.

geschichtetes Zufallsstichprobenverfahren – Spezialfall eines → höheren

Zufallsstichprobenverfahrens. Ein geschichtetes Zufallsstichprobenverfahren liegt vor, wenn eine → Grundgesamtheit in → Teilgesamtheiten (Primäreinheiten, „Schichten") zerlegt wird und Elemente aus *jeder* Schicht in die Stichprobe gelangen. Geschichtete Zufallsstichprobenverfahren sind um so vorteilhafter, je homogener die Schichten bez. der Untersuchungsvariablen sind (Schichtungseffekt). Durch eine geeignete → Schichtenbildung *(Stratifikation)* und eine geeignete Aufteilung des Stichprobenumfangs auf die Schichten (→ Allokation) kann die Wirksamkeit von geschichteten Zufallsstichprobenverfahren gesteigert werden.

Gesellschaft für Mathematik und Datenverarbeitung mbH (GMD)
– eine der 13 Großforschungseinrichtungen der Bundesrepublik Deutschland; gegründet 1968, 1995 wurde sie in GMD-Forschungszentrum Informationstechnik umbenannt, die 2001 mit der Fraunhofer-Gesellschaft fusionierte. – *Aufgaben:* Forschung und Entwicklung (F&E) auf dem Gebiet der Informations- und Kommunikationstechnologie und der für ihren Fortschritt bedeutsamen Mathematik sowie die damit verbundene fachliche und wissenschaftliche Aus- und Fortbildung; Beratung und Unterstützung der öffentlichen Verwaltung, bes. der Bundesregierung, von Hochschulen sowie von Herstellern und Anwendern bei der Einführung und Fortentwicklung der Informationstechnik. Forschungs- und Entwicklungsaufgaben reichen von der Grundlagenforschung bis zur Entwicklung konkreter Produkte.

Gesetze der großen Zahlen
– zusammenfassende Bezeichnung für Konvergenzaussagen über Folgen von → Zufallsvariablen mit großer Bedeutung für die Anwendung in der Statistik. Schwaches und Starkes Gesetz großer Zahlen machen Aussagen über die Konvergenz von arithmetischen Mitteln gegen einen Erwartungswert. – 1. Beim Schwachen Gesetz großer Zahlen wird eine Folge stochastisch unabhängiger (→ stochastische Unabhängigkeit) Zufallsvariablen X_1, X_2, ... betrachtet, für die $E X_i = \mu$ (Erwartungswert) und $\text{Var } X_i \leq M < \infty$ (Varianz) für eine positive Konstante M und für alle natürlichen Zahlen i gelte. Dann konvergiert die Folge der arithmetischen Mittel $\bar{X}_n$ mit

$$\bar{X}_n = \frac{1}{n} \sum_{i=1}^{n} X_i$$

stochastisch gegen den Erwartungswert μ; genauer:

$$\lim_{n \to \infty} P(|\bar{X}_n - \mu| < \epsilon) = 1$$

für jedes ε > 0. – 2. Sind in 1. die Zufallsvariablen speziell Bernoulli-verteilt, d.h. $P(X_i = 1) = p$ und $P(X_i = 0) = 1-p$ für ein p mit 0<p<1 und für alle natürlichen Zahlen i, dann ist die Zufallsvariable $S_n = X_1 + ... + X_n$ binomialverteilt (→ Binomialverteilung) mit den Parametern n und p, und es gilt

$$\lim_{n \to \infty} P(|\frac{S_n}{n} - p| < \epsilon) = 1$$

für jedes ε > 0. Die Aussage wird auch als das *Bernoullische Gesetz der großen Zahlen* bezeichnet. Als eine zentrale Grundlage der Statistik besagt dieses Gesetz, dass die relativen Häufigkeiten S_n/n gegen den Erwartungswert p beziehungsweise gegen die „wahre Trefferwahrscheinlichkeit" p konvergieren. In diesem Sinne ist das arithmetische Mittel S_n/n also in der schließenden Statistik eine geeignete Schätzfunktion für den unbekannten Parameter p; diese Eigenschaft wird als schwache Konsistenz des Schätzers S_n/n bezeichnet. – 3. Eine Version des Starken Gesetzes großer Zahlen besagt, dass die Folge der arithmetischen Mittel aus 1. für stochastisch unabhängige und identisch verteilte Zufallsvariablen X_1, X_2, ... auch fast sicher gegen den Erwartnngswert μ konvergiert.

Gewichtung
– bei der Berechnung von → Mittelwerten Einbringung von Faktoren („Gewichten") g_1, g_2, ... die den Einfluss der eingehenden Einzelwerte auf den resultierenden Mittelwert bestimmen. I.d.R. wird von

Gewichtung nur gesprochen, wenn $g_i > (\geq) 0$ für alle i ist und $\Sigma g_i = 1$ gilt. Gewichtung hat z.b. bei der Ermittlung des arithmetischen Mittels aus einer → Häufigkeitsverteilung oder bei der Berechnung von → Indexzahlen Bedeutung.

Gini-Koeffizient – *Gini-Index*.

I. Statistik: Maßgröße zur Kennzeichnung der relativen Konzentration. Ist $\overline{X}$ das → arithmetische Mittel der Werte $x_1, ..., x_n \geq 0$, so ist der Gini-Koeffizient durch

$$G = \frac{1}{2\overline{x}} \cdot \frac{1}{n^2} \sum_{i=1}^{n} \sum_{j=1}^{n} |x_i - x_j|$$

definiert. Der Gini-Koeffizient ist als relatives Streuungsmaß zu interpretieren. Er kann auch mithilfe der → Lorenzkurve bestimmt werden. Für den Gini-Koeffizienten gilt stets

$$0 \le G \le frac{n-1}{n}$$

Die Kenngröße G* mit

$$G^* = \frac{n}{n-1} G$$

mit $0 \leq G^* \leq 1$ wird als normierter Gini-Koeffizient bezeichnet.

II. Verteilungstheorie und -politik: Der Gini-Koeffizient ist ein weit verbreitetes Maß zur Quantifizierung der relativen Konzentration einer Einkommensverteilung. Im Falle der maximalen Gleichverteilung der Einkommen (d.h. jede Person bezieht exakt das Durchschnittseinkommen der betrachteten Grundgesamtheit) nimmt der Gini-Koeffizient den Wert Null an, während er im anderen Extremfall einer maximal ungleichen Einkommensverteilung (d.h. eine einzige Person bezieht das komplette Einkommen der betrachteten Grundgesamtheit für sich alleine) den Wert Eins annimmt. Der Gini-Koeffizient lässt sich mithilfe der → Lorenzkurve veranschaulichen und bestimmen (vgl. Abbildung „Lorenzkurven zur Einkommensverteilung"). Der Gini-Koeffizient entspricht dabei der Fläche zwischen der Winkelhalbierenden (Gerade der perfekten Gleichverteilung) und der entsprechend ermittelten Lorenzkurve in Relation zur Gesamtfläche unterhalb der Winkelhalbierenden (Dreiecksfläche zwischen der Winkelhalbierenden und der Geraden der perfekten Ungleichverteilung).

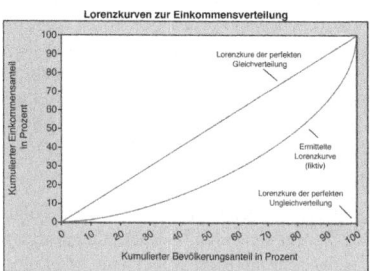

Glättungskonstante → exponentielles Glätten.

Gleichmöglichkeit – *Gleichwahrscheinlichkeit*; Grundbegriff der Laplaceschen („klassischen") Wahrscheinlichkeitskonzeption. Gibt es bei einem → Zufallsvorgang k mögliche elementare (einelementige) → zufällige Ereignisse, die „symmetrisch" sind (z.B. die Augenzahlen eins bis sechs bei der Ausspielung eines Würfels), so wird jedem Ereignis die gleiche Wahrscheinlichkeit 1/k zugeordnet. – Vgl. auch → Wahrscheinlichkeitsauffassungen.

Gleichverteilung – 1. Die *diskrete Gleichverteilung* ist eine diskrete Wahrscheinlichkeitsverteilung (→ Gleichwahrscheinlichkeit). In der Standardversion ordnet sie jeder der Zahlen 1, ... ,n die Wahrscheinlichkeit 1/n zu. Erwartungswert und Varianz sind gegeben durch $(n+1)/2$ bzw. $(n^2-1)/12$. – 2. Die *stetige Gleichverteilung* (Rechteckverteilung) ist eine Wahrscheinlichkeitsverteilung mit der Dichtefunktion $f(x) = 1/(b-a)$ auf dem Intervall [a,b]. Erwartungswert und Varianz sind durch $(a+b)/2$ bzw. $(a-b)^2/12$ gegeben.

Gleichwahrscheinlichkeit – Grundbegriff der Wahrscheinlichkeitsrechnung, wenn bei einem → Zufallsvorgang mit n möglichen elementaren (einelementigen) → Ereignissen jedem Elementarereignis die Wahrscheinlichkeit 1/n zugewiesen wird (z.B. jeweils Wahrscheinlichkeit 1/6 für die Augenzahlen Eins bis Sechs bei der Ausspielung eines Würfels).

gleitende Mittelwerte – einfaches, in der Produktionsplanung und -steuerung verwendetes Prognoseverfahren für die Vorhersage des Primärbedarfs oder Sekundärbedarfs. Der Bedarf eines Teils für die jeweils nächste Periode ergibt sich als arithmetisches Mittel aus dem Verbrauch der jeweils letzten n Vorperioden.

gleitender Durchschnitt – bei einer Folge von Zeitreihenwerten (→ Zeitreihenanalyse) das → arithmetische Mittel von chronologisch aufeinander folgenden Zeitreihenwerten, das der mittleren Periode zugeordnet wird. Sind $x_1, ..., x_\tau, ...$ die chronologisch geordneten Zeitreihenwerte, so sind z.B. (1) $\bar{x}_t^3$ = 1/3 $(x_{t-1} + x_t + x_{t+1})$ mit t = 2, ..., T − 1 gleitende Dreierdurchschnitte und (2) $\bar{x}_t^4$ = 1/4 $(1/2 \, x_{t-2} + x_{t-1} + x_t + x_{t+1} + 1/2 \, x_{t+2})$ mit t = 3, ..., T − 2 gleitende Viererdurchschnitte. Falls die Zeitreihe keine zyklische Komponente (→ Zeitreihenkomponenten) aufweist (→ Saisonschwankungen), kann bei einem konstanten oder linearen → Trend der Unterschied zwischen x_t und $\bar{x}_t$ im Wesentlichen auf die zufällige Komponente zurückgeführt werden. Ist eine zyklische Komponente enthalten und wird der gleitende Durchschnitt über eine Anzahl von Perioden gebildet, die gerade eine Zykluslänge ergibt, dann ist in diesem Unterschied der Einfluss der zyklischen und der Zufallskomponente enthalten.

gleitendes Mittel → arithmetisches Mittel aus zeitlich aufeinander folgenden Werten in einer → Zeitreihe mit dem Ziel der Glättung der Zeitreihe. Bezeichnet man z.B. mit $b_{t,I}; ...;$ $b_{t,IV}$ den Bestand im Jahr t zum Ende des ersten, ..., vierten Quartals, dann entsteht daraus eine geglättete Zeitreihe mit einem gleitenden Durchschnitt der Ordnung 4, indem bspw. $b_{t,II}$ durch

$$1/4 \, (1/2 \, b_{t-1,IV} + b_{t,I} + b_{t,II} + b_{t,III} + 1/2 \, b_{t,IV})$$

ersetzt wird.

Gliederungszahl – in der Statistik Bezeichnung für eine → Verhältniszahl, bei welcher eine Teilgröße in Beziehung zu einer Gesamtgröße gesetzt wird. Gliederungszahlen liegen immer zwischen 0 und 1. – *Beispiele:* Anzahl der Geburten im Januar/Anzahl der Geburten im ganzen Jahr; Anzahl der Angestellten/ Anzahl der Erwerbstätigen insgesamt.

Gliedziffer – bei einer → Zeitreihe von Beobachtungswerten $x_1, ..., x_t, ...$ der Quotient x_{t+1} / x_t zweier aufeinander folgender Werte. Gliedziffern werden u.a. bei der Ermittlung von Saisonkomponenten (→ Saisonbereinigung; → Saisonschwankungen) verwendet.

GLS – Abk. für *Generalized Least Squares*, vgl. → Kleinstquadratemethode, verallgemeinerte.

GMM – Abk. für *Generalised Method of Moments*, vgl. → Momentenmethode, verallgemeinerte.

Goodness-of-Fit-Test → statistische Testverfahren.

Grafik → grafische Darstellung.

grafische Darstellung – *Schaubild;* zeichnerische Wiedergabe von statistischen Daten oder Funktionen, bes. von Häufigkeitsverteilungen, Lagemaßen, Zeitreihendaten und Beobachtungswertepaaren. – *Arten:* → Histogramm, → Kreisdiagramm, → Kurvendiagramm, → Stabdiagramm, Box-Plot, → Streuungsdiagramm.

Granger-Kausalität – von Granger (1969) vorgeschlagene spezielle Kausalitätsdefinition, nach der eine Variable X für eine Variable Y „Granger-kausal" ist, wenn die Erklärung von Y_t nach Berücksichtigung einer bestimmten Anzahl s von verzögerten Variablen $Y_{t-1},...,Y_{t-s}$ durch Hinzufügen verzögerter Werte von X verbessert werden kann. – Zum

Test auf Granger-Kausalität wird ein Modell $Y_t = \beta_0 + \beta_1 Y_{t-1} + \ldots + \beta_1 Y_{t-s} + \alpha_1 X_{t-1} + \ldots + \alpha_1 X_{t-s} + \varepsilon_t$ geschätzt. Für ein solches kann dann die Nullhypothese H_0: $\alpha_1 = \ldots = \alpha_s = 0$ mittels eines → F-Tests für das multiple Regressionsmodell oder Wald-Tests geprüft werden, wobei der → Wald-Test in der Praxis bevorzugt wird. Kann H_0 abgelehnt werden, ist X „Granger-kausal" für Y.

Graph – I. Mathematik: grafische Darstellung einer → Funktion im → Koordinatensystem.

II. Operations Research: 1. *Typen:* a) Ein *ungerichteter Graph* besteht aus einer Menge V von *Knoten* und einer Menge E von *Kanten*, wobei ein Element e aus E einer zwei-elementige Teilmenge e={i, j} von Knoten entspricht. Man sagt: *i* und *j* sind die Endknoten der Kante *e*. – b) Ein *gerichteter Graph* besteht aus einer Menge V von *Knoten* und einer Menge A von *Bögen* oder *Pfeilen*, wobei ein Element *a* aus A einem geordneten Paar *a=(i, j)* von Knoten entspricht. Man sagt: *i* ist *Anfangs-* und *j* ist *Endknoten* von a. Ein Knoten i heißt *Vorgänger* bzw. *Nachfolger* des Knoten j, falls ein Pfeil (i, j) bzw. (j, i) existiert. Vorgänger und Nachfolger werden als Nachbarn bezeichnet. – Vgl. auch → Flussgraph, → bewerteter Digraph. – 3. *Darstellung:* Anschaulich kann jeder Knoten als ein Punkt und jede Kante (bzw. jeder Pfeil) mit einer Verbindungslinie (bzw. gerichteten Verbindungslinie) zwischen den zugeordneten Knoten dargestellt werden.

Graph

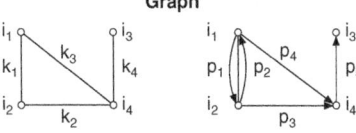

Graphentheorie – Teilgebiet der diskreten Mathematik, das sich mit der Untersuchung von → Graphen beschäftigt. V.a. im Bereich des Projektmanagements (PM) und der Logistik haben die aus der Graphentheorie resultierenden Verfahren der → Netzplantechnik praktische Anwendung gefunden.

Grenzwert – I. Umweltpolitik: Höchstwert für die mengenmäßige Emission von Schadstoffen, Lärm etc. in die Umweltmedien Luft, Wasser und Boden. Die Festlegung eines Grenzwertes kann unterschiedlich normiert werden, bspw. als Anteil der Produktion oder der Abluft. Sie folgt naturwissenschaftlichen und ökonomischen Kriterien, unterliegt aber auch politischen Prozessen und damit dem Lobbyismus. – Vgl. auch kritische Belastungswerte.

II. Mathematik: Eine Zahl g heißt Grenzwert einer unendlichen Zahlenfolge (a_n) bzw. → Funktion, wenn fast alle Glieder der Folge bzw. Funktionswerte in jeder (noch so kleinen) Umgebung von g liegen und außerhalb nur endlich viele. Eine → Folge bzw. Funktion, die einen Grenzwert besitzt, heißt konvergent. Man schreibt:

$$\lim_{n \to \infty} a_n = g,$$

$$\lim_{x \to \infty} f(x) = g.$$

Bei Stetigkeits- bzw. Differenzierbarkeitsuntersuchungen wird das Verhalten von Funktionswerten untersucht, wenn x gegen einen Wert x_0 strebt, also:

$$\lim_{x \to x_0} f(x).$$

Grenzwertsatz – zentraler Grenzwertsatz; wichtiger Satz aus der Wahrscheinlichkeitstheorie mit großer Anwendungsbedeutung in der schließenden Statistik (→ Inferenzstatistik) und der → Stichprobentheorie. – 1. *Inhalt:* Es sei $X_1, \ldots, X_n, \ldots$ eine Folge von stochastisch unabhängigen → Zufallsvariablen, die eine beliebige → Verteilung besitzen dürfen. Die zugehörige Folge von Summenvariablen ist $Z_1 = X_1; Z_2 = X_1 + X_2; \ldots; Z_n = X_1 + \ldots + X_n; \ldots$. Unter sehr allg. Voraussetzungen strebt (*Satz von Ljapunoff*) die Verteilung der zu Z_n gehörenden standardisierten Variablen (→ Standardtransformation) gegen die → Standardnormalverteilung. Bei einer spezielleren Variante *(Satz von*

Lindeberg-Lévy) wird zusätzlich vorausgesetzt, dass die X_1 alle dieselbe Verteilung haben. Mit $EX_1 = \mu$ und $Var\ X_1 = \sigma^2 > 0$ ist dann $(X_1 + ... + X_n)/n$ approximativ normalverteilt mit den Parametern μ und σ^2/n. – 2. *Bedeutung*: Der Satz von Ljapunoff kann als Begründung dafür dienen, dass → Variablen, die als additive Überlagerung einer Vielzahl zufälliger und unabhängiger Einflüsse erklärt werden können, in der Realität oft annähernd normalverteilt (→ Normalverteilung) sind. Aus dem Satz von Lindeberg-Lévy ist abzuleiten, dass das → arithmetische Mittel der Beobachtungswerte in einer uneingeschränkten Zufallsstichprobe (→ uneingeschränktes Zufallsstichprobenverfahren) bei großem Stichprobenumfang auch approximativ normalverteilt ist, wenn in der → Grundgesamtheit keine Normalverteilung vorliegt. Dies ermöglicht es, gewissermaßen im Schutz großer Stichprobenumfänge, Verfahren der → Intervallschätzung und → statistische Testverfahren auf der Grundlage der Normalverteilung auch in Anwendungsfeldern einzusetzen, in denen die Normalverteilung empirisch nicht festzustellen ist, etwa in der → Wirtschaftsstatistik.

Grundgesamtheit – I. Statistik: *Ausgangsgesamtheit, Kollektiv, Population, statistische Masse*; Menge aller Elemente, auf die ein Untersuchungsziel in der Statistik gerichtet ist. Die Grundgesamtheit bedarf einer exakten *sachlichen, räumlichen und zeitlichen* Abgrenzung (falsche Abgrenzung: → Coverage-Fehler). Bei Stichprobenverfahren ist Grundgesamtheit der Gegenbegriff zu Stichprobe (→ Teilerhebung); die Resultate der Stichprobe werden (→ Schätzung) auf die Grundgesamtheit übertragen.
II. Marktforschung: Menge aller potenziellen Zielpersonen für eine Untersuchung.

Gruppenbildung → Klassenbildung.

Güte → Teststärke.

Gütefunktion – *Powerfunktion, Macht*; bei → statistischen Testverfahren Funktion, die die → Teststärke (Trennschärfe) eines Parametertests ausdrückt. Die Gütefunktion gibt die → Wahrscheinlichkeit der Ablehnung der Nullhypothese an in Abhängigkeit vom wahren Wert des zu prüfenden → Parameters. Nach der Festlegung des → Signifikanzniveaus, des Stichprobenumfangs sowie der → Nullhypothese veranschaulicht die Gütefunktion die Fähigkeit des Parametertests, eine falsche (richtige) Hypothese als falsch (richtig) zu erkennen.

harmonisches Mittel – in der Statistik speziellerer → Mittelwert. Das harmonische Mittel von n (als positiv vorauszusetzenden) Werten $x_1, ... , x_n$ eines verhältnisskalierten → Merkmals (→ Skala) ist

$$\bar{x}_{harm} = (\frac{1}{n}\sum_{i=1}^{n}\frac{1}{x_i})^{-1}$$

Der *Kehrwert* des harmonischen Mittels ist also gleich dem → arithmetischen Mittel der Kehrwerte der Merkmalsbeträge.

Häufigkeit – Anzahl der Elemente einer → Gesamtheit, die bez. eines → Merkmals zu einer Kategorie oder → Klasse gehören. Die Summe aller Häufigkeiten ist gleich dem Umfang der Gesamtheit. Dividiert man die Häufigkeiten durch diesen Umfang, ergeben sich → relative Häufigkeiten, deren Summe 1 ist.

Häufigkeitstabelle – in der Statistik tabellarische Darstellung einer → Häufigkeitsverteilung.

Häufigkeitsverteilung – I. Statistik: Zusammenfassende Bezeichnung für die bez. eines → quantitativen Merkmals eingeführten Klassenintervalle (→ Klassenbildung) und die zugehörigen (absoluten oder relativen) → Häufigkeiten, also Anzahlen einfallender Elemente. Veranschaulichung einer Häufigkeitsverteilung in Form einer → Häufigkeitstabelle oder grafisch z.B. in Form eines → Histogramms. – *Allgemeiner* wird der Begriff Häufigkeitsverteilung auch als Bezeichnung für die einzelnen → Ausprägungen eines → qualitativen Merkmals und die zugehörigen Häufigkeiten verwendet. Eine graphische Darstellung ist mittels der empirischen Verteilungsfunktion möglich.

II. Verteilungstheorie und -politik: personelle Einkommensverteilung.

häufigster Wert → Modus.

Hausman-Spezifikationstest für Paneldatenmodelle → Hausman-Test, der den Fixed-Effects- und den Random-Effects-Schätzer (→ Fixed-Effects-Modell, → Random-Effects-Modell) vergleicht. – Unter der Nullhypothese, dass die Individualeffekte unkorreliert mit den erklärenden Variablen sind, ist der Random-Effects-Schätzer effizient und konsistent sowie der Fixed-Effects-Schätzer konsistent. Unter der Alternativhypothese ist der Random-Effects-Schätzer inkonsistent. Voraussetzung für diesen Hausman-Test ist die strikte Exogenität (→ Exogenität, strikte) der Einflussfaktoren $x_{i,t}$ in Bezug auf die $\varepsilon_{i,t}$ (→ Paneldaten und Paneldatenmodelle).

Hausman-Spezifikationstest für Random-Effects-Modell → Hausman-Spezifikationstest für Paneldatenmodelle.

Hausman-Test – von Hausman (1978) vorgeschlagenes Testverfahren zum Vergleich zweier Schätzer für einen zu schätzenden Parametervektor. – Unter der Nullhypothese ist der erste Schätzer effizient und konsistent und der zweite nur konsistent. Unter der Alternativhypothese wird der erste Schätzer, aber nicht der zweite, inkonsistent. Ist die Nullhypothese korrekt, so sind beide Schätzer konsistent und die Differenz der mit den beiden Methoden geschätzten Parameter ist nahe bei null zu erwarten. Hausman (1978) hat das für den Test wichtige Ergebnis nachgewiesen, dass die Kovarianz zwischen einem effizienten Schätzer und der Differenz zwischen diesem effizienten sowie einem konsistenten Schätzer null ist.

Hausman-Wu-Exogenitätstest → Exogenität der Regressoren ist eine wichtige Voraussetzung für die Konsistenz der OLS-Schätzer (→ Kleinstquadratemethode, gewöhnliche). Dies zu testen, ist das Anliegen dieses von Hausman (1978) und Wu (1973) vorgeschlagenen Testverfahrens. Hierbei handelt es sich um einen → Hausman-Test, der die → Instrumentenvariablenschätzer der Parameter mit den OLS-Schätzern vergleicht. Sind die erklärenden Variablen exogen, so sind beide Schätzer konsistent und die Differenz der mit den beiden Methoden geschätzten Parameter ist nahe bei null zu erwarten.

Heckman-Verfahren für Sample-Selection-Modell → Heckman-Zweistufen-Verfahren.

Heckman-Verfahren für Treatment-Modell – Das grundlegende Sample-Selection-Modell (→ Sample-Selection-Problem) wurde auf vielfältige Weise erweitert. Eine interessante Anwendung ist die Abschätzung der Effekte von Programmen oder Maßnahmen (engl. *treatment*), insbesondere wenn die Teilnahme an der Maßnahme nicht zufällig erfolgt, sondern bspw. der Proband das selbst entscheidet. In diesem Fall wird auch von Self-Selection gesprochen. Ein Beispiel wären die Auswirkungen einer freiwilligen Fortbildungsmaßnahme auf den Lohn. In diesem Zusammenhang kann nicht von der → Exogenität der Teilnahme an der Maßnahme ausgegangen werden. Unter gewissen Voraussetzungen können die Programmeffekte mit dem → Heckman-Zweistufen-Verfahren geschätzt werden, wobei die Selektionsgleichung nun die Partizipation an der Maßnahme modelliert.

Heckman-Zweistufen-Verfahren – von Heckman (1979) vorgeschlagenes zweistufiges Schätz- und Testverfahren (engl. *Heckman-Two-Step-Estimator*) für das Incidental-Truncation-Problem (→ Sample-Selection-Problem). – Das Modell besteht aus einer Selektionsgleichung und einer linearen Regressionsbeziehung. Die Sample-Selection-Korrektur beruht auf der Annahme der Normalverteilung. In einem ersten Schritt wird die Selektionsgleichung mittels eines → Probit-Modells für binäre Daten geschätzt. Mit den Ergebnissen dieser Schätzung wird die → inverse Mills-Ratio für die einzelnen Beobachtungen berechnet. Der zweite Schritt besteht darin, dass die eigentlich interessierende Regressionsbeziehung für die beobachtbaren Fälle um die inverse Mills-Ratio ergänzt und dann geschätzt wird. Mittels eines einfachen → t-Tests für den geschätzten Koeffizienten der inversen Mills-Ratio kann die Nullhypothese, dass keine endogene Selektion vorliegt, überprüft werden. Liegt Selektion vor, ist die Berechnung konsistenter Schätzungen für die asymptotische Varianz der geschätzten Koeffizienten recht aufwendig.

Herfindahl-Koeffizient – Koeffizient zur Messung der absoluten Konzentration für die Gesamtheit (den Datensatz) $x_1, \ldots, x_n \geq 0$ mit Umfang n, häufig eingesetzt zur Beurteilung von Unternehmenskonzentrationen. Der Herfindahl-Koeffizient ist durch

$$H = \sum\nolimits_{i=1}^{n} p_i^2$$

definiert, wobei $p_i = x_i/(x_1 + \ldots + x_n)$ der Anteil des i-ten Elements am → Gesamtmerkmalsbetrag, z. B. am Gesamtumsatz einer Branche, ist. Es gilt stets $1/n \leq H \leq 1$. Man kann zeigen, dass $H = (V^2 + 1)/n$ ist, wobei V den → Variationskoeffizienten und n den Umfang der → Gesamtheit bezeichnet.

heterograde Statistik – ein in der statistischen Methodik früher gebräuchlicher Ausdruck für Verfahren insbesondere der → Inferenzstatistik, soweit → quantitative Merkmale betrachtet werden. Die Unterteilung in heterograde Statistik und → homograde Statistik ist in den Hintergrund getreten, weil die heterograde Statistik die homograde Statistik als Spezialfall umfasst.

Heteroskedastizität – in einem → Regressionsmodell die Erscheinung, dass die → Störterme nicht alle die gleiche Varianz besitzen. – Das Vorliegen von Heteroskedastizität stellt eine Verletzung der Annahmen des klassischen Modells der linearen Regression (→ Regression, lineare) dar und führt zu einem Effizienzverlust der OLS-Schätzer (→ Kleinstquadratemethode, gewöhnliche) und falsch ermittelten Standardfehlern, die dazu führen, dass Standardtests an Aussagekraft verlieren. Eine Verzerrung der OLS-Schätzer folgt nicht. Die Existenz von Heteroskedastizität ist mittels diverser Heteroskedastizitätstests statistisch prüfbar. Um den Folgen von Heteroskedastizität zu begegnen, bietet sich die Verwendung des GLS-Schätzers (→ Kleinstquadratemethode, verallgemeinerte) oder von → White-Standardfehlern an. – *Gegensatz:*

Häufigkeitstabelle zum Histogramm

Klasse	Häufigkeit absolut	Häufigkeit relativ	Häufigkeitsdichte
über 0 bis 20	24	0,12	0,006
über 20 bis 30	34	0,17	0,017
über 30 bis 40	48	0,24	0,024
über 40 bis 50	56	0,28	0,028
über 50 bis 70	20	0,10	0,005
über 70 bis 100	18	0,09	0,003
zusammen	200	1,00	x

→ Homoskedastizität. – Vgl. auch → ARCH(p)-Modell, → GARCH(p,q)-Modell.

Heteroskedastizititätstest – Testverfahren zur Überprüfung der Annahme der → Homoskedastizität im → Regressionsmodell bzw. ihrer Verletzung. Zu den in der Praxis gebräuchlichsten Tests gehören der → Breusch-Pagan-Heteroskedastizititätstest und der → White-Heteroskedastizitätstest.

Hildreth-Lu-Schätzer bei Autokorrelation – von Hildreth und Lu (1960) vorgeschlagener Ansatz zur Schätzung von GLS-Gleichungen (→ Kleinstquadratemethode, verallgemeinerte), wenn für das autokorrelierte Modell ein AR(1)-Störterm unterstellt werden kann, der Autokorrelationskoeffizient erster Ordnung ρ jedoch unbekannt ist. – Für einen beliebigen Wert ρ kann die GLS-Transformation für ein von Autokorrelation erster Ordnung betroffenes Modell durchgeführt und dieses transformierte Modell mit OLS (→ Kleinstquadratemethode, gewöhnliche) geschätzt werden. Die Residuenquadratesumme (→ Residuen) der GLS-Schätzung wird für jeden Wert von ρ anders ausfallen. Das Hildreth-Lu-Verfahren sucht nun den Wert von ρ, für den die Residuenquadratesumme minimal wird. Ist dieser gefunden, wird er zur GLS-Transformation verwendet und die GLS-Gleichung mit OLS geschätzt. Die daraus resultierenden Schätzergebnisse sind dann die Parameterschätzungen für das autokorrelierte Modell. – Vgl. auch → Cochrane-Orcutt-Schätzer bei Autokorrelation, → FGLS.

Histogramm – grafische Darstellung einer → Häufigkeitsverteilung in Bezug auf ein → quantitatives Merkmal, bei dem eine → Klassenbildung vorgenommen wurde. Über den jeweiligen Klassenintervallen werden Rechtecke derart gezeichnet, dass die Maßzahl der Fläche des jeweiligen Rechtecks gleich der (relativen oder absoluten) Klassenhäufigkeit ist. Um die Höhe der Rechtecke („Häufigkeitsdichten") zu erhalten, müssen die Klassenhäufigkeiten durch die Klassenbreiten dividiert werden. Die Gesamtfläche eines Histogramms ist somit gleich dem Umfang n der Gesamtheit *(absolutes Histogramm)* bzw. 1 *(relatives Histogramm)*. I.d.R. wird das relative Histogramm angegeben; mit dem Ziel einer guten graphischen Darstellung kann eine Proportionalitätskonstante c > 0 (verschieden von 1) betrachtet werden. Dann hat die Gesamtfläche im Diagramm

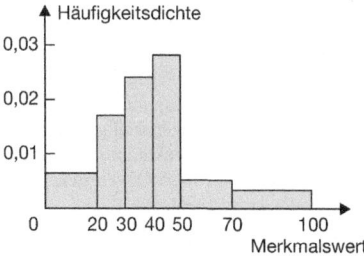

den Flächeninhalt c. – Die in der Tabelle verzeichnete Häufigkeitsverteilung ergibt als Beispiel ein relatives Histogramm gemäß der folgenden Zeichnung. In diesem Beispiel werden die Daten gut durch verschieden breite Klassen repräsentiert. Wenn gleich breite Klassen (sog. äquidistante Klasseneinteilung) gewünscht sind, kann als Anzahl der Klassen eine natürliche Zahl nahe $n^{1/2}$ empfohlen werden.

Hochrechnung – 1. *Begriff*: Synonymer Begriff für → Schätzung im Zusammenhang mit der Übertragung von empirischen Befunden aus uneingeschränkten oder höheren Zufallsstichproben (→ uneingeschränktes Zufallsstichprobenverfahren, → höhere Zufallsstichprobenverfahren) auf die übergeordnete → Grundgesamtheit. Von Hochrechnung wird v.a. dann gesprochen, wenn der Schätzvorgang den Umfang der Grundgesamtheit einbezieht, v.a. wenn → Gesamtmerkmalsbeträge oder Anzahlen von Elementen einer bestimmten Kategorie zu schätzen sind. – 2. *Arten*: *Freie Hochrechnung* liegt vor, wenn nur der Stichprobenbefund selbst zur Schätzung herangezogen wird, *gebundene Hochrechnung* (z.B. → Verhältnisschätzung, → Regressionsschätzung, → Differenzenschätzung) ist gegeben, wenn daneben weitere Informationen in den Schätzvorgang eingehen, z.B. Informationen aus einer früheren Vollerhebung. Bei geschichteten Zufallsstichproben unterscheidet man außerdem die *separate Hochrechnung*, bei der die Schätzung für jede Schicht gesondert durchgeführt und anschließend geeignet gewichtet wird, und die *kombinierte Hochrechnung*, bei der eine für alle Schichten gültige Schätzung erfolgt.

Hodrick-Prescott-Filter – Der Hodrick-Prescott-Filter separiert den Trend einer Zeitreihe von der zyklischen Komponente sowie von irregulären Schwankungen und ggf. von Saisonfiguren (→ Zeitreihenkomponenten). Die geglätteten Zeitreihenwerte Y_t^* entstehen aus dem Minimierungsproblem

$$\min_{Y_t^*} \sum_{t=1}^{T} (Y_t - Y_t^*)^2 + \lambda \sum_{t=2}^{T-1} [(Y_{t+1}^* - Y_t^*) - (Y_t^* - Y_{t-1}^*)]^2.$$

Der Glättungsparameter $\lambda > 0$ löst einen Trade-off zwischen einer möglichst guten Annäherung der Trendkomponente an die beobachtete Zeitreihe (erster Summand) und einen möglichst glatten Trendverlauf (zweiter Summand). Je größer λ gewählt wird, desto stärker ist die Betrafung für eine Variation der Trendkomponente. Für $\lambda \to \infty$ geht die extrahierte Trendkomponente gegen einen linearen Trend. – Erstes Problem dieses Verfahrens ist die willkürliche Festlegbarkeit von λ. Hodrick und Prescott (1997) schlagen für Monatswerte $\lambda = 14.400$, für Quartalswerte $\lambda = 1.600$ und für Jahreswerte $\lambda = 100$ vor. Ravn und Uhlig (2001) empfehlen zur Bestimmung von λ die Anzahl der Perioden pro Jahr durch vier zu dividieren, mit vier zu Potenzieren und mit 1.600 zu multiplizieren. – Zweites Problem ist das sog. Endwertproblem: Der Hodrick-Prescott-Filter kann in der Mitte der Zeitreihe als unendlicher gleitender Durchschnitt mit symmetrischen Gewichten aufgefasst werden. Seine Gewichte werden aber an den Rändern asymmetrisch (einseitiger Filter), was i.d.R. bei Hinzufügen von neuen Daten zu größeren Revisionen der Trendschätzung und damit auch der zyklischen Komponente führen kann. – Vgl. auch → Baxter-King-Filter, → Kalman-Filter.

höhere Zufallsstichprobenverfahren – in der Statistik Sammelbegriff für Verfahren der → Teilerhebung mit zufälliger Auswahl der → Untersuchungseinheiten, sofern diese nicht nach einem der beiden einfachen → Urnenmodelle durchgeführt werden (dann → uneingeschränktes Zufallsstichprobenverfahren). V.a. zählen zu den höheren Zufallsstichprobenverfahren das → mehrstufige Zufallsstichprobenverfahren, das → geschichtete Zufallsstichprobenverfahren, das → Klumpenstichprobenverfahren, das → Flächenstichprobenverfahren. Im Prinzip werden bei den höheren Zufallsstichprobenverfahren mehrere uneingeschränkte Zufallsstichprobenverfahren verknüpft.

homograde Statistik – ein in der Statistik früher gebräuchlicher Ausdruck für Verfahren insbesondere der → Inferenzstatistik, soweit nur → qualitative Merkmale oder auf Kategorien reduzierte Merkmale (→ quantitative Merkmale) betrachtet werden. Homograde Statistik kann als Spezialfall der → heterograden Statistik aufgefasst werden.

Homoskedastizität – für die Ableitung der stochastischen Eigenschaften von OLS-Schätzern (→ Kleinstquadratemethode, gewöhnliche) bedeutende Annahme gleicher Varianzen der → Störterme für die verschiedenen Beobachtungen. – *Gegensatz*: → Heteroskedastizität. – Vgl. auch Heteroskedastizitätstest.

Hyperbel – In einer Hyperbel hat die unabhängige Variable einen negativen Exponenten. Die einfachste Form einer Hyperbel ist die Funktion $f(x) = 1/x = x^{-1}$. – Durchschnittsfunktionen, z.B. die Stückkostenfunktion, werden häufig durch Hyperbeln beschrieben.

hypergeometrische Verteilung – spezielle diskrete Wahrscheinlichkeitsverteilung mit der → Wahrscheinlichkeitsfunktion

$$h(k|n; N; M) = \frac{\binom{M}{k}\binom{N-M}{n-k}}{\binom{N}{n}}$$

für k mit $M + n - N \leq k \leq \min(n, M)$, wobei n, M und N-M natürliche Zahlen sind mit $N-M \leq n \leq N$. Die in die Wahrscheinlichkeitsfunktion eingehenden Ausdrücke sind Binomialkoeffizienten. Die hypergeometrische Verteilung erfasst folgenden Sachverhalt: In einer Grundgesamtheit vom Umfang N befinden sich zwei Sorten von Elementen. Die Anzahl der Elemente der ersten Sorte beträgt M, die der zweiten Sorten N - M. Es werden zufällig n Elemente ohne Zurücklegen entnommen (→ Urnenmodell). Dann gibt h(k|n; N; M) die Wahrscheinlichkeit dafür an, dass genau k Elemente der ersten Sorte in die Ziehung gelangen. Die hypergeometrische Verteilung hat die Parameter n, M und N. Angewendet wird die hypergeometrische Verteilung z.B. bei der sog. Gut-/Schlecht-Prüfung im Rahmen der Qualitätskontrolle durch eine Warenstichprobe. Der Erwartungswert einer hypergeometrisch verteilten Zufallsvariablen ist n · M/ N und die Varianz

$$n \cdot \frac{M}{N}(1 - \frac{M}{N}) \cdot \frac{N-n}{N-1};$$

(N - n)/(N - 1) ist der sog. → Korrekturfaktor. Unter bestimmten Voraussetzungen kann die hypergeometrische Verteilung durch die → Binomialverteilung und die → Normalverteilung approximiert werden (→ Approximation).

Hypothesenprüfung → statistische Testverfahren.

I – J

Identifikation – Dieses Identifikationsproblem ist nicht nur ein Problem der Beobachtungsdaten, sondern v.a. ein Problem der dem Modell zugrunde liegenden ökonomischen Theorie. Diese Theorie muss genügend Restriktionen liefern, um eine Modellstruktur identifizierbar zu machen. Solche Restriktionen sind z.B. Ausschlusskriterien, d.h. Angaben, ob eine bestimmte Variable in einer Modellgleichung als erklärende Variable auftritt oder nicht. Diese Kriterien sind wegen ihres Ad-hoc-Charakters gelegentlich umstritten, und teilweise wird die Lösung des Identifikationsproblems überhaupt in Frage gestellt. Andererseits ist eine Identifikation Voraussetzung für die Ableitung der stochastischen Eigenschaften der ökonometrischen Schätz- und Testfunktionen. – Zu unterscheiden sind genau identifizierte, überidentifizierte und unteridentifizierte Gleichungen. Genau identifizierte und überidentifizierte Verhaltensgleichungen sind schätzbar, für unteridentifizierte Gleichungen existieren keine Schätzfunktionen mit wünschenswerten stochastischen Eigenschaften. – Die Identifikationskriterien sind für lineare Modelle relativ einfach. Ein hinreichendes Kriterium ist das sog. Rangkriterium, das i.d.R. aber erst nach einer Strukturschätzung überprüft werden kann. Die Praxis beschränkt sich daher meist auf ein notwendiges Kriterium (sog. Abzählkriterium). Danach ist eine Verhaltensgleichung identifizierbar, wenn die Anzahl der in dieser Gleichung als erklärende Variablen auftretenden gemeinsam abhängigen Variablen und vorherbestimmten Variablen (→ Mehrgleichungsmodell) nicht größer ist als die Anzahl der vorherbestimmten Variablen im Modell insgesamt. Ein einfaches Beispiel für eine nicht identifizierbare Modellstruktur ist ein Modell für einen geräumten Markt, bei dem in der Angebotsfunktion die Menge nur vom Preis und in der Nachfragefunktion der Preis nur von der Menge abhängt.

Impuls-Antwort-Funktion – Funktion, die im Kontext von → Vektorautoregressionsmodellen zeigt, wie sich Schocks in einer Variablen im geschätzten System auf künftige Werte dieser und der anderen Variablen auswirken. – Methodisches Problem einer Impuls-Antwort-Funktion ist, dass sie die Unkorreliertheit kontemporärer Störterme voraussetzt. Nur unter dieser Voraussetzung verändert ein Impuls in einem Störterm $\varepsilon_{j,t}$ nicht gleichzeitig die Störterme der übrigen Variablen. Sind die Störterme miteinander korreliert, verändert ein Impuls von $\varepsilon_{j,t}$ auch die anderen Störterme, sodass die endgültige Wirkung auf die zu untersuchenden Variablen nicht eindeutig dem Impuls $\varepsilon_{j,t}$ zugeordnet werden kann. Zur Lösung eines derartigen Zuordnungsproblems müssen die Störterme orthogonalisiert werden, d.h. sie müssen so transformiert werden, dass sie voneinander unabhängig sind. Wirkungsvolles Instrument dazu ist die sog. Cholesky-Zerlegung.

Incidental-Truncation-Problem → Sample-Selection-Problem.

Indexzahl – I. Statistik: 1. einfache Indexzahl: Für positive Beobachtungswerte $x_0, \ldots, x_s$ eines verhältnisskalierten Merkmals, die den Zeitpunkten $0, \ldots, s$ zugeordnet sind, wird die Folge $x_0/x_k, \ldots, x_s/x_k$ für ein fest gewähltes k (ein fest gewählter Zeitpunkt) mit $0 \leq k \leq s$ als Zeitreihe einfacher Indexzahlen bezeichnet. Der Wert x_k heißt Basis oder Basiswert, der jeweilige Zähler Berichtswert. – 2. zusammengesetzte Indexzahl: Kenngröße zur Beschreibung der Entwicklung mehrerer Größen über die Zeit, z.B. Preis-, Mengen- oder Umsatzentwicklungen (*Preis-Indexzahl, Mengen-Indexzahl, Umsatz-Indexzahl*). Eine zusammengesetzte Indexzahl wird als Quotient von Mittelwerten, insbes. gewogene

→ arithmetische Mittel von → Messzahlen mit gleicher Basis- oder Berichtsperiode ermittelt. Möglicherweise kann die Indexzahl auch direkt als gewogenes arithmetisches Mittel dargestellt werden. Z.B. wird ein Preisindex $P_{0,1}$ mit der Basisperiode 0 und der Berichtsperiode 1 berechnet als mit den Gewichten (→ Gewichtung) g_i gewogener Durchschnitt aus den Preismesszahlen für n Güter:

$$p_{0,1} = \sum \frac{p_1^i}{p_0^i} g_i \cdot 100.$$

($g_i > 0$; $\Sigma\, g_i = 1$). Spezielle Gewichtungen ergeben *spezielle Indexformeln*, etwa den → Laspeyres-Index und den → Paasche-Index.

II. Amtliche Statistik: laufende Ermittlung verschiedener Preisindizes und Mengenindizes.

Indikatorvariable – *Bernoulli-Variable;* spezielle → Zufallsvariable, die nur die beiden möglichen Werte 1 und 0 mit zugehörigen → Wahrscheinlichkeiten p bzw. 1 – p annehmen kann. Die Summe von n stochastisch unabhängigen und identisch verteilten Indikatorvariablen ist binomialverteilt (→ Binomialverteilung).

indirekter Schluss → Repräsentationsschluss.

induktive Statistik → Inferenzstatistik.

inferenzielle Statistik → Inferenzstatistik.

Inferenzstatistik – *analytische Statistik, inferenzielle Statistik, induktive Statistik, schließende Statistik;* diejenigen Methoden und Probleme der Statistik, die die Übertragung von Befunden aus Stichproben (→ Zufallsstichproben) auf zugehörige → Grundgesamtheiten zum Gegenstand haben, also bes. die Methoden und Probleme der → Punktschätzung, der → Intervallschätzung (→ Konfidenzschätzung) und der → statistischen Testverfahren; hinzu kommen noch die Probleme der technischen Auswahl von → Zufallsstichproben und des Einsatzes → höherer Zufallsstichprobenverfahren oder Verfahren der → Hochrechnung.

Inferenzstatistik steht in einem gewissen Gegensatz zur → deskriptiven Statistik, deren Gegenstand die Beschreibung von statistischen → Gesamtheiten ohne Beachtung von Schätz- oder Prüfaspekten ist.

Inklusionsschluss – *direkter Schluss;* in der Statistik die Schlussweise von der → Grundgesamtheit auf eine ihr zu entnehmende Stichprobe. Bes. betrifft der Inklusionsschluss die Ermittlung von → Verteilungen von → Stichprobenfunktionen (z.B. des Stichprobendurchschnitts). Beim Inklusionsschluss wird unterstellt, dass die Verteilung des Merkmals in der Grundgesamtheit bekannt ist. Der Inklusionsschluss ist eine der theoretischen Grundlagen der → Inferenzstatistik.

Instrumentenvariable – Ist in einem → Regressionsmodell eine erklärende Variable mit dem Störterm korreliert, so bezeichnet man eine Variable, die stark mit dieser Variable korreliert (sog. Instrument-Relevanz) und gleichzeitig mit dem Störterm unkorreliert (sog. Instrument-Exogenität) ist, als Instrumentenvariable. – Instrumentenvariablen werden im Rahmen der sog. Instrumentenvariablenschätzung (→ Instrumentenvariablenschätzer) benötigt. Die Instrument-Relevanz kann durch eine Regression der mit dem Störterm korrelierten erklärenden Variablen auf die Instrumente und die anderen exogenen Variablen der Regressionsbeziehung geprüft werden. Die Signifikanz der Instrumente in dieser Regression entscheidet über ihre Relevanz. Die Instrument-Exogenität wird i.d.R. mit dem sog. → Sargan-Test geprüft.

Instrumentenvariablenschätzer – Zur Veranschaulichung sei ein Regressionsmodell $Y_i = \beta_0 + \beta_1 X_i + \varepsilon_i$ betrachtet, in dem die erklärende Variable mit dem Störterm korreliert ist. Wurde eine Instrumentenvariable Z für X gefunden, so kann z.B. der Instrumentenvariablenschätzer für β_1 als

$$\hat{\beta}_1 = \frac{\sum y_i z_i}{\sum x_i z_i}$$

angegeben werden, wobei x_i, y_i und z_i für die Abweichungen der jeweiligen Variablen von ihren Stichprobenmittelwerten stehen. Er stellt nichts anderes als die Stichprobenkovarianz zwischen Y und Z dividiert durch die Stichprobenkovarianz zwischen X und Z dar und ist ein konsistenter Schätzer für β_1. Wären die Instrumentenvariable Z und X nicht korreliert, so wäre der Schätzer nicht definiert. Ein Vergleich mit der Formel des OLS-Schätzers (→ Kleinstquadratemethode, gewöhnliche) zeigt, dass im Zuge der Instrumentenvariablenschätzung nicht einfach nur die Variable X durch die Variable Z ersetzt wird. – Liegen mehrere Instrumente für X vor, so verwendet man nicht das Z mit der höchsten Korrelation mit X, sondern berücksichtigt alle Z in geeigneter Weise. Dies geschieht in der Praxis meist mit der sog. zweistufigen Kleinstquadratemethode (→ Kleinstquadratemethode, zweistufige), die eng mit dem Instrumentenvariablenschätzer verwandt ist. Diese wird meist auch für Modelle herangezogen, in denen mehrere erklärende Variablen mit dem Störterm korreliert sind. – Ob die Durchführung einer Instrumentenvariablenschätzung bzw. die Anwendung der zweistufigen Kleinstquadratemethode überhaupt erforderlich ist, kann mit dem → Hausman-Wu-Exogenitätstest geprüft werden.

Integral – 1. *Umkehroperation zur* → Differenzialrechnung: $F(x) + C = \int f(x)\,dx$ mit $F'(x) = f(x)$, wobei F als Stammfunktion und $\int f(x)\,dx$ als unbestimmtes Integral bezeichnet wird, C steht für alle reellen Zahlen. – 2. *Berechnung von Flächen*: Eine Fläche zwischen einer Funktion und der x-Achse im Intervall von a bis b lässt sich mithilfe des bestimmten Integrals berechnen:
$$\int_a^b f(x)\,dx = [F(x)]_a^b = F(b) - F(a).$$

Integrationsgrad – gibt an, wie oft ein stochastischer Prozess differenziert werden muss, um einen stationären Prozess (→ Stationarität) zu erhalten. – Man sagt, dass ein Prozess vom Grad null integriert oder kurz I(0) ist, wenn er bereits stationär ist. Ist er nicht stationär, sind es jedoch seine ersten Differenzen $\Delta Y_t = Y_t - Y_{t-1}$, so bezeichnet man ihn als integriert vom Grad eins oder kurz I(1). Sind erst seine d-ten Differenzen $\Delta^d Y_t$ stationär, ist er entsprechend I(d). I.d.R.sind ökonomische Variablen I(0) oder I(1), selten I(2).

interdependentes Modell → Mehrgleichungsmodell.

interne Varianz – *Binnenklassenvarianz;* bei einer klassierten Häufigkeitsverteilung (→ klassierte Verteilung) die Größe $s_w^2 = \Sigma s_j^2 p_j$, wobei s_j die → Varianz in der j-ten → Klasse und p_j den → Anteilswert der j-ten Klasse an der → Gesamtheit bezeichnet. Die interne Varianz ist also das mit den Klassenanteilen gewogene → arithmetische Mittel der Klassenvarianzen. Sie ergibt zusammen mit der → externen Varianz die *Gesamtvarianz* (→ Varianz, → Varianzzerlegung).

Interpolation – Verfahren zur näherungsweisen Ermittlung eines unbekannten Funktionswertes mithilfe von bekannten Funktionswerten an benachbarten Stellen. Interpolation wird bes. bei → Zeitreihen, bei → Summenfunktionen und bei statistischen Tabellen, etwa der der → Standardnormalverteilung, angewendet. – Dabei kann grafisch oder rechnerisch vorgegangen werden. Interpolation wird meist als lineare Interpolation durchgeführt, d.h. es wird unterstellt, dass die zu interpolierende Funktion f in dem interessierenden Bereich nahezu linear ist. Die Vorgehensweise wird aus dem Diagramm „Interpolation" ersichtlich.

Interpolation

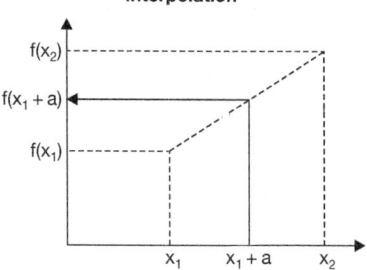

Man setzt also

$$f(x_1 + a) \approx f(x_1) + a\frac{f(x_2) - f(x_1)}{x_2 - x_1}$$

für a aus dem Intervall $[0, x_2-x_1]$, falls nur die Punktepaare $(x_1, f(x_1))$ und $(x_2, f(x_2))$ bekannt sind. Statt des linearen kann auch ein anderer sinnvoll erscheinender Zusammenhang unterstellt werden.

Intervallschätzung – Bezeichnung für die Schätzverfahren der Statistik, die auf die Angabe eines Intervalls gerichtet sind, in dem ein zu schätzender → Parameter der → Grundgesamtheit mit einer vorgegebenen Wahrscheinlichkeit liegt. – Das *gebräuchlichste Verfahren* der Intervallschätzung ist die → Konfidenzschätzung. – *Gegensatz:* → Punktschätzung.

Intervallskala – in der Statistik eine → Skala, auf der alternative → Ausprägungen neben Verschiedenheit und einer Rangordnung auch einen Abstand zum Ausdruck bringen; z.B. Temperatur, gemessen in Grad Celsius, oder Länge, gemessen durch die Differenz zu einer Solllänge. – Vgl. auch → Skalenniveau.

Inverse – 1. *Synonym* für → Umkehrfunktion. – 2. Die Inverse zur → Matrix A ist eine quadratische Matrix A^{-1}, die mit der quadratischen Matrix A multipliziert die Einheitsmatrix ergibt: $A \cdot A^{-1} = A^{-1} \cdot A = E$. Die Bildung der Inversen einer Matrix ist ein oft benötigtes Verfahren, um Gleichungen aufzulösen, da eine der Division entsprechende Operation in der Matrizenrechnung nicht existiert. – Es gibt verschiedene Verfahren zur Berechnung. – *Beispiel* für ein praktisches Verfahren: Schritt: Bildung einer erweiterten Matrix (Anhängen der entsprechenden Einheitsmatrix an die Matrix A, zu der die Inverse gebildet werden soll). Schritt: Umformung der Matrix A in die Einheitsmatrix ausschließlich durch folgende Zeilenumformungen: (1) Vertauschen von zwei Zeilen; (2) Multiplikation (Division) einer Zeile mit einer Konstanten (ungleich Null); (3) Addition (Subtraktion) einer Zeile zu einer anderen Zeile wobei jeweils dieselben Umformungen an der entsprechenden Zeile der angehängten Einheitsmatrix vorgenommen werden müssen.Schritt: Gelingt die Umformung von A in die Einheitsmatrix, so ist die angehängte Matrix die Inverse A^{-1}. Gelingt die Umformung nicht, existiert zu A keine Inverse A^{-1}. Vgl. auch → Matrizenoperation.

inverse Mills-Ratio – Verhältnis aus der Dichte- und Verteilungsfunktion der Standardnormalverteilung, jeweils berechnet an der gleichen Stelle.

Invertierbarkeit – Kann ein → MA(q)-Prozess als → AR(p)-Prozess dargestellt werden, so ist er invertierbar. Invertierbarkeit bei den MA(q)-Prozessen ist das Gegenstück zur → Stationarität bei den AR(p)-Prozessen. Damit ein MA(q) invertierbar ist, müssen die Wurzeln seines charakteristischen Polynoms außerhalb des Einheitskreises liegen.

Irrtumswahrscheinlichkeit → Signifikanzniveau.

isoelastische Funktion – Funktion, deren Elastizität in jedem Punkt den gleichen Wert hat:

$$y = ax^b$$

wobei: b = konstanter Wert der Elastizität. – Einkommenselastizitäten von 1 sind in der Theorie des gleichmäßigen Wachstums (Wachstumstheorie) eine notwendige Voraussetzung.

Iteration – Verfahren zur schrittweisen Lösung einer Gleichung oder eines Gleichungssystems. Mithilfe einer ersten Näherungslösung werden weitere Näherungslösungen berechnet, wobei diese Folge von Näherungslösungen unter gewissen Voraussetzungen gegen einen Grenzwert geht, der die Lösung des Gleichungssystems darstellt.

iterativer Algorithmus → Algorithmus, der (im Gegensatz zu einem rekursiven Algorithmus) schrittweise, also iterativ vorgeht. Es werden also nur Schleifen und Verzweigungen verwendet, keine Selbstaufrufe (Rekursionen).

Johansen-Kointegrationstest – von Johansen (1988, 1991) vorgeschlagener Test zur Bestimmung der Anzahl der Kointegrationsbeziehungen (→ Kointegration) innerhalb einer Gruppe von Variablen. Er begegnet der Beschränkung des → Engle-Granger-Kointegrationstests auf nur eine Kointegrationsbeziehung bei mehr als zwei zu untersuchenden Variablen.

Kalibrierung, statistische – Bei fehlenden Werten in Erhebungen, z.B. unvollständig ausgefüllten Fragebögen, (→ Non-Response-Problem) die Substitution eines solchen mithilfe eines Regressionsansatzes (Regressionsanalyse). Aus einem aus vollständigen Datensätzen ermittelten Regressionsansatz wird für einen weiteren Wert der abhängigen Variablen der zugehörige Wert der unabhängigen Variablen geschätzt. Statistische Kalibrierung gehört neben Imputation zu den Missing-Data-Techniken.

Kalman-Filter – von Kalman (1960) entwickeltes Verfahren, das im Besonderen dazu eingesetzt wird, Modelle mit in der Zeit variierenden Parametern zu schätzen. Hierbei handelt es sich um ein rekursives Schätzverfahren. Insbesondere kommt der Kalman-Filter in der Zeitreihenanalyse bei Unobserved-Components-Modellen zum Einsatz.

kanonische Form – 1. Kanonische Form eines *linearen Gleichungssystems*: jedes zu dem betrachteten linearen Gleichungssystem äquivalente kanonische lineare Gleichungssystem. – 2. Kanonische Form eines *linearen NN-Gleichungssystems*: jedes zu dem betrachteten NN-Gleichungssystem äquivalente NN-Gleichungssystem, bei dem das Teilsystem, das ein lineares Gleichungssystem ist, in kanonischer Form vorliegt. – 3. Kanonische Form eines *linearen Optimierungssystems in Normalform*: jedes kanonische lineare Optimierungssystem, das sich zu einem linearen Optimierungssystem in Normalform mithilfe lösungsneutraler Umformungen erzeugen lässt.

Kanten → Graph.

Kapitalisierung – Umrechnung eines laufenden Ertrags oder einer regelmäßigen Geldleistung (Verzinsung, Rente) auf den gegenwärtigen Kapitalwert, d.h. → Diskontierung von in der Zukunft liegenden Erträgen auf den Berechnungszeitpunkt.

Kardinalskala – *metrische Skala*; Sammelbegriff für → Intervallskala und → Verhältniskala. – Vgl. auch → Skalenniveau.

Klasse – I. Statistik: Bezeichnung für eines der Intervalle, die bei metrisch skalierten Merkmalen (→ Kardinalskala) zur Bildung einer → klassierten Verteilung festgelegt werden, z.B. Einkommensklassen („bis 1.000"; „über 1.000 bis 1.500"; ...) bei einer Einkommensverteilung. – Vgl. auch → Klassenbildung.

II. Soziologie: Gesamtheit derjenigen Individuen, die sich aufgrund gleicher bzw. ähnlicher ökonomischer Existenzbedingungen (Besitz oder Nichtbesitz von Produktionsmitteln) in vergleichbarer Lage (Soziallage) befinden.

III. Informatik: Begriff innerhalb der Objektorientierung. Eine Klasse fasst Objekte, die in Struktur und Verhalten gleichartig sind, zusammen. Eine Klasse ist einem strukturierten Datentyp einer Programmiersprache gleichzusetzen, auf dessen Objekten zusätzlich zu den Datenstrukturen noch → Funktionen und Prozeduren definiert sind.

Klassenbildung – *Gruppenbildung*; Verfahren der Aufbereitung einer Liste von Einzelwerten (→ Urliste) eines metrisch skalierten Merkmals (→ Kardinalskala) durch Bildung von nichtüberlappenden (disjunkten) Intervallen (→ Klassen), die den relevanten Wertebereich abdecken. Klassenbildung ist Grundlage einer → klassierten Verteilung und führt zu mehr Übersichtlichkeit, jedoch einem Verlust an Einzelinformationen. Empfehlenswert ist die Bildung von fünf bis 20 Klassen, die nicht zu viele unterschiedliche Breiten aufweisen, um die Übersichtlichkeit zu gewährleisten. Offene Randklassen, d.h. erste bzw. letzte Klassen ohne Unter- bzw. Obergrenze (z.B. bis 100, über 1.000) sind zu vermeiden, da sonst kein klassentypischer Wert, etwa eine Klassenmitte, angegeben werden kann und die grafische Darstellung (→ Histogramm) nicht möglich ist. Häufig liegen Daten nach Erhebungen nur in klassierter Form vor, z.B. bei Fragebögen mit Fragen nach Einkommen in Klassen oder Ausgaben für Urlaub in Klassen. – Gelegentlich wird mit Klassenbildung auch die Zusammenfassung von Ausprägungen eines qualitativen (→ Nominalskala) oder ordinal (→ Ordinalskala) skalierten Merkmals bezeichnet.

Klassendurchschnitt → arithmetisches Mittel der Merkmalswerte der Elemente einer → Gesamtheit laut → Urliste, die in eine → Klasse (→ Klassenbildung) einfallen. Liegen nur klassierte Daten vor, so kann der Klassendurchschnitt durch die → Klassenmitte approximiert werden, wenn man unterstellt, dass die Daten innerhalb der Klasse gleichmäßig verteilt sind.

Klassenmitte → arithmetisches Mittel aus Klassenober- und Klassenuntergrenze (s. → Klassendurchschnitt).

klassierte Daten – entstehen durch die Einteilung metrischer Daten einer → Urliste in Klassen (→ Klassenbildung) oder werden in dieser Form erhoben (z.B. Zugehörigkeit zu einer Einkommensklasse von über x Euro bis y Euro).

klassierte Verteilung – tabellarisch oder grafisch dargestelltes Ergebnis der → Aufbereitung einer → Urliste von Merkmalswerten auf dem Wege der → Klassenbildung. Die klassierte Verteilung umfasst die → Klassen und ihre → Häufigkeiten. Die grafische Darstellung erfolgt in Form eines → Histogramms.

Kleinste-Quadrate-Regressionsgerade – Begriff der → Regressionsanalyse. Man erhält die Kleinste-Quadrate-Regressionsgerade $y = a + b\,x$, wenn eine Gerade derart aus einem empirischen Befund von n Beobachtungswertepaaren $(x_i; y_i)$, $i = 1, \ldots, n$, gewonnen wird, dass die Summe der quadrierten vertikalen Abweichungen der Punkte $(x_i; y_i)$ von der Kleinste-Quadrate-Regressionsgerade minimal ist. Die Koeffizienten a und b werden also durch Minimierung von $\Sigma\,(y_i - a - bx_i)^2$ bez. a und b festgelegt.

Kleinstquadratemethode, dreistufige – konsistentes und asymptotisch effizientes Schätzverfahren (engl. *Three Stage Least Squares*, 3SLS) für die unbekannten Koeffizienten vollständig linearer interdependenter → Mehrgleichungsmodelle. Im Gegensatz zur zweistufigen Kleinstquadratemethode (s. → Kleinstquadratemethode, zweistufige) 2SLS, die ein Schätzverfahren für eine einzelne Gleichung darstellt, handelt es sich hier um einen System-Schätzer. Es wird also das gesamte Mehrgleichungsmodell geschätzt. Dies ermöglicht die kontemporäre Korrelation der Störterme zwischen den verschiedenen Gleichungen des strukturellen Modells. – Die Systemversion von 2SLS ist 3SLS. Zuerst werden die identifizierten strukturellen Gleichungen mit 2SLS geschätzt. Die daraus resultierenden Residuen werden in einem weiteren Schritt verwendet, um die Kovarianzmatrix der → Störterme zu schätzen, die wiederum verwendet wird, um alle strukturellen Koeffizienten gemeinsam zu schätzen. Wie fast alle Schätzverfahren mit voller Information sind diese zwar bei richtiger Spezifikation effizienter als Eingleichungsmethoden, aber auch rechenaufwändig und manchmal mit numerischen Problemen bei der Lösung verbunden. Daher werden in der Praxis teilweise Schätzverfahren mit beschränkter Information (z.B. 2SLS) vorgezogen, weil diese auch weniger anfällig gegenüber etwaigen Fehlspezifikationen in Teilen des Modells sind.

Kleinstquadratemethode, gewöhnliche – Für ein einfaches lineares → Regressionsmodell $Y_i = \beta_0 + \beta_1 X_i + \varepsilon_i$ ergeben sich die OLS-Schätzer zu

$$\hat{\beta}_1 = \frac{\sum x_i y_i}{\sum x_i^2}$$

und

$$\hat{\beta}_0 = \bar{Y} - \hat{\beta}_1 \bar{X},$$

wobei x_i und y_i für die Abweichungen der Variablen X und Y von ihrem jeweiligen Stichprobenmittelwert $\bar{x}$ und $\bar{y}$ stehen. Der Schätzer des Parameters β_1 ist also nichts anderes als die Stichprobenkovarianz von X und Y dividiert durch die Stichprobenvarianz von X. Die → Residuen der OLS-Schätzung sind im Mittelwert stets null und nicht mit der Variable X korreliert. – Im Fall eines linearen Regressionsmodells, bei dem der bedingte Erwartungswert des Störterms gegeben aller erklärender Variablen null ist und bei dem der Störterm → weißes Rauschen darstellt, ergibt die gewöhnliche Kleinstquadratemethode → beste lineare unverzerrte Schätzer. Für obiges Modell besitzen die OLS-Schätzer unter diesen Annahmen die Varianzen

$$Var(\hat{\beta}_0) = \frac{\sum X_i^2}{n \sum x_i^2} \sigma^2$$

und

$$Var(\hat{\beta}_1) = \frac{\sigma^2}{\sum x_i^2}$$

wobei n für den Stichprobenumfang, x_i für Abweichungen der Ausprägungen der Variablen X von ihrem Stichprobenmittel und σ^2 für die konstante Varianz des stochastischen Störterms steht, die erwartungstreu über

$$\hat{\sigma}^2 = \frac{\sum e_i^2}{n - 2}$$

geschätzt werden muss. $\hat{\sigma}$ ist der sog. Standardfehler der Regression. Die Wurzeln aus den obigen Varianzen bezeichnet man als Standardfehler der OLS-Schätzer. Sie sind nur dann korrekt, wenn die Annahmen bez. des stochastischen Störterms erfüllt sind. – Treffen die genannten Annahmen nicht vollständig zu, dann verlieren die so bestimmten Schätzer teilweise diese BLUE-Eigenschaft. Die Annahmen sind daher mit geeigneten Testverfahren (→ Hausman-Test, → Autokorrelationstest, Heteroskedastizitätstest) zu überprüfen. Abweichungen von den Annahmen kann u.u. durch folgende „alternative" Schätzverfahren begegnet werden: (1) → Kleinstquadratemethode, verallgemeinerte; (2) Instrumentenvariablenschätzung (→ Instrumentenvariablenschätzer) oder → Kleinstquadratemethode, zweistufige; (3) GMM-Schätzung (→ Momentenmethode, verallgemeinerte) oder → Kleinstquadratemethode, dreistufige. – Die Residuen einer gewöhnlichen Kleinstquadrateschätzung sind die Basis für viele ökonometrische Testfunktionen. Da die Kleinstquadrateschätzfunktionen bei einem linearen → Einzelgleichungsmodell mit nur exogenen Variablen als erklärenden Variablen lineare Funktionen der stochastischen Störterme sind, lässt sich in diesem Fall aus der Verteilung der Störterme die Verteilung dieser Schätzfunktionen einfach bestimmen. Üblicherweise wird von einer Normalverteilung der Störterme ausgegangen, wodurch auch die OLS-Schätzer normalverteilt sind. Sind die erklärenden Variablen teilweise stochastischer Natur, kann meist nur noch eine asymptotische bzw. approximative Verteilung angegeben werden.

Kleinstquadratemethode, verallgemeinerte – Sind die Varianzen der → Störterme in linearen → Einzelgleichungsmodellen verschieden (Heteroskedastizität) und/oder sind die Störvariablen autokorreliert (Autokorrelation), dann sind OLS-Schätzer (→ Kleinstquadratemethode, gewöhnliche) nicht länger effizient und die ausgewiesenen Standardfehler der Schätzer falsch. – Angenommen die Heteroskedastizitäts- bzw. Autokorrelationsstruktur des Modells ist bekannt. Man weiß von welchen Variablen die bedingte Varianz des stochastischen Störterms in welcher funktionalen Form bei bekannten Funktionsparametern abhängt. Außerdem kennt man den AR(p)-Prozess inkl.

seiner Parameter, dem der stochastische Störterm folgt. In einem solchen Fall kann das vorliegende Regressionsmodell so transformiert werden, dass eine Anwendung der OLS-Schätzer auf dieses transformierte Modell bzw. die sog. GLS-Gleichung wieder effiziente Schätzungen liefert. Diese Transformation und die Schätzung des resultierenden Modells ist als verallgemeinerte Kleinstquadratemethode (engl. *Generalized Least Squares, GLS*) bekannt. Den OLS-Schätzer bezeichnet man in diesem Zusammenhang auch als GLS-Schätzer. Wird GLS zur Bekämpfung von Autokorrelation eingesetzt, geht bei der Transformation eine Beobachtung verloren. Nur wenn diese nach der sog. → Prais-Winsten-Transformation berücksichtigt wird, sind die OLS-Schätzer des transformierten Modells effizient. – Das Problembei dem praktischen Einsatz eines solchen Schätzverfahrens besteht darin, dass die Parameter der Heteroskedastizitäts- bzw. Autokorrelationsstruktur meistens unbekannt sind. Sie müssen geschätzt werden, was jedoch nur konsistent möglich ist (z.B. im Falle von Autokorrelation mit dem → Cochrane-Orcutt-Schätzer bei Autokorrelation oder dem → Hildreth-Lu-Schätzer bei Autokorrelation). Man spricht dann auch von → FGLS (engl. *Feasible Generalised Least Squares*). FGLS ist daher nur für große Stichproben tauglich. In kleinen Stichproben kann der Fehler bei der Schätzung der Parameter der Heteroskedastizitäts- bzw. Autokorrelationsstruktur dazu führen, dass FGLS nicht unbedingt effizienter ist als OLS. Selbst in großen Stichproben ist FGLS nur dann effizienter, wenn die funktionale Form der Heteroskedastizitäts- bzw. die Autokorrelationsordnung der Autokorrelationsstruktur korrekt erfasst wurden. Wenn nicht, kann es sogar zu verzerrten Schätzungen kommen. Aufgrund dieser Problematik wird in der Praxis in großen Stichproben meist die Verwendung von → Newey-West-Standardfehlern bevorzugt.

Kleinstquadratemethode, zweistufige – Schätzverfahren (engl. *Two Stage Least Squares, 2SLS*), das eingesetzt wird, wenn eine oder mehrere erklärende Variablen mit den Störterm eines linearen → Regressionsmodells korreliert sind und je endogener erklärender Variable mehr als eine → Instrumentenvariable vorliegt. Diese Schätzmethode setzt Linearität des Modells voraus und wird häufig bei der Schätzung einer Gleichung eines interdependenten → Mehrgleichungsmodells verwendet. – In einem ersten Schritt werden dabei jeweils die mit dem Störterm korrelierten Variablen auf alle exogenen Variablen der Gleichung und alle Instrumente regressiert. Die aus diesen Hilfsregressionen geschätzten Werte für die endogenen Regressoren, die als Linearkombination exogener Variablen nicht mit dem Störterm korreliert sind, werden dann in einem zweiten Schritt anstelle der endogenen → Regressoren ins Ursprungsmodell eingesetzt und das so entstehende neue Modell geschätzt. – Bei 2SLS handelt es sich um ein sog. Schätzverfahren mit beschränkter Information, da die Informationen über die Gesamtstruktur des Modells nicht ausgenutzt werden. – Vgl. auch → Kleinstquadratemethode, dreistufige.

Klumpen – in der Statistik Bezeichnung für → Teilgesamtheiten (Primäreinheiten) beim → Klumpenstichprobenverfahren.

Klumpeneffekt – beim → Klumpenstichprobenverfahren die Erscheinung, dass eine vergleichsweise wenig wirksame (→ Wirksamkeit) → Schätzung von → Parametern der → Grundgesamtheit dadurch zustande kommt, dass die Primäreinheiten (→ Klumpen) bez. der Untersuchungsmerkmale homogen sind, also niedrige Varianzen aufweisen. Der Klumpeneffekt wird durch Bildung möglichst inhomogener Klumpen vermieden.

Klumpenstichprobenverfahren – Spezialfall eines → höheren Zufallsstichprobenverfahrens. Wird eine → Grundgesamtheit in → Teilgesamtheiten (Primäreinheiten; „Klumpen") zerlegt und gelangen sämtliche Elemente der zufällig ausgewählten Klumpen in die Stichprobe, so liegt ein Klumpenstichprobenverfahren vor. Ein Klumpenstichprobenverfahren ist umso vorteilhafter, je inhomogener die Klumpen bez. der Untersuchungsmerkmale sind (→ Klumpeneffekt).

Koeffizient – Zahl, die als Faktor bei einem → Term mit Variablen steht, z.B. 2 und 5 bei dem Term $2x^3 + 5x$.

Kointegration – liegt vor, wenn eine Linearkombination stochastischer Prozesse, die alle vom gleichen Grade d integriert sind, integriert ist vom Grade d* mit d* < d. Eine solche Linearkombination heißt Kointegrations-Beziehung und die Prozesse heißen kointegriert, was bedeutet, dass zwischen ihnen eine langfristige Beziehung besteht. Für kointegrierte Prozesse existiert eine Fehlerkorrekturdarstellung (→ Fehlerkorrekturmodell). Die Prüfung auf Kointegration ist Gegenstand der → Kointegrationstests.

Kointegrationsmodell – Sind z.B. die Variablen Y und X in einem Modell $Y_t = \beta_0 + \beta_1 X_t + \varepsilon_t$ jeweils integriert vom Grad eins (→ Integrationsgrad), d.h. sind die Variablen nicht stationär, ihre ersten Differenzen aber schon, und sind sie nicht kointegriert, so weisen sie keine langfristige Beziehung zueinander auf. Ihre kurzfristige Beziehung kann daher durch Schätzung des Modells in ersten Differenzen beschreiben werden. Es ist dabei zu beachten, dass dadurch zwar einer → Scheinregression begegnet werden, sich die Modellbedeutung aber ändern kann. Würde man eine solche Vorgehensweise auch bei kointegrierten Niveauvariablen wählen, würde der Langfristzusammenhang zwischen ihnen vernachlässigt. Schätzt man das Modell mit den kointegrierten Variablen, bildet man den Langfristzusammenhang ab, jedoch nicht den kurzfristigen. Zudem können die gewöhnlichen Testverfahren nicht verwendet werden, da die OLS-Schätzer (→ Kleinstquadratemethode, gewöhnliche) selbst asymptotisch nicht normalverteilt sind. Für kointegrierte Variablen wurden daher spezielle Verfahren zur Schätzung der interessierenden Parameter entwickelt. Zu den wichtigsten zählen neben dem dynamischen OLS-Schätzer von Stock und Watson (1993) die Kointegrationsmodelle, die erstmalig von Sargan (1984) eingesetzt und von Engle und Granger (1987) popularisiert wurden. – In einem Kointegrationsmodell werden im einfachsten Fall (vgl. oben) die Differenzen der erklärten Variablen Y durch die Differenzen der erklärenden Variablen X und den um eine Periode verzögerten Störterm $\varepsilon_{t-1} = Y_{t-1} - \beta_0 - \beta_1 X_{t-1}$ erklärt, der in der Praxis durch die Residuen einer zugehörigen OLS-Schätzung angenähert wird. Im Modell sind also nur Variablen enthalten, die integriert vom Grad null sind. Die Störtermvariable kann als Fehlerwert betrachtet werden, um den Y_t kurzfristig von seinem Langfristwert abweicht.

Kointegrationstest – Testverfahren, das überprüft, ob integrierte Variablen kointegriert (→ Kointegration) sind, d.h. ob zwischen ihnen eine langfristige Beziehung besteht. Interessiert man sich dafür ob zwei Variablen X und Y kointegriert sind, wird in der Praxis meist der → Engle-Granger-Kointegrationstest herangezogen. Zur Bestimmung der Anzahl der Kointegrationsbeziehungen innerhalb einer Gruppe von mehr als zwei Variablen ist der → Johansen-Kointegrationstest am gebräuchlichsten.

Kollektiv → Grundgesamtheit.

Kollektivmaße – in der Statistik Bezeichnung für Kenngrößen der → Verteilung in einer → Gesamtheit, etwa → Mittelwerte, → Streuungsmaße, → Konzentrationskoeffizienten.

Kollinearität → Multikollinearität.

Kombination – Begriff aus der → Kombinatorik. Unter einer Kombination k-ter Ordnung versteht man die Zusammenstellung von k Elementen aus einer Grundmenge von n Elementen. – Es wird die Unterscheidung getroffen, ob alle Elemente der Grundmenge verschieden sind (Kombination ohne Wiederholung), oder ob mind. zwei Elemente der Grundmenge gleich sind (Kombination

Kombination

Kombination k-ter Ordnung	mit Berücksichtigung der Anordnung	ohne Berücksichtigung der Anordnung
Ohne Wiederholung (n = Anzahl der Elemente der Grundmenge)	$K_{k(n)} = \dfrac{n!}{(n-k)!}$	$K_{k(n)} = \dbinom{n}{k}$
Mit Wiederholung (n = Anzahl der verschiedenen Elemente in der Grundmenge)	$K_{k(n)} = n^k$	$K_{k(n)} = \dbinom{n+k-1}{k}$

mit Wiederholung). – Weiter kann bei Kombination unterschieden werden, ob die Reihenfolge der Elemente eine Rolle spielen soll (Kombination mit Berücksichtigung der Anordnung) oder nicht (Kombination ohne Berücksichtigung der Anordnung). – Vgl. Tabelle „Kombination". – Vgl. auch → Permutation, → Fakultät, → Binomialkoeffizient.

Kombinatorik – Teilgebiet der Wahrscheinlichkeitsrechnung. In der Kombinatorik werden Anzahlberechnungen von möglichen → Kombinationen durchgeführt. – *Beispiel* dafür ist das Lotto-Spiel, 6 Zahlen aus 49 auszuwählen. Die Kombinatorik gibt Regeln an, nach denen sich solche Anzahlen berechnen lassen.

kombinatorischer Algorithmus → Algorithmus, der nur die diskrete Veränderung von Objekten erfordert (z.B. Hinzufügen oder Löschen von Kanten in einem Graphen, Veränderung von Werten durch Addition/Subtraktion ganzer Zahlen, etc.), erlaubt insb. keine Multiplikationen, Divisionen, etc.

Konfidenzintervall – *Vertrauensbereich;* Intervall, das im Wege der → Konfidenzschätzung eines → Parameters der → Grundgesamtheit ermittelt wurde und dem ein bestimmtes → Konfidenzniveau (z.B. 0,9, 0,95, 0,99) zugeordnet ist. – Genauer: Seien α eine fest vorgegebene Wahrscheinlichkeit im Intervall (0,1), $X_1, \ldots, X_n$ stochastisch unabhängige und identisch verteilte Zufallsvariablen mit einer Verteilung, deren Parameter θ unbekannt ist sowie $\mathit{Iat}\{u$ und $\mathit{Iat}\{o$ Funktionen der Zufallsvariablen. Das zufällige Intervall $[\hat{u}, \hat{o}]$ heißt Konfidenzintervall zum Konfidenzniveau (oder zur Vertrauenswahrscheinlichkeit) 1-α für den Parameter θ einer Verteilung P_θ, falls

$$P_\theta(\theta \in [\hat{u}, \hat{o}]) \geq 1 - \alpha$$

für alle in Frage kommenden Parameter θ gilt.

Konfidenzkoeffizient → Konfidenzniveau.

Konfidenzniveau – *Konfidenzkoeffizient;* bei der → Konfidenzschätzung der Prozentsatz, der das „Vertrauen" (die Konfidenz) angibt, mit welchem das → Konfidenzintervall den wahren Wert des zu schätzenden → Parameters einschließt. Das Konfidenzniveau wird meist als 90%, 95% oder 99% gewählt.

Konfidenzschätzung – Methode zur Ermittlung einer Menge, in der der unbekannte Parameter θ einer Wahrscheinlichkeitsverteilung (→ Grundgesamtheit) mit einer Mindestwahrscheinlichkeit von 1-α (→ Konfidenzniveau) liegt. Meist ist eine solche Menge ein Intervall (→ Intervallschätzung, → Konfidenzintervall); dann muss gelten:

$$P_\theta(\theta \in [\hat{u}, \hat{o}]) \geq 1 - \alpha$$

für alle möglichen Parameter θ. Dabei sind die Intervallgrenzen Funktionen der Stichprobenvariablen. Genauer wird das Konfidenzintervall $[\hat{u}, \hat{o}]$ als zweiseitiges Konfidenzintervall bezeichnet. Ist eine der Grenzen vorgegeben (z.B. -∞ oder ∞), so spricht man von einem einseitigen Konfidenzintervall. – Nach der Realisierung einer Stichprobe sind die Intervallgrenzen relle Zahlen, und damit wäre die obige Wahrscheinlichkeit stets gleich Null oder Eins. Dann verwendet man die Häufigkeitsinterpretation in der Form: In $(1 - α) · 100$ Prozent der Fälle schließt das so gebildete Konfidenzintervall den zu schätzenden Parameter ein.

Konjunkturkomponente – in der Zeitreihenanalyse die Komponente einer Zeitreihe (→ Zeitreihenkomponenten), die dem Konjunktureinfluss zugeordnet und meist in den → Trend integriert wird.

konkav – *rechtsgekrümmt*. Eine → Funktion heißt in einem Intervall konkav, wenn in diesem Intervall alle Sekanten (Strecke zwischen zwei Punkten der Funktion) unterhalb des Graphen liegen bzw. wenn $f''(x_0) < 0$ für x ist. Diese Krümmung entspricht einer Rechtskurve. – *Gegensatz:* → konvex.

konservatives Testen – bei → statistischen Testverfahren mit diskreten Prüfverteilungen, bei denen ein vorgegebenes → Signifikanzniveau nicht exakt eingehalten werden kann, die Verfahrensweise, ein faktisches Signifikanzniveau zu wählen, das kleiner, jedoch dem vorgegebenen möglichst nahe ist. Konservatives Testen bewirkt eine Tendenz zur Aufrechterhaltung der zu prüfenden → Nullhypothese und zur Erhöhung des → beta-Fehlers. – Vgl. auch → Adjustierung des Signifikanzniveaus, → Randomisierung.

Konsistenz – I. Statistik: in der → Inferenzstatistik Bezeichnung für eine wünschenswerte Eigenschaft einer → Schätzfunktion. Eine Schätzfunktion U_n heißt *konsistent* für einen zu schätzenden → Parameter der → Grundgesamtheit, wenn die Folge (U_n) von Schätzfunktionen mit steigendem Stichprobenumfang n gegen den Parameter *stochastisch konvergiert (schwache Konsistenz)*, d.h., dass die → Wahrscheinlichkeit, dass sich der Parameter und der → Schätzwert um mehr als eine beliebig kleine positive Größe unterscheiden, mit wachsendem Stichprobenumfang gegen 0 geht (s. → Gesetze der großen Zahlen).

II. Wissenschaftstheorie/Wirtschaftstheorie: Begriff zur Kennzeichnung bestimmter Eigenschaften von Annahmesystemen. Annahmen sind konsistent, wenn sie widerspruchsfrei sind.

Konstante – 1. *Mathematik:* Größe, deren Wert sich nicht ändert. – 2. *Informatik:* in der Programmentwicklung ein Datenelement (seltener auch eine Datenstruktur), dessen Wert einmal festgelegt wird und bei der Ausführung des Programms nicht verändert werden kann. – *Gegensatz:* → Variable.

Kontingenz – 1. *Allgemein:* Möglichkeit und Notwendigkeit, aus mehreren Alternativen auswählen zu können und zu müssen, d.h. eine Selektion zu treffen. Damit werden Alternativen ausgeschieden, die ebenfalls möglich und nützlich gewesen wären, was oft mit dem charakteristischen Satz für die Kontingenz umschrieben wird: „Es könnte auch anders sein." – 2. *Statistik:* In der → deskriptiven Statistik und in der → Inferenzstatistik Bezeichnung für den Zusammenhang zweier → Merkmale, die entweder → qualitative Merkmale mit mind. zwei Ausprägungen oder → quantitative Merkmale mit → Klassenbildung sind; z.B. Zusammenhang zwischen Automarke und Alter bei einer Gesamtheit von Autobesitzern. Zur Quantifizierung von Kontingenz können *Kontingenzkoeffizienten* ermittelt werden. – Die *Prüfung* der Existenz von Kontingenz erfolgt mithilfe → statistischer Testverfahren.

Kontingenzanalyse → Kontingenz

Kontingenzkoeffizient → Kontingenz, vgl. auch → Assoziation

Kontingenztabelle – Tabelle, in der die → Häufigkeiten der möglichen Kombinationen von → Ausprägungen zweier oder mehrerer interessierender → Merkmale (nominal, ordinal oder klassiert) verzeichnet sind;

mit ihrer Hilfe wird die → Kontingenz von Merkmalen untersucht.

konvex – *linksgekrümmt*. Eine → Funktion heißt in einem Intervall konvex, wenn in diesem Intervall alle Sekanten (Strecke zwischen zwei Punkten der Funktion) oberhalb des Graphen liegen bzw. wenn $f''(x_0) > 0$ für x ist. Diese Krümmung entspricht einer Linkskurve. – *Gegensatz:* → konkav.

Konzentrationskoeffizient – *Konzentrationsmaß*; in der Statistik Koeffizient zur Messung der absoluten bzw. relativen Konzentration. – Für die Messung der *relativen Konzentration* wird oft der → Gini-Koeffizient verwendet, dessen Ermittlung u.a. mithilfe der → Lorenzkurve möglich ist. – *Absolute Konzentration* wird z.b. mithilfe der → Herfindahl-Koeffizienten oder mittels → Konzentrationsraten gemessen. I.d.R. ist der Wertebereich von Konzentrationskoeffizienten auf das Intervall von 0 bis 1 eingeschränkt. Konzentrationskoeffizienten können i.d.R. als spezielle relativierte → Streuungsmaße interpretiert werden.

Konzentrationsmaß → Konzentrationskoeffizient.

Konzentrationsprinzip – Prinzip, das in der Statistik einen Spezialfall einer → bewussten Auswahl (→ Auswahlverfahren) kennzeichnet. Entfällt ein Großteil des → Gesamtmerkmalsbetrages auf wenige Elemente, dann werden nach dem Konzentrationsprinzip nur die Elemente (voll) erhoben, die einen erheblichen Merkmalsbetrag besitzen. – *Beispiel:* Zur Erfassung der Entwicklung des Bierabsatzes in Bayern werden nur die (geeignet abgegrenzten) Großbrauereien berücksichtigt; die Hausbrauereien mit ihren sehr kleinen Absatzzahlen bleiben außer Acht.

Konzentrationsrate – Maßgröße für absolute Konzentration, die angibt, welcher Anteil am → Gesamtmerkmalsbetrag auf die i größten → Merkmalsträger (i.e. Merkmalsträger mit den größten Beobachtungswerten) entfällt. Z.B. werden jährlich die Anteile am Gesamtumsatz eines Wirtschaftszweiges veröffentlicht, die auf die sechs (oder 10, 25, 100) umsatzgrößten Unternehmen entfallen. – Vgl. auch → Konzentrationskoeffizient.

Koordinatensystem – von R. Descartes entwickeltes System zur Veranschaulichung der Lage eines Punktes im zweidimensionalen Raum. Im Koordinatensystem mit zwei im Nullpunkt senkrecht aufeinander stehenden Achsen (senkrechte Achse: Ordinate bzw. y-Achse; waagerechte Achse: Abszisse bzw. x-Achse) können alle Punkte mit den Koordinatenwerten (x,y) dargestellt werden. – Im dreidimensionalen Raum sind drei Koordinaten (x, y, z) erforderlich.

Korrekturfaktor – in der Statistik der Faktor $(N - n)/(N - 1)$ mit N als Umfang der → Grundgesamtheit und n als Umfang der Stichprobe (→ Teilerhebung), der den Unterschied der → Varianzen des Stichprobendurchschnitts (→ Stichprobenfunktion) beim Modell mit bzw. ohne Zurücklegen (→ Urnenmodelle) ausdrückt. Der Korrekturfaktor tritt speziell auch als Unterschied der Varianzen einer binomialverteilten und einer hypergeometrisch verteilten → Zufallsvariablen (→ Binomialverteilung, → hypergeometrische Verteilung) bei analogen Gegebenheiten bez. → Parametern auf. Bei kleinem → Auswahlsatz n/N nimmt der Korrekturfaktor fast den Wert 1 an. Bei der → Konfidenzschätzung und bei → statistischen Testverfahren bez. des → Erwartungswertes der Grundgesamtheit braucht der Korrekturfaktor daher nur berücksichtigt zu werden, falls beim Modell ohne Zurücklegen der Auswahlsatz erheblich ist.

Korrelation – in der Statistik Bezeichnung für einen mehr oder minder intensiven Zusammenhang zweier → quantitativer Merkmale bzw. → Zufallsvariablen. Man unterscheidet hierbei zwischen → Maßkorrelation und → Rangkorrelation. – *Positive Korrelation* liegt vor, wenn zu einem hohen Wert des einen Merkmals tendenziell auch ein hoher Wert des zweiten Merkmals gehört; *negative Korrelation*, wenn zu einem hohen Wert des einen Merkmals tendenziell ein niedriger Wert des anderen Merkmals gehört. – *Messung* der Korrelation zweier Merkmale aus vorliegenden Wertepaaren durch → Korrelationskoeffizienten. Bei qualitativen Variablen wird statt von Korrelation von → Assoziation bzw. → Kontingenz gesprochen.

Korrelationsanalyse – in der → deskriptiven Statistik und → Inferenzstatistik Bezeichnung für die Untersuchung der Stärke des Zusammenhangs von zwei → quantitativen Merkmalen (Korrelation). Zur Korrelationsanalyse gehören bes. die Berechnung von → Korrelationskoeffizienten, die → Punktschätzung und → Intervallschätzung dieser Koeffizienten und → statistische Testverfahren zur Prüfung von Werten dieser Koeffizienten. Dabei hat der Fall der Prüfung der Hypothese, ein bestimmter Korrelationskoeffizient sei 0 (Prüfung der Existenz von Korrelation), eine bes. Bedeutung.

Korrelationsdiagramm → Streuungsdiagramm.

Korrelationskoeffizient – *Korrelationsmaß*; Maß, mit dem in der → Korrelationsanalyse die „Stärke" eines positiven oder negativen Zusammenhangs (Korrelation) zwischen zwei → quantitativen Merkmalen bzw. → Zufallsvariablen gemessen werden kann. Ein aus einer → Zufallsstichprobe berechneter Korrelationskoeffizient stellt jeweils eine → Punktschätzung für den entsprechenden Koeffizienten in der → Grundgesamtheit dar. – 1. *Bravais-Pearsonscher linearer Korrelationskoeffizient*: Sind (x_i, y_i), $i = 1, \ldots, n$, die n beobachteten Wertepaare des bivariaten Merkmals (X, Y), so ist der Bravais-Pearsonsche Korrelationskoeffizient durch

$$r_{xy} = \frac{s_{xy}}{s_x s_y}$$

definiert, wobei s_{xy} die empirische → Kovarianz und s_x, s_y die empirischen → Standardabweichungen der Merkmale X und Y in den jeweiligen Stichproben sind. Es ist also mit $r_{xy} = r$

$$r = \frac{\sum (x_i - \bar{x})(y_i - \bar{y})}{\sqrt{\sum (x_i - \bar{x})^2 \sum (y_i - \bar{y})^2}}$$
$$= \frac{\sum x_i y_i - n\bar{x}\bar{y}}{\sqrt{(\sum x_i^2 - n\bar{x}^2)(\sum y_i^2 - n\bar{y}^2)}}$$

definiert, wobei $\bar{x}$ und $\bar{y}$ die → arithmetischen Mittel der Werte der beiden Variablen bezeichnen (Korrelationskoeffizient der Stichprobe). Dieser Korrelationskoeffizient liegt, anders als die → Kovarianz s_{xy}, immer zwischen –1 und +1. Falls die Punkte (x_1, y_1), …, (x_n, y_n) alle auf einer Geraden mit positiver (negativer) Steigung liegen, ist $r = +1$ ($r = -1$). Der Korrelationskoeffizient der Stichprobe hat wünschenswerte Eigenschaften als → Schätzwert für den Korrelationskoeffizient der Grundgesamtheit dann, wenn letztere eine zweidimensionale → Normalverteilung aufweist. Ist (X, Y) eine zweidimensionale Zufallsvariable, wobei $Cov(X, Y)$ deren Kovarianz ist und $Var\, X$, $Var\, Y$ die → Varianzen der beiden Variablen bezeichnen, dann ist deren Bravais-Pearsonscher Korrelationskoeffizient

$$r_{XY} = \frac{Cov(X, Y)}{\sqrt{Var X}\sqrt{Var Y}}$$

2. *Spearman-Pearsonscher Rangkorrelationskoeffizient*: Es seien $R(x_i)$ bzw. $R(y_i)$ der → Rang des Wertes x_i bzw. y_i innerhalb der n Werte des ersten bzw des zweiten Merkmals, $i = 1, \ldots, n$. Der Spearman-Pearsonsche Rangkorrelationskoeffizient r_s ist der Bravais-Pearsonsche Koeffizient dieser Rangwerte und ergibt sich vereinfacht als ($r = r_s$):

$$r = 1 - \frac{6}{n(n^2 - 1)} \sum_{i=1}^{n} (R(x_i) - R(y_i))^2$$

falls $x_1, \ldots, x_n$ und $y_1, \ldots, y_n$ jeweils paarweise verschieden sind. Falls die Punktepaare $(x_1, y_1), \ldots, (x_n, y_n)$ alle auf einer streng monoton steigenden (fallenden) Kurve liegen, ist $r_s = +1$ ($r_s = -1$). Er kann auch bei nur ordinal skalierten Merkmalen (→ Ordinalskala) berechnet werden. Der Wert +1 wird angenommen, wenn die Ränge in den Datenreihen x_1,

...,x_n bzw. y_1, ...,y_n übereinstimmen. Der Wert -1 wird angenommen, falls die Ränge ein gegenläufiges Verhalten aufweisen.

Korrelationsmaß → Korrelationskoeffizient.

Korrelationsmatrix – 1. Bei einer *mehrdimensionalen* → Zufallsvariablen (X_1, ...,X_n) die Zusammenfassung der → Korrelationskoeffizienten r_{ij} (i, j = 1, ..., n) in einem quadratischen Schema; die Korrelationsmatrix ist symmetrisch und weist in der Diagonalen Einsen auf. – 2. Bei einem *Mehrfachregressionsansatz* (s. → Regression, multiple) die Zusammenfassung der (deskriptiven) Korrelationskoeffizienten der exogenen Variablen (s. → Variable, exogene) in einem quadratischen Schema.

Kovarianz – in der → deskriptiven Statistik und → Inferenzstatistik Kenngröße für die Stärke des linearen Zusammenhangs zweier → quantitativer Merkmale bzw. → Zufallsvariablen. Sind (x_i, y_i), i = 1, ... ,n, die n beobachteten Wertepaare zweier Merkmale, so ist deren Kovarianz durch

$$s_{xy} = \frac{1}{n} \sum (x_i - \bar{x})(y_i - \bar{y})$$

definiert, wobei $\bar{X}$ und $\bar{y}$ die beiden → arithmetischen Mittel sind. Die Kovarianz kann beliebige Werte annehmen. Sie geht in den Zähler des Bravais-Pearsonschen → Korrelationskoeffizienten ein. Ist (X, Y) eine zweidimensionale Zufallsvariable, so ist deren Kovarianz (empirische Kovarianz) durch

$$\text{Cov}(X,Y) = E((X - EX)(Y - EY))$$

gegeben, wobei E den → Erwartungswert bezeichnet.

Koyck-Transformation – von Koyck (1954) vorgeschlagene Methode zur Lösung der auftretenden → Multikollinearität bei der Schätzung von Modellen mit verteilten Lags (→ Lag-Modell) der Form $Y_t = \alpha_0 + \beta_0 X_t + \beta_1 X_{t-1} + ... + \beta_s X_{t-s} + \varepsilon_t$. Dabei werden unter speziellen Modellannahmen die verzögerten erklärenden Variablen X_{t-1}, ..., X_{t-s} durch die verzögerte zu erklärende Variable Y_{t-1} ersetzt. Bei der Koyck-Transformation ergeben sich jedoch Probleme, weil die verzögerte erklärte Variable dann mit dem Störterm korreliert ist, was zu inkonsistenten OLS-Schätzungen führt.

KPSS-Stationaritätstest – von Kwiatkowski, Phillips, Schmidt und Shin (1992) vorgeschlagener → Einheitswurzeltest, der anders als die Mehrheit anderer Testverfahren Stationarität als Null- und nicht als Alternativhypothese aufweist. – Dieser Test wurde entwickelt, da klassische Testverfahren die Nullhypothese der Nicht-Stationarität (bzw. einer Einheitswurzel) nicht ablehnen, solange es nicht starke Indizien gegen ihre Gültigkeit gibt und daher gewöhnlich auf Nicht-Stationarität schließen. Kwiatkowski, Phillips, Schmidt und Shin (1992) modellieren eine Zeitreihe als die Summe aus einem deterministischen → Trend, einem → Random Walk und einem → weißen Rauschen und testen dann unter Verwendung spezieller kritischer Werte, ob der Random Walk eine Varianz von null aufweist.

Kreisdiagramm – grafische Darstellung in Kreisform der Aufteilung einer → Gesamtheit in → Häufigkeiten, die auf die Kategorien bzw. → Klassen eines Untersuchungsmerkmals (→ Merkmal) entfallen. Dabei repräsentiert die Kreisfläche den Umfang der Gesamtheit, entsprechend bemessene Segmente stellen die Häufigkeiten dar. Der Winkel eines Kreissegments bestimmt sich als Produkt der entsprechenden relativen Häufigkeit und der Winkelsumme im Kreis (360°). – *Beispiel:* Erwerbstätige nach Stellung im Beruf (in Tausend). – Vgl. Abbildung „Kreisdiagramm".

kritische Region – *Ablehnungsbereich;* bei → statistischen Testverfahren die Teilmenge der Menge möglicher Stichprobenresultate (x_1, ... , x_n), deren Elemente zur Ablehnung der → Nullhypothese führen. Eine kritische Region wird meist mithilfe einer → Prüfvariablen angegeben, etwa mithilfe des Stichprobendurchschnittes $\bar{x}$; z.B. hat die kritische Region bei der Prüfung der Nullhypothese

Kreisdiagramm (Beispiel)

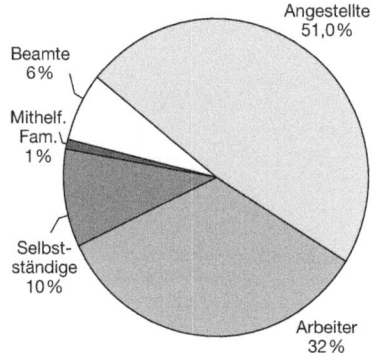

Selbstständige	3.654	10,0%	36
Mithelf. Fam.	414	1,1%	4
Beamte	2.224	6,1%	22
Angestellte	18.668	51,1%	184
Arbeiter	11.567	31,7%	114
	36.536	100,0%	360

$\mu \leq \mu_0$ (→ einseitige Fragestellung) über den Erwartungswert μ einer Normalverteilung mit bekannter Varianz σ^2 die Struktur

$$\bar{x} > \mu_0 + c$$

wobei die Konstante c geeignet festgelegt werden muss.

kritischer Vorgang – in der → Netzplantechnik ein → Vorgang, dessen gesamte Pufferzeit (→ Vorgangspuffer) gleich Null ist, d.h. ein verspäteter Beginn bzw. eine zeitliche Verzögerung des betreffenden Vorgangs führt zu einer entsprechenden Verlängerung der gesamten Projektdauer.

kritischer Weg – Begriff der → Netzplantechnik. In einem Vorgangspfeil- oder Ereignisknotennetzplan (→ Netzplan) jeder Weg von der Quelle zur Senke des betreffenden Netzplans, dessen Pfeile ausschließlich sog. kritische Ereignisse repräsentieren. Die Länge eines kritischen Weges ist mit der minimalen Projektdauer identisch.

kritischer Wert – I. Investitionsrechnung: 1. *Begriff:* Wert einer unsicheren Inputgröße, der im Rahmen einer Sensitivitätsanalyse ermittelt wird. Die unsichere Größe ist variabel, sämtliche anderen Inputgrößen werden als fix angesetzt *(ceteris paribus)*. Die Sensitivitätsanalyse sucht den kritischen Wert für die Inputgröße (z.B. Absatzmenge oder Zinssatz), der die Zielgröße (z.B. Kapitalwert oder Gewinn) mindestens null werden lässt. – 2. *Bedeutung:* Der kritische Wert gibt die untere bzw. obere Grenze der unsicheren Inputgröße an, die nicht unter- bzw. überschritten werden darf, ohne dass das Investitionsprojekt unvorteilhaft wird. Beispiele für kritische Werte sind die Amortisationsdauer oder der interne Zinsfuß (interner Zinsfuß).

II. Statistik: bei → statistischen Testverfahren Wert der → Prüfgröße, der die → kritische Region und den Nichtablehnungsbereich trennt. Bei → einseitigen Fragestellungen gibt es einen, bei → zweiseitiger Fragestellung einen unteren und einen oberen kritischer Wert

Kumulierung – sukzessive Summierung, etwa Kumulierung von → Häufigkeiten oder → Wahrscheinlichkeiten zur Gewinnung einer → Summenfunktion oder → Verteilungsfunktion, oder Kumulierung von Zugangsmengen bzw. Abgangsmengen über die Zeit zur Ermittlung einer zeitlich kumulierten → Zugangsfunktion bzw. → Abgangsfunktion.

Kurvendiagramm – grafische Darstellung der Werte einer → Zeitreihe in chronologischer Anordnung. Als Abszissenwert wird der Zeitpunkt oder Zeitraum, als Ordinate der zugehörige Zeitreihenwert eingesetzt. Die entstehenden Punkte werden (zur besseren Veranschaulichung) geradlinig verbunden; die Verbindungslinien haben indessen nur bei Bestandsgrößen eine interpretatorische Bedeutung.

Lagemaß – Kenngröße zur Charakterisierung der → Lokalisation einer empirischen oder theoretischen → Verteilung. – Vgl. auch → Mittelwert.

Lageparameter – Parameter einer Wahrscheinlichkeitsverteilung, der sich auch als → Lagemaß ergibt. Beispiel: Bei einer → Normalverteilung ist der Erwartungswert ein Lagemaß und gleichzeitig Parameter der Verteilung.

Lagerhaltungsprobleme – Problembereich des → Operations Research (OR), der auf die Ermittlung des optimalen Lagerbestandes und damit verbunden auf die Festlegung der optimalen Bestellmenge und des optimalen Bestellzeitpunktes ausgerichtet ist.

Lag-Modell – *dynamisches Modell;* → ökonometrisches Modell, das um eine oder mehrere Perioden verzögerte unabhängige Variablen (→ Variable, exogene) oder abhängige Variablen (→ Variable, endogene) als erklärende Variablen enthält. – Die wirtschaftswissenschaftliche Theorie führt häufig zu dynamischen Modellen, die ökonometrisch durch Lag-Modelle abgebildet werden. Dazu zählen u.a. Anpassungs- und Erwartungsmodelle mit verteilten Verzögerungen der exogenen Variablen oder dynamischen Gleichungssystemen. Die Verwendung der üblichen ökonometrischen Methoden zur Schätzung der Parameter der Lag-Modelle ist vielfach entweder nicht möglich oder induziert nicht wünschenswerte Eigenschaften der Schätzfunktionen. Abhilfe schafft u.U. eine parametrische Spezifikation wie z.B. die → Koyck-Transformation oder die Verwendung komplexer Schätzalgorithmen (z.B. Nonlinear Least Squares, NLS). – *Gegensatz:* → statisches Modell.

Lagrange-Multiplier-Test – asymptotische Testprozedur, kurz LM-Test, deren Teststatistik bei Richtigkeit der Nullhypothese Chi-Quadrat verteilt ist, wobei die Freiheitsgrade der Anzahl der Restriktionen entsprechen. Die auf diesem Prinzip beruhenden Tests erfordern nur die Schätzung des restringierten Modells. Insbesondere im Rahmen der linearen Regression (s. → Regression, lineare) können viele Lagrange-Multiplier-Tests mit einfachen Hilfsregressionen durchgeführt werden. Typische Beispiele sind der → Breusch-Godfrey-Autokorrelationstest, der → Breusch-Pagan-Heteroskedastizitätstest und der → White-Heteroskedastizitätstest. – *Andere Testprinzipien* sind der → Likelihood-Ratio-Test und → Wald-Test.

Laplacesche Wahrscheinlichkeitsauffassung → Wahrscheinlichkeitsauffassungen.

Laspeyres-Index – Indexzahl, bei der die Gewichte g_i (→ Gewichtung) die relativen Wertgrößen (Umsätze) der Basisperiode

$$\frac{p_0^i q_0^i}{\sum p_0^i q_0^i}$$

sind. Zu unterscheiden sind: (1) *Laspeyres-Preisindex*

$$L_{0,1}^P = \sum \frac{p_1^i}{p_0^i} g_i = \frac{\sum p_1^i q_0^i}{\sum p_0^i q_0^i}$$

und (2) *Laspeyres-Mengenindex*

$$L_{0,1}^Q = \sum \frac{q_1^i}{q_0^i} g_i = \frac{\sum q_1^i p_0^i}{\sum q_0^i p_0^i}.$$

Dabei ist 1 die Berichtsperiode, 0 die Basisperiode, p^i sind die Preise und q^i die Mengen der Güter i. Vorteilhaft in Bezug auf die Erhebungspraxis ist beim Laspeyres-Index, dass die Gewichte über mehrere Perioden hinweg beibehalten werden, deshalb wird der Laspeyres-Index gegenüber dem → Paasche-Index in der Praxis bevorzugt.

Da sich die Zusammensetzung des Warenkorbes (Güterqualitäten und -mengen) beim Preisindex bzw. das Preisgefüge beim Mengenindex im Laufe der Zeit verändert, müssen nach einem gewissen Zeitraum (z.B. nach fünf Jahren) neue Gewichte festgelegt werden. Die Vergleichbarkeit der Indexzahlen über längere Zeiträume hinweg wird dadurch erschwert.

Legende – erläuternde Beischrift bzw. Bildunterschrift zu Tabellen oder grafischen Darstellungen. Eine Legende soll in prägnanter Form charakterisieren, welcher Sachverhalt tabellarisch oder grafisch veranschaulicht wird.

Likelihood-Ratio-Test – asymptotische Testprozedur, die bei Richtigkeit der Nullhypothese Chi-Quadrat verteilt ist, wobei die Freiheitsgrade der Anzahl der Restriktionen entsprechen. Die auf diesem Prinzip beruhenden Tests erfordern sowohl die Schätzung des restringierten als auch des nicht restringierten Modells, wobei diese auf der → Maximum-Likelihood-Methode beruhen müssen. – *Andere* Testprinzipien sind der → Lagrange-Multiplier-Test und → Wald-Test.

lim – Abk. für *limes* (→ Grenzwert).

limes → Grenzwert.

lineare Funktion – Gerade bzw. Ebene im Raum. In der Funktionsgleichung ist der höchste Exponent 1.
1. *Gerade*: $f(x) = mx + b$.
2. *Ebene*: $f(x;y) = z = ax + by + c$.
3. *Mehrdimensional*: $f(x_1, x_2, \ldots, x_n) = a_1 x_1 + a_2 x_2 + \ldots + a_n x_n$.

lineare Optimierung – *lineare Planungsrechnung, lineare Programmierung, Linear Programming.*

I. Allgemein: 1. *Begriff*: Teilgebiet des → Operations Research (OR), das sich mit dem theoretischen Hintergrund, der Modellierung mit und der Lösung von mathematischen Optimierungssystemen der Form

(1) $x_0 = c_1 x_1 + c_2 + \ldots + c_n x_n$

(2) $\begin{aligned} a_{11}x_1 + a_{12}x_2 + \ldots + a_{1n}x_n &\bigcirc_1 b_1 \\ a_{21}x_1 + a_{22}x_2 + \ldots + a_{2n}x_n &\bigcirc_2 b_2, \\ &\vdots \\ a_{m1}x_1 + a_{m2}x_2 + \ldots + a_{mn}x_n &\bigcirc_m b_m, \end{aligned}$

(3) $x_0 \to$ Max! oder $x_0 \to$ Min!,

befasst. In dem linearen Optimierungsproblem (1)-(3) gehören die Parameter $c_1, c_2, \ldots, c_n, a_{11}, a_{12}, \ldots, a_{mn}, b_1, b_2, \ldots, b_m$ zur Zielfunktion, Koeffizientenmatrix bzw. „rechten Seite"; die Variablen $x_1, x_2, \ldots, x_n$ sind so zu bestimmen, dass sämtliche Restriktionen von (2) erfüllt sind, und die Zielfunktion (1) maximiert oder minimiert wird. – Die Lösungsmenge beschreibt ein Polyeder. Jeder Lösung aus dieser Lösungsmenge ist durch die Zielfunktion eine Zahl x_0 (Zielfunktionswert) zugeordnet, die in Verbindung mit einer der Vorschriften von (3) (Zielvorschrift) eine Beurteilung der Güte der betreffenden Lösung erlaubt. Die Zielvorschrift $x_0 \to$ Max! besagt dabei, dass eine Lösung mit einem größeren Zielfunktionswert besser ist als jede andere Lösung mit einem kleineren Zielfunktionswert. Eine solche Lösung nennt man optimal. – Der Begriff *linear* erklärt sich dadurch, dass die Zielfunktion (1) und sämtliche Restriktionen (2) linear sind (lineare Zielfunktion, lineare Restriktionen). – Es ist bekannt, dass für ein lineares Optimierungsproblem genau eine der drei Alternativen gilt: (a) das Problem ist unbeschränkt, d.h. zu jeder zulässigen Lösung findet man stets eine zulässige Lösung mit besserem Zielfunktionswert, oder (b) das Problem ist unzulässig, d.h. es existiert überhaupt keine Lösung, die alle Restriktionen erfüllt, oder (c) es existiert eine optimale Lösung mit endlichem Zielfunktionswert. Im Fall (c) wird der optimale Zielfunktionswert in einer Ecke des Lösungspolyeders angenommen, von denen es nur endlich viele gibt und was das sog. Simplexverfahren nahe legt.

II. **Grundlegende Fragestellungen:** 1. *Optimale Lösung:* Im Zusammenhang mit linearen Optimierungsproblemen drängt sich die Frage auf, welche Lösung von (2) den durch (1) definierten Zielwert x_0 maximiert (oder minimiert) bzw. wie man ggf. erkennt, dass eine solche optimale Lösung nicht existiert. Zur Beantwortung derartiger Fragen wurden eine ganze Reihe von Verfahren (Simplexmethode, Innere-Punkte-Verfahren, Ellipsoid-Methode) entwickelt und in entsprechende Standardsoftware eingebettet, die geeignet ist, auch sehr große Probleme der Praxis (d.h. Probleme mit vielen Variablen und Restriktionen) zu lösen. – 2. Beim *Einsatz linearer Optimierungsprobleme in der Praxis* besteht häufig Ungewissheit über die tatsächlichen numerischen Werte der Koeffizienten $c_1, ..., c_n, a_{11}, ..., a_{mn}, b_1, ..., b_m$; z.T. ist sogar unklar, ob bestimmte Restriktionen von (2) überhaupt auftreten. Wie man im Hinblick auf derartige Situationen – ausgehend von einer ersten optimalen Lösung – auf einem möglichst einfachen Wege Alternativrechnungen (postoptimale Rechnungen) durchführen kann, ist eine weitere Problemstellung. – 3. Vor dem gleichen Hintergrund untersucht man im Rahmen von *Sensitivitätsanalysen*, wie sich bestimmte Koeffizienten (v.a. die Koeffizienten $c_1, ..., c_n$ der Zielfunktion (1) bzw. die rechten Seiten $b_1, ..., b_m$ der Restriktionen (2)) ändern dürfen, ohne dass eine gefundene optimale Lösung (bzw. eine gefundene kanonische Form des Optimierungssystems) die Eigenschaft der Optimalität verliert. – 4. Die *parametrische lineare Optimierung* befasst sich mit der noch erweiterten Fragestellung, welche optimalen Lösungen sich jeweils ergeben, wenn gewisse Koeffizienten (Koeffizienten der Zielfunktion und/oder die rechten Seiten der Restriktionen) in Abhängigkeit von einem oder mehreren Parametern schwanken können. – 5. Die *Dualitätstheorie* der linearen Optimierung untersucht den Zusammenhang zwischen gewissen Paaren von linearen Optimierungssystemen. Ihre Erkenntnisse sind für die Entwicklung von Rechenverfahren von Bedeutung. – 6. Die bei *Anwendung in der Praxis* vorkommenden *linearen Optimierungssysteme* sind i.d.r. sehr groß (Millionen Variablen, hunderttausende Restriktionen), lassen sich aber i.A. relativ schnell optimal lösen.

III. **Spezielle Strukturen:** Optimierungssysteme der Praxis zeichnen sich i.d.R. nicht nur durch dünn besetzte Koeffizientenmatrizen aus (d.h. nur verhältnismäßig wenige von null verschiedene Koeffizienten), diese sind außerdem oft nach einem gewissen Schema angeordnet, z.B. weil nicht alle Variablen in allen Restriktionen auftauchen. Derartige speziell strukturierte Systeme ergeben sich etwa bei der mathematischen Formulierung von Transportproblemen und Zuordnungsproblemen, von Wege- und Flussproblemen in Graphen (Netzplantechnik). Sie lassen sich mit traditionellen Simplexmethoden lösen, daneben gibt es aber Lösungsverfahren, die durch eine Ausnutzung der jeweiligen speziellen Koeffizientenstruktur erhebliche Vorteile in Bezug auf Rechenzeit und Speicherbedarf erzielen.

IV. **Erweiterungen:** Durch bestimmte Umformungen und Techniken lassen sich die Methoden der linearen Optimierung z.T. auch zur Untersuchung von Fragen über solche Optimierungssysteme einsetzen, deren Struktur nur unvollständig mit der des Systems ((1), (2)) übereinstimmt: – 1. Gewisse (d.h. mind. eine, möglicherweise aber auch alle) *Variablen* dürfen nur ganze Zahlen (ganzzahliges Optimierungsproblem) bzw. nur die Werte Null oder Eins annehmen (binäres Optimierungsproblem). – 2. Gewisse Probleme der *nicht-linearen Optimierung* lassen sich ebenfalls mit linearen bzw. geringfügig modifizierten linearen Methoden lösen. Hierzu gehört u.a. die Bestimmung von optimalen Lösungen für quadratische Optimierungsprobleme und bestimmte separable Optimierungsprobleme. – 3. Im Rahmen der linearen Optimierung bei *mehrfacher*

Zielsetzung stehen solche linearen Optimierungssysteme im Mittelpunkt, bei denen den Lösungen des Restriktionssystems (2) anhand verschiedener Zielfunktionen gleichzeitig mehrere Zielwerte zugeordnet sind. Nur in ganz seltenen Ausnahmefällen existiert jetzt noch eine Lösung, die im Hinblick auf alle Zielfunktionen und -vorschriften gleichzeitig optimal ist. Die für diese Optimierungssysteme entwickelten Verfahren bezwecken deshalb nicht die Ableitung einer in diesem Sinn idealen Lösung, sondern es geht vielmehr um die Ableitung von allen oder einigen effizienten Lösungen bzw. bei interaktiven Verfahren um die Ermittlung einer für den Entscheidungsträger akzeptablen Kompromisslösung.

V. Ökonomische Anwendung: Von allen Methoden des Operations Research haben diejenigen der linearen Optimierung (neben denen der Netzplantechnik) die weiteste Verbreitung in der ökonomischen Praxis gefunden und sich bewährt. Empirischen Untersuchungen zufolge liegen ihre Einsatzschwerpunkte in der Grundstoff-, der chemischen, der Eisen- und Stahl- sowie der Nahrungs- und Genussmittelindustrie. Bez. der betrieblichen Funktionsbereiche sind in erster Linie Anwendungen im Produktionsbereich (zur Lösung von Problemen der Produktionsprogrammplanung, Produktionssteuerung und Zuschnittplanung), im Absatzbereich (Transportproblem), in der Lagerhaltung (Bestimmung optimaler Lagerbestände) sowie im Beschaffungsbereich (Transportproblem, Mischungsproblem, Bestellmengenproblem) anzuführen. – In stärkerem Maße setzen sich schließlich auch integrierte Modelle zur simultanen Planung verschiedener Funktionsbereiche (Produktions- und Absatzbereichs) durch.

lineare Planungsrechnung → lineare Optimierung.

lineare Programmierung → lineare Optimierung.

Linearkombination → Variable, die als lineare Funktion von einer oder mehreren anderen Variablen erklärt ist. Sind $x_1, ..., x_k$ Variablen und $a_0, ..., a_k$ Konstanten, so ist
$$y = a_0 + a_1 x_1 + ... a_k x_k$$
eine Linearkombination von $x_1, ..., x_k$. In der Statistik interessieren bes. die → Verteilungen von Linearkombinationen von → Zufallsvariablen oder statistischen → Merkmalen.

LISREL – Abk. für *Linear Structural Relations System*; multivariates Verfahren (multivariate Analysemethoden) der Kausalanalyse. Kombination von Elementen der → Regressionsanalyse bzw. Pfadanalyse mit Elementen der → Faktorenanalyse. V.a. ist es möglich, unterschiedliche Messkonzepte für die miteinander verknüpfbaren Variablen in die Analyse einzubeziehen. – *Ähnliche Ansätze:* EQS (EQuantionS)-Ansatz; PLS (Partial Least Squares)-Ansatz.

Ljung-Box-Test – von Ljung und Box (1978) vorgeschlagene Modifikation des → Box-Pierce-Tests zur Prüfung der Nullhypothese, dass alle Autokorrelationskoeffizienten einer Variablen bis zu einem bestimmten Lag k gleich null sind, gegenüber der Alternativhypothese, dass mind. einer von null verschieden ist. – Die Teststatistik für eine Stichprobe des Umfangs n, welche sich als Produkt aus n(n+2)/(n-k) und der Quadratsumme der interessierenden k geschätzten Autokorrelationskoeffizienten ergibt, folgt bei korrekter Nullhypothese und großen Stichprobenumfängen approximativ einer Chi-Quadrat-Verteilung mit k Freiheitsgraden. Überschreitet der Wert der Teststatistik den kritischen Wert aus der Chi-Quadrat-Verteilung, kann die Nullhypothese abgelehnt werden. – Im Vergleich zum Box-Pierce-Test hat sich gezeigt, dass die Teststatistik des Ljung-Box-Test auch in kleineren Stichproben vorteilhafte Eigenschaften aufweist, warum dieser gerade hier dem Box-Pierce-Test vorgezogen wird.

LM-Test → Lagrange-Multiplier-Test.

Logarithmus – 1. *Begriff/Bedeutung:* Der Logarithmus ergibt sich durch eine Umkehrung des → Potenzierens in der Gleichung: $x^n = y$: $n = \log_x y$ (gelesen: n ist der Logarithmus y zur Basis x). Der Logarithmus von y zur Basis x ist die Zahl, mit der x zu potenzieren ist, um y zu erhalten. – Für die Wirtschaftswissenschaften sind zwei Logarithmen wichtig: (1) der dekadische Logarithmus (Basis 10): log x oder lg x; (2) der natürliche Logarithmus (Basis e): ln x, wobei $e = 2{,}71828...$ die → Eulersche Zahl ist. – 2. *Regeln* (für jede Basis): (1) $\log_a 1 = 0$, denn $a_0 = 1$; (2) $\log x + \log y = \log (x \cdot y)$; (3) $\log x - \log y = \log (x / y)$; (4) $\log (x^n) = n \cdot \log x$. Die Regel (4) ermöglicht, Variablen im Exponenten zu berechnen.

Logarithmusfunktion – Durch die Umkehrung der → Exponentialfunktion ergibt sich die Logarithmusfunktion: $f(x) = \log_a x$. Die ökonomische Anwendung der Logarithmusfunktion liegt v.a. in der Umformung von Exponentialfunktionen, wie sie z.B. in der Finanzmathematik benötigt werden. – Vgl. auch → Logarithmus, → Exponentialgleichung.

Logit-Modell für binäre Daten – ökonometrisches nicht lineares Modell (→ ökonometrische Modelle) zur Erklärung von binären (Codierung: 0 = Ereignis tritt nicht ein, 1 = Ereignis tritt ein) abhängigen Variablen (→ Variable, endogene). Dabei beeinflusst ein Vektor von erklärenden Variablen (→ Variable, exogene) die Wahrscheinlichkeit, dass das Ereignis eintritt. Die gängigste Alternative zum Logit-Modell ist das → Probit-Modell für binäre Daten. – Der bedingte Erwartungswert der binären Variablen (gegeben den exogenen Variablen) entspricht der Wahrscheinlichkeit, dass das Ereignis eintritt. Die exogenen Variablen bestimmen diese Wahrscheinlichkeit nicht auf eine lineare Weise, sondern beim Logit-Modell wird dafür die logistische Verteilung herangezogen. Damit sind die geschätzten Wahrscheinlichkeiten im Gegensatz zum linearen Wahrscheinlichkeitsmodell auf das Intervall [0,1] beschränkt. Die geschätzten Koeffizienten können aufgrund des nicht linearen Modells nicht als marginale Effekte interpretiert werden. Die Schätzung erfolgt i.d.R. mit der → Maximum-Likelihood-Methode. → Heteroskedastizität führt im Gegensatz zum linearen → Regressionsmodell häufig zu verzerrten Schätzern.

Lokale Suche → Metaheuristik

Lokalisation – Lage einer empirischen → Häufigkeitsverteilung oder einer Wahrscheinlichkeitsverteilung im Sinn eines typischen Niveaus der Merkmals- bzw. Variablenwerte. Zur Kennzeichnung der Lokalisation dienen → Mittelwerte, v.a. das → arithmetische Mittel bzw. der → Erwartungswert und der → Median, .

Lorenzkurve – 1. Statistik: Sonderform der grafischen Darstellung einer → Häufigkeitsverteilung für ein Merkmal mit nichtnegativen Ausprägungen, die v.a. die relative Konzentration veranschaulicht. Zunächst werden die Beobachtungswerte des interessierenden quantitativen Merkmals in aufsteigender Größe geordnet. Für jeden der geordneten Beobachtungswerte wird in einem Koordinatensystem ein Punkt eingezeichnet, dessen Abszisse die kumulierte relative Häufigkeit der geordneten → Merkmalsträger und dessen Ordinate der kumulierte relativierte

Lorenzkurve – Wertebeispiel

Größenklasse der Merkmalsträger	Anteil der Merkmalsträger		Anteil am Gesamtmerkmalsbetrag	
	der Klasse	kumuliert	der Klasse	kumuliert
I	30%	30%	5%	5%
II	30%	60%	15%	20%
III	30%	90%	20%	40%
IV	10%	100%	60%	100%

→ Gesamtmerkmalsbetrag (bezüglich der geordneten Werte) ist. Diese werden geradlinig verbunden. Lorenzkurven auf der Basis empirischer Daten sind stets monoton wachsend, stückweise linear, konvex und verlaufen unterhalb der Winkelhalbierenden. Die Lorenzkurve bietet Informationen folgender Art: Die x Prozent der „kleineren" Merkmalsträger (Merkmalsträger mit den kleinsten Werten) vereinigen (nur) y Prozent des Gesamtmerkmalsbetrages auf sich. Die Lorenzkurve wird ebenso für klassierte Daten verwendet. – *Beispiel:* Die Häufigkeitsverteilung von Einkommen gemäß Tabelle „Lorenzkurve – Wertebeispiel" dargestellt ergibt die in der Grafik „Lorenzkurve" dargestellte Lorenzkurve.

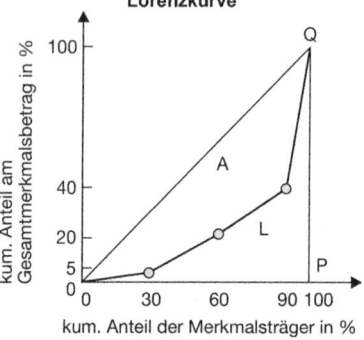

Lorenzkurve

Die Gerade OQ (Winkelhalbierende) wird als Gleichverteilungsgerade bezeichnet, da sie als Lorenzkurve entsteht, wenn alle Merkmalsträger denselben Merkmalswert haben. Je größer die Fläche A ist, umso größer ist die relative Konzentration. Der Anteil von A an der Fläche des Dreiecks OPQ ist der → Gini-Koeffizient.

II. Verteilungstheorie: Die Lorenzkurve ist die gebräuchlichste Form der Veranschaulichung der personellen Einkommensverteilung. Man erhält die Lorenzkurve, indem man die Einkommensbezieher nach der Höhe ihres Einkommens anordnet und sie dann, beginnend mit den unteren und fortschreitend zu den oberen Einkommensbeziehern, zu Gruppen von jeweils x Prozent der Bevölkerung zusammenfasst. Anschließend wird ermittelt, wie viel x Prozent des Volkseinkommens auf jede Gruppe entfallen. In der Lorenzkurve sind die kumulierten Anteile erfasst, sodass man für jeden Prozentsatz der Bevölkerung den auf sie entfallenden Anteil am Volkseinkommen angeben kann. Die Einkommensverteilung ist umso gleichmäßiger, je mehr sich die Lorenzkurve der 45°-Linie nähert. Die 45°-Linie entspricht der Gleichverteilung, da dann x Prozent der Bevölkerung auch einen Anteil am Nationaleinkommen von x Prozent erhalten. – Vgl. auch → Gini-Koeffizient.

Lucas-Kritik – vom amerik. Ökonom Lucas geäußerte Kritik an der bis dahin üblichen Abschätzung der Auswirkungen von wirtschaftspolitischen Maßnahmen mithilfe traditioneller ökonometrischer Großmodelle (Ökonometrie). Die Lucas-Kritik besagt, dass dieses Vorgehen zu falschen Schlussfolgerungen führt, weil wirtschaftspolitische Maßnahmen zu Erwartungsänderungen führen, die ihrerseits die strukturellen Parameter des ökonometrischen Modells, welches Grundlage für die Schätzungen ist, beeinflussen. Dies wird bei der ursprünglichen Schätzung aber nicht berücksichtigt.

MA(q)-Prozess – *gleitender Durchschnittsprozess q-ter Ordnung* (engl. *Moving Average, MA*); stochastischer Prozess der nur von einem weißen Rauschen und den q gewichteten Vergangenheitswerten dieses → weißen Rauschens abhängt. MA(q)-Prozesse sind stets schwach stationär (→ Stationarität).

Macht eines Tests → Gütefunktion, → Teststärke.

makroökonomisches Modell → ökonometrisches Modell zur Analyse gesamtwirtschaftlicher Entwicklungen oder aggregierter makroökonomischer Teilmärkte (ökonometrische Makromodelle). Ökonometrische Makromodelle basieren meist auf → Zeitreihendaten.

Markov-Prozess → stochastischer Prozess $(X_t)_{0 \leq t < \infty}$ mit abzählbarem Zustandsraum E, also mit abzählbar vielen möglichen Werten der X_t, bei dem für alle n und alle $t > s > s_n > .. > s_0$ bez. der bedingten Wahrscheinlichkeiten gilt:

$$P\{X_t = j | X_s = i, X_{s_n} = i_n, \cdots, X_{s_0} = i_0\}$$
$$= P\{X_t = j | X_s = i\}$$

mit j, i, i_0, ..., $i_n \in$ E. Die bedingte Wahrscheinlichkeit $P\{X_t = j | X_s = i\}$ heißt Übergangswahrscheinlichkeit (Wahrscheinlichkeit, dass der Prozess zum Zeitpunkt t den Zustand j hat, wenn er zum Zeitpunkt s den Zustand i einnahm). – Ist der Zustandsraum endlich, so wird der Markov-Prozess *endlich* genannt. – *Bedeutung*: Die „Markov-Eigenschaft" eines stochastischen Prozesses beschreibt, dass die Wahrscheinlichkeit des Übergangs von einem Zustand in den nächstfolgenden von der weiteren „Vorgeschichte" nicht abhängt.

Maßkorrelation – Bezeichnung für die → Korrelation bei zwei mind. intervallskalierten (→ Intervallskala) Merkmalen. Die Quantifizierung der Maßkorrelation erfolgt auf der Grundlage des Bravais-Pearsonschen → Korrelationskoeffizienten.

Maßzahl – *Maßgröße*; Sammelbegriff für Kenngrößen einer theoretischen oder empirischen → Verteilung, etwa → Mittelwerte, → Streuungsmaße, → Konzentrationskoeffizienten. Bei theoretischen Verteilungen wird hierfür auch der Begriff (Funktional-) → Parameter verwendet. – I.w.S. werden auch → Verhältniszahlen und → Indexzahlen als Maßzahlen bezeichnet.

mathematische Optimierung – *mathematische Programmierung*; Gebiet des → Operations Research (OR), das den theoretischen Hintergrund von → mathematischen Optimierungsproblemen sowie Rechenverfahren zur Bestimmung von zulässigen und optimalen Lösungen für derartige Probleme umfasst.

mathematische Programmierung → mathematische Optimierung.

mathematisches Optimierungsproblem – *mathematische Optimierungsaufgabe*; Problem der mathematischen Optimierung. – 1. *Begriff*: a) Mathematische Aufgabe, bei der es darum geht, aus der Menge der Lösungen eines Restriktionssystems eine Lösung zu bestimmen, der durch eine Zielfunktion $x_0 = f_0(x_1, x_2, ..., x_n)$ ein Zielwert zugeordnet ist, der von dem Zielwert keiner anderen Lösung übertroffen oder unterschritten wird. – b) Oft auch die einer solchen Aufgabe zugrunde liegende Fragestellung über ein reales System (Transportproblem, Zuordnungsproblem). – 2. *Schreibweisen*:

$x_0 = f_0(x_1, x_2, ..., x_n) \to$ Max! (Min!),

$f_i = (x_1, x_2, ..., x_n) < (>) 0$, wobei i = 1, 2,...,n.

3. *Typen*: a) Wird speziell ein möglichst großer Zielwert (Maximum) angestrebt ($x_0 \to$ Max!), so spricht man von einem *Maximierungsproblem*; strebt man dagegen

einen möglichst kleinen Zielwert (Minimum) an ($x_0 \to$ Min!), so spricht man von einem Minimierungsproblem. Ein Maximierungsproblem lässt sich – ohne die Menge der zulässigen und optimalen Lösungen zu verändern – in ein Minimierungsproblem durch Vorzeichenwechsel überführen. – b) *Lineares Optimierungsproblem* ($\to$ lineare Optimierung) und nicht lineares Optimierungsproblem. – c) *Ganzzahliges Optimierungsproblem,* gemischt-ganzzahliges und kontinuierliches Optimierungsproblem.

mathematische Verfahrensforschung $\to$ Operations Research (OR).

Matrix – besteht aus m Zeilen und n Spalten. Sie hat m · n Elemente und wird auch als mxn-Matrix bezeichnet.

$$\begin{pmatrix} a_{11} & a_{12} & a_{13} & \ldots & a_n \\ a_{21} & a_{22} & a_{23} & \ldots & a_{2n} \\ . & . & . & \ldots & . \\ . & . & . & \ldots & . \\ . & . & . & \ldots & . \\ a_{m1} & a_{m2} & a_{m3} & \ldots & a_{mn} \end{pmatrix}$$

Die einzelnen Elemente in der Matrix werden mit einem doppelten Index gekennzeichnet: a_{ij} (i-te Zeile, j-te Spalte). Diese Elemente stellen i.Allg. reelle Zahlen dar; in der höheren $\to$ Matrizenrechnung können die Elemente der Matrix aber auch Funktionen oder selbst wieder Matrizen sein. – Vgl. auch $\to$ Matrizenoperationen.

Matrizenoperationen – Folgende Matrizenoperationen werden für das Rechnen mit Matrizen ($\to$ Matrix) benötigt:

(1) Gleichheit von Matrizen:

A = B, wenn alle $a_{ij} = b_{ij}$;

(2) Transponieren (Vertauschen von Zeilen und Spalten):

$A \Longrightarrow A^T a_{ij} \Longrightarrow a_{ji}$, für alle i und j;

(3) Addition (nur bei derselben Spalten- und Zeilenzahl):

$A + B \Longrightarrow a_{ij} + b_{ij}$, für alle i und j;

(4) Multiplikation einer Matrix mit einem Skalar (reelle Zahl):

$c \cdot A \Longrightarrow c \cdot a_{ij}$, für alle i und j;

(5) Skalarprodukt von Vektoren (a' Zeilenvektor, b Spaltenvektor):

$a' \cdot b = a_1 \cdot b_1 + a_2 \cdot b_2 + a_3 \cdot b_3 + \ldots + a_n \cdot b_n \; \Sigma \; R$;

(6) Multiplikation von Matrizen (Spaltenzahl der ersten muss mit der Zeilenzahl der zweiten Matrix übereinstimmen):

$$A \cdot B = C \Rightarrow c_{ij} = \sum_{k=1}^{n} a_{ik} \cdot b_{kj}$$

oder c_{ij}: Skalarprodukt der i-ten Zeile von A „mal" der j-ten Spalte von B;

(7) Invertieren: $\to$ Inverse.

Matrizenrechnung – Teil der Linearen Algebra. Mit ihr lassen sich größere Datenblöcke kompakt verarbeiten und Beziehungen zwischen verschiedenen Blöcken von Daten können sehr übersichtlich dargestellt werden. – In allen Bereichen der Wirtschaftswissenschaften, z.B. im Rechnungswesen, Controlling oder in der Kostenrechnung, beruhen viele Verfahren auf der Verarbeitung von Datenblöcken. – In der Volkswirtschaftslehre basiert die Input-Output-Analyse, die die Verflechtung zwischen den verschiedenen Sektoren einer Volkswirtschaft untersucht, auf der Matrizenrechnung. – Die Methoden der $\to$ linearen Optimierung im Operations Research gehen häufig auf Methoden der Matrizenrechnung zurück. Gefördert durch das Vordringen der IT, die die rationelle Verarbeitung von großen Datenmassen ermöglicht, breitet sich die Anwendung von Methoden der Matrizenrechnung in der betrieblichen Praxis schnell aus. – Vgl. auch $\to$ Matrix, $\to$ Matrizenoperationen.

Maximum $\to$ Extremwert.

Maximum-Likelihood-Methode – Methode zur Schätzung der Parameter von $\to$ Regressionsmodellen und $\to$ ökonometrischen Modellen. Die Parameter der Schätzfunktion werden dabei so gewählt, dass die

Wahrscheinlichkeit, genau die Beobachtungspunkte der vorliegenden Stichprobe zu erhalten, maximal wird, d.h. die Schätzwerte maximieren die sog. Likelihood-Funktion. – Die Maximum-Likelihood-Methode lässt sich auch für nicht lineare Einzel- und Mehrgleichungsmodelle verwenden. Die Anwendung der Methode setzt allerdings voraus, dass die Wahrscheinlichkeitsverteilung der → Störterme bekannt ist. Sind diese normalverteilt mit Erwartungswert null und konstanter Varianz, so resultieren daraus die gleichen Schätzfunktionen für die Parameter linearer Einzelgleichungsmodelle wie bei OLS (→ Kleinstquadratemethode, gewöhnliche).

MDS – Abk. für → multidimensionale Skalierung.

Median – *Zentralwert*; ein spezieller mittlerer Wert in einem Datensatz. Ein Wert $\bar{x}$ heißt Median, wenn mindestens 50% aller Beobachtungswerte kleiner oder gleich $\bar{x}$ und mindestens 50% aller Beobachtungswerte größer oder gleich $\bar{x}$ sind. – 1. Sind $x_{(1)} \le ... \le x_{(n)}$ nach aufsteigender Größe (Bedeutung) geordnete ordinale Daten, so wird der Median festgelegt auf $\bar{x} = x_{((n+1)/2)}$, falls n ungerade ist. Falls n gerade ist, stehen die Werte $x_{(n/2)}$ und $x_{(n/2+1)}$ alternativ als Median zur Verfügung. – 2. Sind $x_{(1)} \le ... \le x_{(n)}$ die n *nach Größe geordneten* Merkmalswerte eines quantitativen Merkmals, dann wird der Median häufig eindeutig festgelegt. Bei ungeradem n ist der Median der Beobachtungswert $x_{(n+1)/2}$. Ist n gerade, wird als Median das → arithmetische Mittel aus $x_{n/2}$ und $x_{(n+2)/2}$ verwendet. – 3. Bei einer *klassierten Verteilung* von Häufigkeiten wird der Median i.d.R. durch lineare → Interpolation näherungsweise bestimmt. – 4. Bei einer stetigen *Verteilung einer Zufallsvariablen* ist der Median der Variablenwert, für den die Verteilungsfunktion den Wert 0,5 hat. Allgemein wird der Median als 50%-Quantil bestimmt.

mehrdimensionale Skalierung → multidimensionale Skalierung (MDS).

mehrdimensionale Verteilung – empirische oder theoretische → Verteilung im Sinne der Statistik, die sich auf mehr als ein → Merkmal oder mehr als eine → Zufallsvariable bezieht. Eine *mehrdimensionale* → Häufigkeitsverteilung umfasst die verschiedenen Kombinationen von → Klassen bzw. Kategorien der beteiligten Merkmale und die zugehörigen → Häufigkeiten. Speziell ist eine zweidimensionale Verteilung in einer Tabelle mit zweifachem Eingang darzustellen, also wie in folgender Tabelle (durchschnittlicher Arbeitslosenbestand in Deutschland 2008 nach Ost- und Westdeutschland sowie Zugehörigkeit zu den Rechtskreisen SGB II (Grundsicherung) und SGB III (Arbeitslosenvesicherung): Die Verteilungen in der letzten Spalte bzw. letzten Zeile sind die eindimensionalen Verteilungen der Merkmale West-/Ost-Deutschland und Rechtskreiszugehörigkeit; sie werden als *Randverteilungen* bezeichnet. Eine *mehrdimensionale theoretische Verteilung* umfasst bei k beteiligten Zufallsvariablen k-tupel von → Ausprägungen dieser Variablen mit zugehörigen → Wahrscheinlichkeiten oder → Wahrscheinlichkeitsdichten, die durch die gemeinsame → Wahrscheinlichkeitsfunktion bzw. gemeinsame → Dichtefunktion angegeben werden.

Mehrdimensionale Verteilung (Beispiel)

	Rechtskreis SGB III	Rechtskreis SGB II	insgesamt
Westdeutschland	684.053	1.460.626	2.144.679
Ostdeutschland	326.518	796.746	1.123.264
insgesamt	1.010.570	2.257.372	3.267.943

mehrdimensionale Zufallsvariable → Zufallsvektor.

Mehrgleichungsmodell – 1. *Im einfachsten Fall* ergibt sich ein lineares Gleichungssystem, bei dem die Diskrepanz zwischen Modell und Beobachtung durch Störterme ausgedrückt wird. Die vom Modell zu beschreibenden abhängigen Variablen (→ Variable, endogene) werden auch als gemeinsam abhängige Variablen bezeichnet. Die Entwicklung dieser gemeinsam abhängigen Variablen wird dann durch eben diese gemeinsam abhängigen Variablen, die modellexogenen (→ Variable, exogene) und die verzögerten gemeinsam abhängigen Variablen sowie durch die nichtbeobachtbaren Störterme erklärt. Die exogenen und die verzögerten gemeinsam abhängigen Variablen werden unter dem Begriff vorherbestimmte Variablen zusammengefasst. Das Gleichungssystem, bei dem die modellendogenen, d.h. die gemeinsam abhängigen Variablen als Funktion aller Modellvariablen dargestellt werden, wird als Strukturform eines ökonometrischen Mehrgleichungsmodellsbezeichnet. Werden die gemeinsam abhängigen Variablen als Funktion der vorherbestimmten Variablen und der Störvariablen dargestellt, ergibt sich die sog. reduzierte Form eines ökonometrischen Modells. Eine reduzierte Form ist i.d.R. nur bei einem vollständig linearen Modell explizit darstellbar. Die Beschreibung der gemeinsam abhängigen Variablen als Funktion der exogenen Variablen und der Störvariablen ergibt die finale Form eines ökonometrischen Modells. Bei den Relationen eines Mehrgleichungsmodells ist zwischen Definitionsgleichungen und den sog. Verhaltensgleichungen zu unterscheiden. Bei den Definitionsgleichungen sind alle Koeffizienten numerisch bekannt, und die Störvariablen sind identisch null. In den Verhaltensgleichungen treten numerisch unbekannte Koeffizienten auf, deren Werte aufgrund der zur Verfügung stehenden Beobachtungen zu schätzen sind. – 2. Es gibt *verschiedene Typen von Mehrgleichungsmodellen:* Werden z.B. verschiedene endogene Variablen jeweils durch die gleichen exogenen Variablen bestimmt, dann ergeben sich durch die in der Varianz-Kovarianz-Matrix der Störvariablen ausgedrückten Korrelationsbeziehungen über die Modellgleichungen hinweg stochastische Abhängigkeiten, die bei der Schätzung eines solchen Systems scheinbar unverbundener Einzelgleichungsmodelle (engl. *Seemingly Unrelated Regression Model, SUR*) zu berücksichtigen sind. I.Allg. treten bei Mehrgleichungsmodellen auch verzögerte gemeinsam abhängige Variablen als erklärende Variablen auf. Mehrgleichungsmodelle sind deshalb i.d.R. dynamische Modelle (→ Lag-Modell). – Lassen sich dabei die Verhaltens- und Definitionsgleichungen nicht so umordnen, dass sich für die Koeffizientenmatrix der gemeinsam abhängigen Variablen im Fall eines linearen Modells eine untere Dreiecksmatrix ergibt, dann handelt es sich um ein interdependentes Modell. Hat die Koeffizienten- bzw. die Besetzungsmatrix die Gestalt einer unteren Dreiecksmatrix, so liegt ein rekursives Modell vor. Interdependente Modelle erfordern wegen der Korrelation zwischen den Störvariablen und den erklärenden Variablen spezielle Schätzmethoden wie z.B. die dreistufige Kleinstquadratemethode (s. → Kleinstquadratemethode, dreistufige), die → Maximum-Likelihood-Methode oder GMM (→ Momentenmethode, verallgemeinerte). OLS-Schätzer (→ Kleinstquadratemethode, gewöhnliche) sind bei interdependenten Modellen verzerrt und nicht mehr konsistent. Rekursive Modelle sind schätztechnisch einfacher zu behandeln. – Vgl. auch → simultanes System, → Vektorautoregressionsmodell.

mehrstufiges Zufallsstichprobenverfahren – spezielles → höheres Zufallsstichprobenverfahren. – Beim Spezialfall eines dreistufigen Zufallsstichprobenverfahrens ist die → Grundgesamtheit in mehrere → Teilgesamtheiten („Primäreinheiten"), jede dieser

Teilgesamtheiten in mehrere Sekundäreinheiten und jede dieser Sekundäreinheiten in Tertiäreinheiten zerlegt. Aus den Primäreinheiten erfolgt eine uneingeschränkte Zufallsauswahl (→ uneingeschränktes Zufallsstichprobenverfahren); aus den ausgewählten Primäreinheiten werden zufällig Sekundäreinheiten und dann analog Tertiäreinheiten ausgewählt.

Meilenstein – 1. *Begriff*: definierter Punkt (→ Ereignis), an dem im Rahmen eines Projekts der Abschluss einer Einzelaktivität überprüft wird (Projektmanagement (PM)). Meilensteine werden i.d.R. bei allen größeren Projekten, v.a. bei der Entwicklung von Softwaresystemen, angewendet. – 2. *Ziel*: Sicherstellung der im Projektplan festgelegten Termin-, Kosten- und Qualitätsanforderungen. – 3. *Voraussetzung*: Die Überprüfung der Meilensteine erfolgt kontinuierlich und in kurzfristigen Abständen.

Mengenlehre – kurz vor 1900 von G. Cantor begründete Disziplin, in der mit Mengen operiert bzw. gerechnet wird. Die grundlegenden Operationen sind das Bilden der Vereinigungsmenge (Operationszeichen ∪), das Bilden der → Schnittmenge (Operationszeichen ∩) und die Komplementbildung (durch Vorsetzen eines C oder durch einen übergesetzten Querstrich gekennzeichnet).

Merkmal – *statistische Variable, Untersuchungsmerkmal, Untersuchungsvariable, Erhebungsmerkmal*; in der Statistik Bezeichnung für eine an den Elementen einer → Gesamtheit interessierende Eigenschaft, die in individuell unterschiedlichen Varianten (→ Ausprägung) auftritt. – *Beispiele*: Alter, Geschlecht, Einkommen bei einer Personengesamtheit. – *Zu unterscheiden*: → qualitatives Merkmal, → quantitatives Merkmal.

Merkmalsausprägung → Ausprägung.

Merkmalsträger – *Element einer Gesamtheit*; in der Statistik Bezeichnung für eine → Untersuchungseinheit, an der bestimmte → Ausprägungen interessierender → Merkmale beobachtet werden.

Merkmalstransformation → Variablentransformation.

Messgröße → Messzahl.

Messung – in der Statistik der Vorgang der Zuordnung von → Ausprägungen eines → Merkmals zu den Elementen einer → Gesamtheit nach Maßgabe der für das Merkmal eingeführten → Skala. Messung bezieht sich, anders als im täglichen Sprachgebrauch, auch auf → qualitative Merkmale.

Messzahl – *Messgröße*; in der Statistik eine → Verhältniszahl, bei der Zähler- und Nennergröße gleichartig und gleichgeordnet sind. Eine Messzahl liegt v.a. vor, wenn sich Zähler- und Nennergröße nur durch verschiedene Zeitbezüge unterscheiden, z.B.

$$\frac{\text{Preis am 2.1. 2004}}{\text{Preis am 2.1. 2003}} \text{ (Preismesszahl)}$$

und

$$\frac{\text{Umsatz 2004}}{\text{Umsatz 2003}} \text{ (Umsatzmesszahl)}.$$

Messzahlen sind eine der Grundlagen von → Indexzahlen.

Metaheuristik – Von einem konkreten Problem unabhängige Heuristik; bekannt sind v.a. lokale Suchalgorithmen wie Tabu Search, Simulated Annealing oder genetische bzw. evolutionäre Algorithmen. Die Idee ist häufig, einer aktuell bekannten Lösung eines Optimierungsproblems sog. *Nachbarn*, d.h. auf eine wohldefinierte Weite *ähnliche* Lösungen zu betrachten, diese bzgl. der Zielfunktion zu bewerten und einen oder mehrere bessere Nachbarn als neue aktuelle Lösungen zu betrachten. Um dabei lokalen Optima zu entkommen, lässt man in manchen Varianten auch Verschlechterungen des Zielfunktionswert zu.

Methodenbank – *Methodendatenbank*. 1. *Begriff*: computergestützte Sammlung von Methoden zur Lösung betriebswirtschaftlicher, mathematischer, ökonometrischer oder statistischer Probleme. Die Methoden können auf Modelle angewendet werden, die in einer Modellbank gespeichert sind. – 2. Typische *Verfahren*, die eine Methodenbank zur Verfügung stellt, sind u.a. → lineare Optimierung, → Simulation oder → Zeitreihenanalyse. – 3. *Anwendungen:* z.B. in der computergestützten Unternehmensplanung, Produktionsprogrammplanung, Statistik, Ökonometrie.

Metra-Potenzial-Methode → MPM.

metrische Merkmale – Sammelbegriff für → Merkmale, die gemäß einer → Intervallskala oder → Verhältnisskala in → Ausprägungen zerlegt sind.

metrische Skala → Kardinalskala.

Mikroökonometrie – Bereich der Ökonometrie, der sich speziell mit der Schätzung und Analyse von Modellen auf der Basis von Individualdaten (ökonometrische Mikromodelle) beschäftigt. Häufig sind die erklärten Variablen (→ Variable, endogene) von qualitativer Natur (binäre oder ordinale Variablen, vgl. z.B. Probit- oder → Logit-Modell für binäre Daten) oder begrenzt abhängig (vgl. z.B. → Tobit-Modell). Es werden i.d.R. → Querschnittsdaten zugrunde gelegt. Oft wird zusätzlich auch die Paneldatenökonometrie (→ Paneldaten und Paneldatenmodelle) als Teil der Mikroökonometrie betrachtet.

Minimum → Extremwert.

Mittelwert – In der Statistik Wert eines statistischen → Merkmals, der die allg. Niveaulage (→ Lokalisation) in der betrachteten → Gesamtheit charakterisiert. – *Arten:* → arithmetisches Mittel, → geometrisches Mittel, → harmonisches Mittel, → Median, → Modus. – Vgl. auch → Gewichtung.

mittlerer quadratischer Vorhersagefehler – Maßzahl (engl. *Root Mean Square Error*, *RMSE*) zur Beurteilung der Prognosegüte von → Regressionsmodellen. Sie berechnet sich als Quadratwurzel des durchschnittlichen Prognosefehlers, d.h. der durchschnittlichen Abweichung der Prognose von der tatsächlichen Beobachtung, und gewichtet hohe Prognosefehler stärker als geringe. – Vgl. auch → ökonometrisches Prognosemodell.

mittlerer Quartilsabstand – gelegentlich verwendetes → Streuungsmaß, das als halbe Differenz von drittem und erstem → Quartil festgelegt ist.

mittlere Verweildauer → durchschnittliche (mittlere) Verweildauer.

Modalwert → Modus.

Modellierungssprache – *Algebraische Modellierungssprachen* erlauben die Formulierung mathematischer Optimierungsmodelle (lineare, ganzzahlige, etc. Programme) am Computer in einer Programmiersprache. Das Modell, d.h. Variablen, Zielfunktion, Restriktionen etc. werden dabei allgemein beschrieben; die konkreten Daten sind vom Modell getrennt, sodass bei Änderung der Daten nichts am Modell geändert werden muss. Manche Modellierungssprachen erlauben nicht nur solche deklarativen (also beschreibenden) Sprachelemente, sondern auch prozedurale Elemente, d.h. Anweisungen, die den Programmfluss steuern (Verzweigungen, Schleifen).

Modell mit verteilten Verzögerungen → Lag-Modell.

Modus – *dichtester Wert, häufigster Wert, Modalwert;* in der Statistik ein spezielles → Lagemaß. Weist ein qualitatives oder → quantitatives Merkmal (z.B. Kinderzahl bei Familien) nur wenige mögliche Ausprägungen auf, ist der Modus die Ausprägung mit der größten Häufigkeit. Bei (klassierten) → Häufigkeitsverteilungen kann nur die Klasse mit der größten Häufigkeit angegeben werden. Bei einer diskreten Wahrscheinlichkeitsverteilung ist der Modus der Wert der Zufallsvariablen mit der größten Wahrscheinlichkeit. Bei einer stetigen Wahrscheinlichkeitsverteilung wird der Wert, an dem die Dichtefunktion (→ Wahrscheinlichkeitsdichte) maximal wird, als Modus bezeichnet.

Moment → Parameter zur Kennzeichnung von Wahrscheinlichkeitsverteilungen. Sind

$x_1, x_2, \ldots$ die Ausprägungen einer diskreten → Zufallsvariablen X und $f(x_1), f(x_2), \ldots$ die zugehörigen → Wahrscheinlichkeiten, so ist das k-te *gewöhnliche Moment* der Zufallsvariablen X durch

$$E(X^k) = \sum x_i^k \, f(x_i),$$

gegeben; für k = 1 ergibt sich der → Erwartungswert. – Die Größen $E(X-EX)^k$ sind die *zentralen Momente der Ordnung k* von X; hier ergibt sich für k = 1 der Wert 0 und für k = 2 die → Varianz von X. – Das 3. zentrale Moment kennzeichnet die → Schiefe einer Verteilung.

Momentenmethode, verallgemeinerte – Schätzmethode, die u.a. dazu dient, effiziente Schätzungen im Falle endogener erklärender Variablen durchzuführen, wenn die Störterme autokorreliert (→ Autokorrelation) oder heteroskedastisch (→ Heteroskedastizität) sind. Das Prinzip der verallgemeinerten Momentenmethode (engl. *Generalised Method of Moments, GMM*) liegt in der Festlegung von Bedingungen für die Momente der unterstellten Verteilung der Störterme des Modells. Die zu schätzenden Parameter werden so gewählt, dass sie möglichst gut im Einklang mit den Bedingungen stehen. Typischerweise sind GMM-Schätzer asymptotisch effizient, verlieren aber ihre Effizienzeigenschaften in kleinen Stichproben.

Monte-Carlo-Methode – Verfahren der stochastischen → Simulation zur näherungsweisen Bestimmung von mathematischen Größen, die abhängig vom Zufall (Verteilungsfunktionen) sind. Die → Zufallszahlen aus dem → Zufallsgenerator gehen direkt in die mathematischen Ausdrücke ein.

Monte-Carlo-Verfahren – Verfahren zur Erzeugung von Zufallsvariablen und Störtermen aus bestimmten Grundgesamtheiten, die u.a. dazu dienen, die asymptotischen Eigenschaften von Schätz- und Testfunktionen zu studieren.

Moving-Average-Modell → MA(q)-Prozess.

MPM – Abk. für *Metra-Potenzial-Methode*; → Netzplantechnik, die Vorgangsknotennetzpläne (→ Netzplan) verwendet und nur Anfangsfolgen (Mindest- und Höchstabstände) zulässt. Eine weitere Besonderheit besteht in der Möglichkeit, → Bündelbedingungen zu benutzen.

multidimensionale Skalierung (MDS) – *mehrdimensionale Skalierung*; Verfahren der → multivariaten Statistik. Basis sind Bewertungen von Objekten durch Personen. Durch die Unterschiedlichkeit der Bewertung werden Abstände definiert. Die MDS versucht nun die Objekte in einem geringer dimensionierten Raum (meist in eine Ebene) so zu platzieren, dass die Abstände zwischen den Objekten möglichst gut reproduziert werden. – *Einsatz*: Anschauliche Marktabbildung, welche erkennen lässt wo es über- und wo unterbesetzte Marktsegmente sind. – Vgl. auch Marktsegmentierung.

Multikollinearität – *Kollinearität*; in der Regressionsanalyse die Erscheinung, dass die erklärenden Variablen einer zu schätzenden Regressionsbeziehung mehr oder minder korreliert sind. Der Einsatz der klassischen Schätzverfahren ist bei Multikollinearität zwar nicht gefährdet, es ergeben sich jedoch u.U. bei der Schätzung numerische Probleme (Unmöglichkeit der OLS-Schätzung – → Kleinstquadratemethode, gewöhnliche – wenn eine erklärende Variable eine Linearkombination einer oder mehrerer anderer ist). Bei einem linearen → Einzelgleichungsmodell behält zwar der OLS-Schätzer seine stochastischen Eigenschaften, die Multikollinearität führt jedoch u.U. zu sehr großen Varianzen und damit zu wenig verlässlichen Schätzwerten. Deshalb wird in solchen Fällen auch gelegentlich die Verwendung verzerrter statt erwartungstreuer Schätzer vorgeschlagen. Die Anwendung solcher Schätzer verursacht jedoch anderweitige Probleme.

Multiplikationssätze der Wahrscheinlichkeit – Beziehungen zwischen → Wahrscheinlichkeiten von → Ereignissen mit grundlegender Bedeutung in der → Inferenzstatistik. – 1. Sind zwei Ereignisse A und B *stochastisch unabhängig* (→ stochastische Unabhängigkeit), so gilt: P(A B) = P(A) × P(B); die Wahrscheinlichkeit dafür, dass sowohl A als auch B eintreten, ist also gleich dem Produkt der beiden Einzelwahrscheinlichkeiten. – 2. Wird *stochastische Unabhängigkeit nicht* vorausgesetzt, so ist P(A B) = P(A) × P(B|A). Dabei ist P(B|A) die Wahrscheinlichkeit für B unter der Bedingung, dass A eintritt (eingetreten ist). Entsprechende Sätze gelten für mehr als zwei zufällige Ereignisse. – In der Wahrscheinlichkeitstheorie sind die genannten Bedingungen als Definitionen zu verstehen, und zwar für die → stochastische Unabhängigkeit zufälliger Ereignisse bzw. für die → bedingte Wahrscheinlichkeit. – Vgl. auch → Wahrscheinlichkeitsrechnung, → Additionssätze der → Wahrscheinlichkeit.

multivariate Statistik – Teilbereich der Statistik, bei dem verbundene (gemeinsame) Beobachtungen mehrerer → Merkmale zugrunde gelegt sind (Vektoren oder Tupel von Merkmalen). Die Verfahren der multivariaten Statistik umfassen Strukturen entdeckende (→ Faktorenanalyse, → Clusteranalyse, → multidimensionale Skalierung (MDS)) und Strukturen prüfende (→ Regressionsanalyse, → Varianzanalyse, → Diskriminanzanalyse, Kontingenzanalyse (→ Kontingenz), → LISREL) Verfahren.

Mutungsintervall → Konfidenzintervall.

Nachbarn – 1. *Bürgerliches Recht:* Nachbarrecht. – 2. *Graphentheorie:* → Graph.

nachfällige Posten – in der → Zinsrechnung Bezeichnung für solche Gut- oder Lastschriften, die erst nach dem Abschlusstag fällig werden. Sollen derartige Posten in die Zinsberechnung per Kontoabschluss einbezogen werden, ist ein bes. Rechenverfahren erforderlich.

nachschüssige Rente → Rente.

natürliche Zahlen → Zahlenmengen.

Netzplan – 1. *Begriff:* Spezieller → Graph zur Darstellung der Ablaufbeziehungen zwischen Vorgängen und/oder → Ereignissen eines Projekts. – 2. *Typen:* a) *Vorgangspfeilnetzplan:* Die Vorgänge werden als Pfeile, die Ereignisse als Knoten dargestellt. – b) *Ereignisknotennetzplan:* Die Knoten bilden die Ereignisse ab, die Pfeile dokumentieren lediglich die zeitliche Abfolge zwischen den Ereignissen. – c) *Vorgangsknotennetzplan:* Die Knoten stehen für Vorgänge, während die Pfeile bestimmte Abfolgebeziehungen zwischen ihnen darstellen. – Vgl. auch → Netzplantechnik.

Netzplantechnik – 1. *Begriff:* Klasse von Methoden zur Analyse, Planung, Durchführung und Kontrolle, d.h. zur Unterstützung des Managements, von Projekten auf der Grundlage der → Graphentheorie. – 2. *Phasen* (simultan ablaufend, möglicherweise Vorwärts- und Rückkopplungen zwischen diesen): a) *Strukturanalyse und -planung:* Diese Phase beinhaltet die Zerlegung des Gesamtprojekts in überschaubare Teiltätigkeiten (→ Graph) und/oder die Ermittlung wichtiger Projektzustände (→ Ereignisse), zu denen etwa Projektbeginn und -ende gehören. Für die Vorgänge sind ihre bei einem bestimmten vorgesehenen, oft kostenminimalen Faktoreinsatz zu erwartenden Ausführungsdauern zu bestimmen; in Bezug auf Vorgänge und Ereignisse müssen ihre gegenseitigen zeitlichen Anordnungsbeziehungen (d.h. ihre zeitliche Reihenfolge) ermittelt bzw. festgelegt werden. Schließlich erfolgt die Darstellung von Vorgängen, ihren Dauern, von Ereignissen und Abhängigkeiten in einem Pfeildiagramm (→ Netzplan). – b) *Zeitanalyse und -planung:* Auf der Grundlage des erstellten Netzplans berechnet man in einer *Vorwärtsrechnung* (ausgehend vom Projektbeginn) für jeden Vorgang dessen frühestmöglichen Anfangs- und Endzeitpunkt bzw. für jedes Ereignis den frühestmöglichen Eintrittszeitpunkt. U.a. erhält man so auch den frühesten Beendigungstermin des Projekts bzw. dessen Gesamtdauer. Nach Vorgabe eines spätesterlaubten Beendigungstermins (der i.d.R. mit dem frühesten Beendigungstermin identisch angenommen wird, aber nicht vor diesem liegen darf) ließe sich analog in einer *Rückwärtsrechnung* für jeden Vorgang ein spätesterlaubter Anfangs- und Endzeitpunkt bzw. für jedes Ereignis ein spätesterlaubter Eintrittszeitpunkt berechnen. Abweichungen zwischen frühestmöglichen und spätesterlaubten Zeitpunkten definieren Pufferzeiten, die auf Ausdehnungsmöglichkeiten (bei Vorgängen) bzw. auf Verschiebungsmöglichkeiten (bei Vorgängen und Ereignissen) hinweisen. Vorgänge bzw. Ereignisse ohne Pufferzeit bezeichnet man als kritisch. Sie sind bei der Ausführung des Projekts bes. sorgfältig zu überwachen, da eine zeitliche Verzögerung bei ihnen sofort das Projekt über den spätesterlaubten Beendigungstermin hinaus verzögern würde. Kritische Vorgänge bieten darüber hinaus Ansatzpunkte zur Verkürzung der Projektdauer (sofern erforderlich). – c) *Kapazitätsanalyse und -planung:* Hat man jedem Vorgang seinen zeitpunktbezogenen Faktorbedarf im Hinblick auf bestimmte interessierende Faktorarten zugeordnet, so kann man für jede Faktorart auf der Grundlage der frühesten

Anfangszeitpunkte eine *Kapazitätsbelastungskurve* bestimmen, die für jeden Zeitpunkt des Projekts Auskunft darüber gibt, welche Menge des betreffenden Faktors insgesamt (d.h. über sämtliche in diesem Zeitpunkt auszuführende Vorgänge aufsummiert) gerade benötigt werden. Spitzenbelastungen lassen sich bei konstanten Vorgangsdauern häufig zunächst durch eine zeitliche Verschiebung von Vorgängen im Rahmen ihrer Pufferzeiten abbauen *(Glättung der Kapazitätsbelastungskurve)*. Ohne die Projektdauer zu verlängern lassen sich weitere Glättungen oft dadurch erreichen, dass man bei Vorgängen mit Pufferzeiten die zunächst vorgesehene Faktoreinsatzmenge reduziert (etwa Einsatz von zwei Arbeitskräften anstelle von dreien), was gewöhnlich eine entsprechende Verlängerung der betreffenden Vorgangsdauer bewirkt (bei einem Gesamtbedarf von etwa 30 Manntagen für einen bestimmten Vorgang also eine Verlängerung von 10 auf 15 Arbeitstage). Auch dann kann immer noch zu gewissen Zeitpunkten der Kapazitätsbedarf die vorhandene bzw. beschaffbare Kapazität übersteigen. In einem solchen Fall müssen Vorgänge, die aufgrund der in der Strukturanalyse ermittelten Abhängigkeiten an sich zeitlich parallel ausgeführt werden könnten, hintereinander durchgeführt werden. Es kommt dann zwangsläufig zu einer Verlängerung der Projektdauer, wobei – im Rahmen der bereits vorgegebenen Abhängigkeiten – gewöhnlich eine solche Vorgangsreihenfolge zu bestimmen ist, welche zur geringsten Verlängerung der Projektdauer führt. Eine Glättung bzw. Optimierung in Bezug auf eine Faktorart bewirkt aber wiederum Veränderungen an den Kapazitätsbelastungskurven anderer Faktoren, die bei diesen möglicherweise zu neuen Kapazitätsspitzen bzw. Überbeanspruchungen führen. In der Praxis wird deshalb gewöhnlich eine Reihenfolge der Faktoren vorgegeben, in der die Glättung/Optimierung durchzuführen ist.–d) *Kostenanalyse und -planung:* Aufbauend auf den Ergebnissen der Kapazitätsplanung lässt sich durch Bewertung der jeweiligen Faktoreinsatzmengen mit ihren jeweiligen (Verrechnungs-) Preisen eine Kostenanalyse durchführen und die Entwicklung der Kosten im Zeitablauf, etwa in Form von kumulierten Kostenkurven, darstellen. Eine Kostenplanung ist v.a. erforderlich, wenn die zunächst berechnete minimale Projektdauer über der gewünschten liegt. In diesem Fall muss man überlegen, welche Vorgänge unter Einsatz zusätzlicher Faktoren oder Faktormengen verkürzt werden sollen, sodass einerseits die gewünschte Projektdauer nicht überschritten wird, andererseits die Kosten der Verkürzung der Projektdauer minimal werden.–e) *Liquiditätsanalyse und -planung:* Analog zur Kostenanalyse lässt sich eine Liquiditätsanalyse durchführen, welche ebenfalls auf den geplanten Faktormengen aufbaut, aber deren unterschiedliche (Aus-)Zahlungswirksamkeit berücksichtigt. Eine solche Liquiditätsanalyse ist v.a. bei solchen Projekten angebracht, die sich über sehr lange Zeiträume hinziehen. Auf ihrer Grundlage lässt sich dann eine sorgfältig begründete Einnahmenplanung (etwa der Vorauszahlungen der Projektbesteller) durchführen. – f) *Durchführung und Kontrolle:* Die Ergebnisse der Zeit- und Kapazitätsplanung bilden die Grundlage für die Realisierung des Projekts. Die Ergebnisse der Zeit-, Kapazitäts-, Kosten- und Liquiditätsplanung lassen sich außerdem zu Kontrollzwecken verwenden, indem man sie den tatsächlichen Größen gegenüberstellt und bei unerwünschten Abweichungen Gegenmaßnahmen einleitet. Diese führen regelmäßig zu Revisionen der vorangegangenen Teilplanungen. – 3. *Arten:* a) Nach *Orientierung in Bezug auf ihre Untersuchungsstandpunkte* (1) *Vorgangsorientierte Netzplantechniken* bauen auf Listen von Vorgängen, den Vorgangsdauern und ihrer Abhängigkeiten auf und stellen neue, daraus berechnete Informationen über Vorgänge zur Verfügung. Die Abbildung von Vorgängen kann in Form von Pfeilen (Vorgangspfeilnetzpläne, z.B. CPK) oder in Form von Knoten (Vorgangsknotennetzpläne, z.B. NPK) erfolgen.

(2) *Ereignisorientierte Netzplantechniken* (z.B. PERT) bauen auf Ereignisse und ihre zeitliche Abfolge auf. Ereignisse werden stets als Knoten dargestellt Ereignisknotennetzplan), wie in Vorgangsnetzplänen kommen in den Pfeilen lediglich Anordnungsbeziehungen zum Ausdruck.–b) Nach der *Art der Anordnungsbeziehungen, die sie zulassen:* Dabei kann es sich um zeitliche Minimal- oder Maximalabstände handeln, wobei diese Zeitabstände grundsätzlich größer, gleich oder auch kleiner als Null sein können. Als Bezugspunkt für die Festlegung eines zeitlichen Abstands kann bei einem Vorgang sein Beginn oder sein Ende gewählt werden. Entsprechend werden folgende Beziehungstypen zwischen zwei Vorgängen unterschieden: (1) Ende-Anfang-Beziehung (Normalfolge); (2) Anfang-Anfang-Beziehung (Anfangsfolge); (3) Ende-Ende-Beziehung (Endfolge); (4) Anfang-Ende-Beziehung (Sprungfolge). – Vgl. auch → Bündelbedingung. Die meisten Netzplantechniken lassen nur ausgewählte Anordnungsbeziehungen zu. Andere in der Realität auftretende, aber im Netzplan zunächst nicht darstellbare Beziehungen können dann häufig allenfalls durch geschickte Manipulation eingebaut werden.–c) Von einer *deterministischen Netzplantechnik* spricht man, wenn sämtliche Vorgangsdauern bzw. Zeitabstände als sicher angenommen/angesehen werden (z.B. CPM, MPM); bei einer *stochastischen Netzplantechnik* (z.B. PERT) können für die Vorgangsdauern/Zeitabstände dagegen auch Wahrscheinlichkeitsverteilungen angesetzt werden. – 4. *Anwendungen:* Die Methoden der Netzplantechnik bilden – neben denjenigen der → linearen Optimierung – den Teil des → Operations Research (OR), der die weiteste Verbreitung in der ökonomischen Praxis gefunden hat. Das liegt u.a. an der Vielfalt ausgereifter Softwarepakete, die sowohl für Mainframe als auch für Personalcomputer zur Verfügung stehen. Typische Anwendungen in der betriebswirtschaftlichen Praxis betreffen v.a. den Bereich der Produktion (Terminplanung bei Einzelfertigung, etwa von Industrieanlagen, Universitäten, Krankenhäusern, Brücken, Schiffen), die Instandhaltung (Durchführung von Großreparaturen wie etwa an Hochöfen), das Marketing (Einführungsplanung neuer Produkte), das Rechnungswesen (Erstellung von Jahresabschlüssen) oder die Verwaltung (Einführung von EDV-Anlagen).

Newey-West-Standardfehler – von Newey und West (1987) vorgeschlagene konsistente Schätzer der Standardfehler von OLS-Schätzern (→ Kleinstquadratemethode, gewöhnliche), die den Problemen der → Autokorrelation und → Heteroskedastizität Rechnung tragen. – Da OLS-Schätzer im Fall von Autokorrelation und Heteroskedastizität nicht verzerrt sind und GLS-Schätzungen (→ Kleinstquadratemethode, verallgemeinerte) mit einer Reihe von Problemen verbunden sind, wird in der Praxis in großen Stichproben häufig auf Newey-West-Standardfehler zurückgegriffen. Sie ersetzen die bei diesen Verletzungen fehlerhaften OLS-Standardfehler, die unter → Homoskedastizität und Absenz von Autokorrelation hergeleitet werden, und korrigieren damit verfälschte Testentscheidungen. – Vgl. auch → White-Standardfehler.

Newtonsches Näherungsverfahren – Methode, die → Nullstellen jeder differenzierbaren Funktion beliebig genau zu bestimmen. – *Schema* (mit s = wählbare Genauigkeitsschranke, f = differenzierbare Funktion): Schritt: Man wähle x_1 in der Nähe einer Nullstelle (Probieren) (es dürfen keine Wendepunkte zwischen angenäherter und tatsächlicher Nullstelle liegen);Schritt: Berechnung von $x_{n+1} = x_n - (f(x_n)/f'(x_n))$ für n = 1, 2, 3, 4, ...; (1) ist $f(x_{n+1}) = 0$, dann ist x_{n+1} die Nullstelle $\Rightarrow$ Ende des Verfahrens; (2) ist $|f(x_{n+1})| < s$, dann ist x_{n+1} eine ausreichend angenäherte Nullstelle von f $\Rightarrow$ Ende des Verfahrens; (3) ist $|f(x_{n+1})| > s$, dann Berechnung von x_{n+2} und $f(x_{n+2})$ und Überprüfung von $f(x_{n+2})$.

Nichtablehnungsbereich – bei → statistischen Testverfahren das Komplement des Ablehnungsbereiches (→ kritische Region).

nicht parametrische (verteilungsfreie) Testverfahren → statistische Testverfahren, bei denen keine Voraussetzung bez. der expliziten Form der → Verteilung der beteiligten → Variablen erforderlich ist, insbesondere z.B. keine → Normalverteilung unterstellt werden muss. – Zu den nicht parametrischen (verteilungsfreien) Testverfahren gehören u.a. Anpassungstests, also Testverfahren, die eine Verteilungshypothese zum Gegenstand haben, und zahlreiche Testverfahren, bei denen nur Rangwertinformationen (→ Rang) ausgewertet werden.

Nichtstichprobenfehler – in der Statistik → Fehler eines Merkmalswertes oder einer Kenngröße einer → Grundgesamtheit oder Stichprobe, der nicht dadurch bewirkt wird, dass (nur) eine Zufallsauswahl (→ Auswahlverfahren) durchgeführt wurde. – *Gegensatz:* → Stichprobenzufallsfehler.

Nominalskala → Skala, bei der alternative Ausprägungen nur deren Verschiedenheit zum Ausdruck bringen; z.B. besitzen die → Merkmale Geschlecht oder Fakultätszugehörigkeit bei Studierenden eine Nominalskala. – Vgl. auch → Skalenniveau.

Non-Response-Problem – in der Statistik, bes. in der Umfrageforschung, das Problem, dass bei einem Teil der Befragten, die zu einer Stichprobe gehören, wegen Nichtanwesenheit oder Verweigerung keine Antwort erzielt wird oder einem (schriftlichen oder mündlichen) Frageprogramm nur unvollständig entsprochen wird. Das Non-Response-Problem kann die Repräsentativität einer Stichprobe gravierend beeinträchtigen, weil eine Nichtbeantwortung meist mit den Befragungsgegenständen verknüpft ist. – *Behandlung* des Non-Response-Problems dadurch, dass aus den ursprünglich Nichtantwortenden eine Stichprobe ausgewählt und einem anderen Befragungsmodell, z.B. einer fernmündlichen Befragung, unterworfen wird. Bei unvollständiger Bedienung eines Frageprogrammes durch einzelne Befragte werden mit den Verfahren der Imputation und der Kalibrierung (→ Kalibrierung, statistische) Surrogate für die fehlenden Daten ermittelt und in die Schätzung einbezogen. Die Eliminierung unvollständiger Datensätze ist als Notlösung einzuschätzen.

Normalverteilung – *Gaußsche Normalverteilung*; eine in der → Inferenzstatistik bes. wichtige Wahrscheinlichkeitsverteilung benannt nach C.F. Gauß. Die Dichtefunktion einer Normalverteilung mit den Parametern μ und $\sigma^2 > 0$ hat die Form

$$f(x) = \frac{1}{\sqrt{2\pi} \cdot \sigma} \exp(-\frac{(x-\mu)^2}{2\sigma^2})$$

für $-\infty < x < \infty$.

– 1. Die → Parameter der Normalverteilung sind der → Erwartungswert μ und die → Varianz σ^2. Mithilfe der → Standardtransformation können Normalverteilungen mit beliebiger Parameterlage in die → Standardnormalverteilung ($\mu = 0$; $\sigma^2 = 1$) überführt werden. Hat die Zufallsvariable X eine Normalverteilung mit den Parametern μ und σ^2, so hat die Zufallsvariable $(X-\mu)/\sigma$ eine Standardnormalverteilung. Für die Auswertung der → Dichtefunktion bzw. → Verteilungsfunktion der Standardnormalverteilung existieren *Tabellenwerke*, in denen Werte der → Verteilungsfunktion verzeichnet sind. Die Tabellen der Standard-Normalverteilung können daher zur Auswertung beliebiger Normalverteilungen herangezogen werden. – 2. *Eigenschaften*: Bei grafischer Darstellung ergibt die Dichtefunktion einer Normalverteilung eine glockenförmige Kurve, die symmetrisch zur Geraden $x = \mu$ ist. Der Erwartungswert μ fällt mit dem → Modus und dem → Median zusammen. Die Glockenkurve hat Wendepunkte bei den Abszissen $\mu + \sigma$ bzw. $\mu - \sigma$. Für eine μ-normalverteilte Zufallsvariable X gilt (gerundete Werte): $P(\mu - \sigma \leq X \leq \mu + \sigma) = 0{,}6827$; $P(\mu - 2\sigma \leq X \leq \mu + 2\sigma) = 0{,}9545$; $P(\mu - 3\sigma \leq X \leq \mu +$

3σ) = 0,9973. – Vgl. Abbildung „Normalverteilung".

Normalverteilung

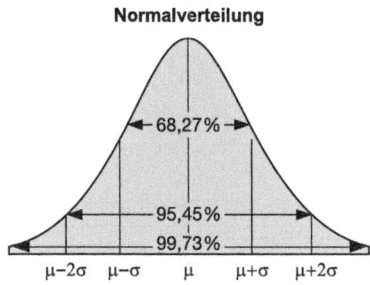

– 3. *Bedeutung*: Annähernd normalverteilte Merkmale sind in der Wirtschaft und im technisch-naturwissenschaftlichen Bereich gelegentlich zu beobachten. So ist z.B. der Stichprobendurchschnitt (→ arithmetisches Mittel) bei großem Stichprobenumfang unter geeigneten Voraussetzungen annähernd auch dann als normalverteilt zu betrachten, wenn über die Verteilung der → Grundgesamtheit nichts bekannt ist. Dies ist durch den Zentralen → Grenzwertsatz begründbar. Die Normalverteilung wird unter gewissen Voraussetzungen zur Approximation vieler theoretischer Verteilungen verwendet, etwa der → Binomialverteilung, der → hypergeometrischen Verteilung, der → Poissonverteilung oder der → Chi-Quadrat-Verteilung.

Nullhypothese – bei → statistischen Testverfahren die Hypothese, deren Prüfung durchgeführt werden soll. Oft wird die Nullhypothese als Negation einer Arbeitshypothese (Alternative) aus dem Sachzusammenhang heraus formuliert. Das Interesse des empirisch arbeitenden Forschers ist dann auf die Verwerfung der Nullhypothese gerichtet. Grundsätzlich kann durch einen statistischen Test bei vorgegebenem Signifikanzniveau nur die Gültigkeit der Alternative abgesichert werden.

Nullstelle – einer Funktion erhält man durch Nullsetzen der Funktion (y = 0) und Auflösen nach x. – Vgl. auch → p-q-Formel, → Newtonsches Näherungsverfahren.

Nullverteilung – bei → statistischen Testverfahren (im Fall einer zweiseitigen Fragestellung) die Verteilung der → Prüfvariablen unter der Voraussetzung der Gültigkeit der → Nullhypothese.

offene Randklasse → Klassenbildung.

ökonometrische Methoden – Die Vielfalt ökonometrischer Methoden lässt sich unabhängig von der Form des → ökonometrischen Modells (Strukturmodelle oder → Zeitreihenmodelle) unterteilen in: (1) Schätzmethoden für die unbekannten Parameter (Methoden zur numerischen Konkretisierung der unbekannten Parameter); (2) Methoden zur Überprüfung der jeweils vorgenommenen stochastischen und ökonomischen Spezifikationen der Modelle, d.h. in Spezifikationstests und andere Testverfahren; (3) Methoden zur Evaluation der geschätzten Modelle und deren Weiterverarbeitung.

ökonometrisches Modell – 1. *Modellbildung*:Die Beziehungen zwischen den Variablen werden durch Relationen (Gleichungen, Ungleichungen) beschrieben, die unbekannte Parameter enthalten können. Die ökonomischen Modelle sind i.d.R. deterministisch formuliert, weil die Wirtschaftstheorie primär an der logischen Analyse ökonomischer Begriffsbildungen und Hypothesen interessiert ist. Oft ist es dabei nicht einmal notwendig, die Funktionalform und die Parameter der Relationen zwischen den Modellvariablen näher zu konkretisieren. Sobald jedoch ein Modell aus der ökonomischen Theorie auf seinen empirischen Gehalt überprüft werden soll, ist eine entsprechende Konkretisierung vorzunehmen, d.h. die Begriffsbildungen der theoretischen Analyse sind in operable wirtschaftsstatistische Größen umzusetzen, die Funktionalformen und die Annahmen über die Parametervariation müssen festgelegt werden etc. – 2. *Probleme*:Wird ein ökonomisches Modell mit Beobachtungsdaten konfrontiert, so zeigt es sich, dass abgesehen von definitorischen Beziehungen die Modellrelationen, solange die Parameter als konstant angesehen werden, die Variation der Beobachtungswerte nicht vollständig erfassen können. Mögliche Ursachen zur Erklärung dieser Diskrepanzen zwischen Empirie und Modell sind Beobachtungs- oder Messfehler in den Daten, Mängel in der → Spezifikation des verwendeten Modells (z.B. Nichtberücksichtigung wichtiger Einflussfaktoren) oder eine gewisse Unbestimmtheit in den Entscheidungen der Wirtschaftssubjekte. – Der gebräuchlichste Ansatz in der Ökonometrie zur Lösung dieses Problems besteht nun darin, durch die Aufnahme nichtbeobachtbarer Zufallsvariablen in die Modellspezifikation diesen Diskrepanzen Rechnung zu tragen. Da diese Zufallsvariablen bei einer Konfrontation des Modells mit der Empirie die Abweichungen zwischen den durch das Modell beschriebenen Werten und den Beobachtungsdaten repräsentieren, werden sie auch als → Störterme bezeichnet. Durch die Einführung dieser Störvariablen erhalten alle vom Modell zu erklärenden Variablen einen stochastischen Charakter. Diese Stochastisierung ist eine wesentliche Charakteristik ökonometrischer Modelle. – 3. *Formen und Typen*:Durch die Anzahl der Relationen, deren Funktionalform und durch spezifische Annahmen über den Charakter der Zufallsvariablen im Modell sowie durch strukturelle Besonderheiten und in Abhängigkeit von der verwendeten Datenbasis ergeben sich unterschiedliche Formen und Typen ökonometrischer Modelle, die in aller Regel auch spezifische, methodische Schätzansätze erfordern. So sind → Einzelgleichungsmodelle und → Mehrgleichungsmodelle, Modelle basierend auf Paneldaten (→ Paneldaten und Paneldatenmodelle), → Querschnittsdaten oder → Zeitreihendaten, mikro- (→ Mikroökonometrie) und → makroökonomische Modelle, dynamische (→ Lag-Modell) und → statische Modelle, usw. zu unterscheiden.

ökonometrisches Prognosemodell – Es sind allg. zwei Prognosearten zu unterscheiden: (1) Bei Ex-Post-Prognosen sind sowohl die Werte der verzögerten gemeinsam abhängigen Variablen als auch die der exogenen Variablen bekannt. Werden für die verzögerten gemeinsam abhängigen Variablen, abgesehen von den Anfangswerten, die durch das Modell bestimmten Werte und nur für die exogenen Variablen die Beobachtungswerte verwendet, handelt es sich um eine dynamische Ex-Post-Prognose. (2) Bei Ex-Ante-Prognosen müssen die Werte für die exogenen Variablen außerhalb des Modells prognostiziert werden, oder es muss für diese Werte auf Prognosen mit anderen Modellen bzw. aus anderen Quellen zurückgegriffen werden. – Bei der späteren Überprüfung der Prognosequalität muss zunächst die Prognose unter Verwendung der dann bekannten Beobachtungswerte für die exogenen Variablen wiederholt werden, um zwischen Prognosefehlern, die auf Fehler bei der Prognose der exogenen Variablen zurückgehen, und den eigentlichen Prognosefehlern des Modells unterscheiden zu können. – Zur Beurteilung der Prognosequalität steht eine Reihe von Prüfmaßen zur Verfügung. Dazu zählen z.B. der mittlere quadratische Prognosefehler und → Theils Ungleichheitskoeffizient.

OLS – Abk. *Ordinary Least Squares*, vgl. → Kleinstquadratemethode, gewöhnliche.

Operationscharakteristik – bei → statistischen Testverfahren Funktion, die jedem (wahren, aber in einer konkreten Testsituation unbekannten) Wert des zu prüfenden → Parameters die Wahrscheinlichkeit der Nichtablehnung der → Nullhypothese zuordnet. Dabei werden Nullhypothese, Signifikanzniveau und Stichprobenumfang als fest vorausgesetzt. Für jeden Wert des Parameters addieren sich Operationscharakteristik und → Gütefunktion eines Tests zu 1.

Operations Research (OR) – *Operational Research, Unternehmensforschung*. 1. *Begriff:* Die Zielsetzung des OR ist die Entwicklung, Untersuchung und der Einsatz von mathematischen Modellen und Verfahren zur Unterstützung von Entscheidungsprozessen. Im Rahmen eines Entscheidungsprozesses kann auf die Verfahren des OR zur Entscheidungsvorbereitung, Entscheidungsfindung sowie Entscheidungsdurchführung und -kontrolle zurückgegriffen werden. Die Entscheidungsvorbereitung zielt darauf ab, entscheidungsrelevante Informationen zu beschaffen und aufzubereiten. Dabei entstehen bes. Beschreibungs- und Erklärungsmodelle, die durch z.B. Verfahren der → Netzplantechnik oder → Simulation gebildet werden. Die Entscheidungsfindung erfolgt auf der Grundlage von Entscheidungsmodellen. Aus einem Entscheidungsmodell werden z.B. durch Verfahren der → mathematischen Optimierung oder Modelle der Spieltheorie Entscheidungsvorschläge abgeleitet. – 2. *Entwicklung:* Frühe Entwicklungen zur Lösung von ökonomischen Entscheidungsproblemen mit mathematischen Methoden finden sich etwa bei Erlang (1905) zur Untersuchung von → Warteschlangen im Telefonnetz Kopenhagens, bei Harris (1915) und Andler (1929) zu Lagerhaltungsmodellen oder bei von Neumann und Morgenstern (1928) zur Spieltheorie. Der Begriff OR wurde aber erst in der Zeit des Zweiten Weltkriegs geprägt. In Großbritannien und den USA wurde in dieser Epoche versucht, militärische Entscheidungen mithilfe mathematischer Methoden zu verbessern. Nach dem Krieg wurden die Arbeiten in der Industrie fortgesetzt, nachdem dort die Bedeutung der Methoden für ökonomische Fragestellungen erkannt worden war. Die von Dantzig (1946) entwickelte Simplexmethode, die Netzplantechniken → CPM und → MPM (1958) und die Konzepte der → dynamischen Optimierung von Bellmann (1957) stellten die ersten wesentlichen Erfolge zur Begründung des OR als wissenschaftliche Disziplin dar. – 3. *Prozess:* Der Prozess der Anwendung des OR zur Problemlösung kann in folgende Phasen unterteilt werden: (1) Formulierung des

Problems; (2) Analyse der relevanten Zusammenhänge des Problems; (3) Entwicklung eines dem Problem isomorphen mathematischen Modells; (4) Datenbeschaffung und -aufbereitung sowie Konzipierung einer Lösungsmethode; (5) Suche von Modelllösungen; (6) Kontrolle der Ergebnisse; (7) Übertragung der Lösung auf das Problem. – 4. *Verfahren:* Zur Unterstützung von Entscheidungsprozessen können zahlreiche verschiedene Verfahren des OR wie z.B. Entscheidungsbaumverfahren, graphentheoretische Verfahren, Verfahren der mathematischen Optimierung, Verfahren der Simulation, heuristische Verfahren, Modelle der Spieltheorie und Modelle der Warteschlangentheorie herangezogen werden. – 5. *Problemtypen:* (1) Wartezeitprobleme; (2) Zuteilungsprobleme: Reihenfolge (Wege, Aufträge), Transport, Produktionsprogramm; (3) Lagerhaltungsprobleme; (4) Ersatzprobleme; (5) Konkurrenzprobleme. – 6. *Anwendungsstand:* Empirische Untersuchungen in Industrieunternehmungen zeigten, dass in Deutschland die Anwendungsschwerpunkte des OR in Unternehmungen der Grundstoff-, Metall verarbeitenden und Chemischen Industrie, der Elektrotechnik und in Energieversorgungsunternehmen lagen. Vielfältige Anwendungen sind außerdem von Fluggesellschaften, Handelsunternehmungen und landwirtschaftlichen Betrieben bekannt. In Bezug auf die betrieblichen Funktionsbereiche betreffen die Anwendungen v.a. Produktion, Lagerhaltung und Absatz. Heutzutage lassen sich auch vielfältige Anwendungen im Bereich der Banken und der Telekommunikation finden. In den letzten zehn Jahren haben sich die institutionellen OR-Gruppen in Unternehmen im Wesentlichen aufgelöst und sind in die IT und Fachabteilungen integriert worden. Die Implementierung von OR-Algorithmen in Standardsoftwarepaketen und Decision-Support-Systemen hat eine hohe Verbreitung der Verfahren herbeigeführt. Bes. die Methoden des Projektmanagements (PM), der Simulation und der → linearen Optimierung werden mit hohem Leistungsvermögen für Arbeitsplatzrechner angeboten. Eine gewisse Renaissance der OR-Modelle ist derzeit unter den Schlagworten Supply Chain Management und Risikomanagement zu verzeichnen. – 7. *Institutionen:* Im dt. Sprachraum befassen sich die Gesellschaft für Operations Research (GOR) e. V., die Schweizerische Vereinigung für Operations Research (SVOR) und die Österreichische Gesellschaft für Operations Research (ÖGOR) mit OR. Auf internationaler Ebene sind die nationalen Gesellschaften u.a. zur International Federation of Operational Research Societies (IFORS) und in Europa zur Association of European Operational Research Societies within IFORS (EURO) zusammengeschlossen.

OR – Abk. für → Operations Research.

Ordered Probit- und Logit-Modelle – ökonometrische nicht lineare Modelle (→ ökonometrisches Modell) zur Erklärung von ordinalen (z.B. Variable mit den Ausprägungen „schlechter", „gleich bleibend" und „besser") abhängigen Variablen (→ Variable, endogene). Dabei beeinflusst ein Vektor von erklärenden Variablen (→ Variable, exogene), die Wahrscheinlichkeiten, dass eine bestimmte Kategorie der abhängigen Variablen eintritt. Die gängigsten Modelle für geordnete Kategorien sind das Ordered Probit- und das Ordered Logit-Modell. – Wie bei normalen → Probit-Modell für binäre Daten wird für die Modellierung der Wahrscheinlichkeiten beim Ordered Probit-Modell die Standardnormalverteilung herangezogen (analog für das Ordered Logit-Modell). Die geschätzten Koeffizienten können aufgrund der nicht linearen Modelle nicht als marginale Effekte interpretiert werden. Die Schätzung erfolgt i.d.R. mit der → Maximum-Likelihood-Methode. → Heteroskedastizität führt im Gegensatz zum linearen → Regressionsmodell häufig zu verzerrten Schätzern.

Ordinalskala – *Rangskala;* → Skala, auf der alternative → Ausprägungen neben Verschiedenheit auch eine Rangordnung zum Ausdruck bringen, z.B. Schulnote oder Intelligenzquotient. – Vgl. auch → Skalenniveau, Operationalisierbarkeit. – *Gegenteil:* → Nominalskala, → Kardinalskala.

Ordinate → Koordinatensystem.

Output – I. Produktionstheorie: mengenmäßiger Ertrag (Ausbringung, Ausstoß, Produktion, Beschäftigung, Bezugsgröße für den Faktorverbrauch) eines Betriebs (einer Kostenstelle, eines Aggregats). – *Gegensatz:* Input.

II. Systemtheorie/Kybernetik: Beziehungsaufnahme zwischen System und Umwelt in Form der Abgabe der drei Grundkategorien Materie, Energie und Information.

III. Statistik: Summe der Lieferungen eines Wirtschaftszweiges an andere.

P

Paasche-Index → Indexzahl, bei der die Gewichte g_i die (hypothetischen) relativen Wertgrößen (Umsätze) sind, welche durch Multiplikation von aktuellen Mengen mit Preisen der Basiszeit (Paasche-Preisindex) bzw. von aktuellen Preisen mit Mengen der Basiszeit (Paasche-Mengenindex) zustandekommen. – 1. *Paasche-Preisindex:*

$$P_{0,1}^P = \sum \frac{p_1^i}{p_0^i} \cdot g_i$$
$$= \sum \frac{p_1^i}{p_0^i} \cdot \frac{p_0^i q_1^i}{\sum p_0^i q_1^i} = \frac{\sum p_1^i q_1^i}{\sum p_0^i q_1^i}.$$

2. *Paasche-Mengenindex:*

$$P_{0,1}^Q = \sum \frac{q_1^i}{q_0^i} \cdot g_i$$
$$= \sum \frac{q_1^i}{q_0^i} \cdot \frac{q_0^i p_1^i}{\sum q_0^i p_1^i} = \frac{\sum q_1^i p_1^i}{\sum q_0^i p_1^i}.$$

Dabei ist 1 die Berichtsperiode, 0 die Basisperiode, p^i sind die Preise und q^i die Mengen der Güter i. Problematisch ist, dass die Gewichte mit jeder Berichtsperiode neu ermittelt werden müssen. Deshalb wird in der amtlichen Statistik der → Laspeyres-Index bevorzugt.

Paneldatenmodell mit fixen Effekten → Fixed-Effects-Modell.

Paneldatenmodell mit stochastischen Effekten → Random-Effects-Modell.

Paneldaten und Paneldatenmodelle – Bei der ökonometrischen Modellierung geht man davon aus, dass die Daten in gewisser Weise gepoolt werden können. Der einfachste Fall eines linearen Paneldatenmodells ist durch $y_{i,t} = \beta' x_{i,t} + \alpha_i + \varepsilon_{i,t}$ gegeben, wobei $\varepsilon_{i,t}$ einen unabhängig und identisch verteilten Störterm darstellt. Hier wird angenommen, dass die zu den exogenen Variablen x gehörenden Steigungsparameter β für alle Individuen i identisch sind (häufigste Annahme für die Poolbarkeit). Die Heterogenität der Individuen kommt in den unbeobachteten Individualeffekten α_i zum Ausdruck. Darin sind alle unbeobachtbaren individuenspezifischen Einflussfaktoren enthalten, die zeitinvariant sind. Je nachdem welche Eigenschaften bezügl. der Individualeffekte unterstellt werden, ergeben sich unterschiedliche Paneldatenmodelle (→ Fixed-Effects-Modell bzw. → Random-Effects-Modell). Existieren keine Individualeffekte, so könnte man die Gleichung auch mit OLS (→ Kleinstquadratemethode, gewöhnliche) schätzen. In diesem Fall führt man einen sog. Simple-Pooling-Ansatz durch, da man mögliche Heterogenitäten vernachlässigt. Weiterführende Panelmethoden lassen auch individuenspezifische Steigungsparameter (Random-Coefficient-Modell) zu. – Vorteile von Paneldaten: (1) Im Gegensatz zu → Querschnittsdaten ermöglichen sie trotz unbeobachteter Heterogenität α_i der Untersuchungseinheiten konsistente Schätzungen. Die Vernachlässigung der Individualeffekte führt sonst häufig zu verzerrten Schätzungen. (2) Paneldaten erlauben die Analyse von dynamischen Anpassungsprozessen und Wirkungsverzögerungen. (3) Paneldaten weisen eine größere Variabilität der Daten auf, indem sie Zeitreihen- und Querschnittsinformationen kombinieren, und vermeiden somit das häufig reinen Zeitreihenanalysen immanente Problem der → Multikollinearität. Die Schätzungen weisen eine größere Präzision auf. (4) Paneldaten erlauben Phänomene zu untersuchen, die mit reinen Zeitreihen- oder Querschnittsdaten nicht untersucht werden können. So sagt z.B. die Entwicklung der gesamtwirtschaftlichen Arbeitslosenquote nichts über die individuelle Betroffenheit aus. Bei einer Arbeitslosenquote von 10 Prozent in zwei aufeinander folgenden Jahren könnten im einen Extremfall in beiden Jahren jeweils dieselben Personen, im anderen Extremfall aber ganz unterschiedliche Personen betroffen sein.

Parabel – 1. In einer *Parabel 2. Grades* ist die unabhängige Variable in der zweiten Potenz enthalten: $f(x) = ax^2 + bx + c$; sie sind spiegelsymmetrisch zur Achse durch den → Extremwert. – *Beispiel:* Die meisten Gewinn- und Umsatzfunktionen werden durch nach unten geöffnete Parabel 2. Grades beschrieben. – 2. In einer *Parabel 3. Grades* ist die unabhängige Variable in der dritten Potenz enthalten: $f(x) = ax^3 + bx^2 + cx + d$. *Beispiel:* S-förmige Kostenfunktion.

Parameter – I. Mathematik: Veränderliche, für gewisse Überlegungen konstant gehaltene Hilfsgrößen bei der Darstellung von Kurven oder Flächen; Koeffizienten in algebraischen Gleichungen, kennzeichnende Konstanten zur Unterscheidung von mathematischen Funktionen.

II. Statistik: Konstante zur Charakterisierung einer empirischen → Verteilung in einer → Grundgesamtheit oder einer theoretischen Verteilung. Bei realen Grundgesamtheiten interessieren v.a. die Parameter → arithmetisches Mittel, → Varianz oder → Anteilswert, auf die die Schätzverfahren und → statistischen Testverfahren der Inferenzstatistik gerichtet sind. Bei theoretischen Verteilungen unterscheidet man *Funktional-Parameter* (Kenngrößen), bes. → Erwartungswert und → Varianz, sowie *explizite Parameter*, also variable Größen, welche explizit in der → Dichtefunktion bzw. → Wahrscheinlichkeitsfunktion vorkommen.

III. Wirtschaftsinformatik: (v.a. im Rahmen der Programmentwicklung): Wert, der als Eingangsgröße beim Aufruf eines Unterprogramms von dem aufrufenden Programm übergeben wird oder als Ergebnis (Ausgangsgröße) von dem Unterprogramm an das aufrufende Programm zurückgegeben wird.

Parameterschätzung – zusammenfassende Bezeichnung für die Anwendung von Verfahren der → Punktschätzung und → Intervallschätzung für → Parameter der Grundgesamtheit mithilfe eines vorliegenden Stichprobenbefundes.

Parametertest → statistisches Testverfahren, das einen oder mehrere Parameterwerte (→ Parameter) zum Gegenstand hat.

Partialkontrolle – *statistische Qualitätskontrolle*; Verfahren der Qualitätskontrolle (Qualitätssicherung). Das Wesen der Partialkontrolle besteht in der Überprüfung einiger zufällig ausgewählter Einheiten (→ Zufallsstichprobe) aus einer Grundgesamtheit im Hinblick auf ein oder mehrere Qualitätsmerkmale. Anhand der Stichprobenergebnisse wird auf das Qualitätsniveau der Grundgesamtheit geschlossen. – Nach der Erfassung des Qualitätsmerkmals sind zu *unterscheiden:* Attributenkontrolle (zählende Prüfung) und Variablenkontrolle (messende Prüfung). – *Gegensatz:* Totalkontrolle.

partielle Ableitung – wird zur Bestimmung von → Extremwerten von nicht linearen → Funktionen mit mehr als einer unabhängigen Variable benötigt. Sie beschreibt eine richtungsabhängige Steigung in Richtung einer unabhängigen Variable. – Bei der Bildung der partiellen Ableitung werden alle unabhängigen Variablen bis auf eine als Konstante aufgefasst und die Gleichung nach dieser einen Variable durch die → Differenzierungsregeln für Funktionen mit einer unabhängigen Variable abgeleitet (partielle Ableitung 1. Ordnung). Es existieren so viele partielle Ableitungen 1. Ordnung wie unabhängige Variablen. Werden die partielle Ableitungen 1. Ordnung nach den gleichen Regeln noch einmal abgeleitet entstehen partielle Ableitungen 2. Ordnung etc. Die beiden üblichen Schreibweisen f' und $\partial f / \partial x$ zeigen an, nach welcher Variable jeweils abgeleitet wird. – Vgl. auch → totales Differenzial.

Permutation – Begriff aus der → Kombinatorik. Darunter versteht man die verschiedenen Anordnungen von Elementen einer Grundmenge, wobei in jeder Anordnung alle Elemente der Grundmenge berücksichtigt

werden müssen. – (1) Sind alle Elemente der Grundmenge verschieden, handelt es sich um *Permutationen ohne Wiederholung:* P = n!.
(2) Lassen sich mind. zwei Elemente der Grundmenge nicht voneinander unterscheiden, handelt es sich um *Permutationen mit Wiederholung.* Hierbei werden die identischen Elemente der Grundmenge in r Teilmengen zusammengefasst und wird die Anzahl der Elemente aus der i-ten Teilmenge mit ni bezeichnet:

$$P = \frac{n!}{(n_1!\, n_2! \ldots n_r!)},$$

wobei: n = Anzahl der Elemente der Grundmenge, r = Teilmengen gleichartiger Elemente. – Vgl. auch → Kombinatorik, → Kombination, → Fakultät.

PERT – Abk. für *Program Evaluation and Review Technique;* (stochastische) → Netzplantechnik, die Ereignisknotennetzpläne (→ Netzplan) verwendet. Eine Besonderheit von PERT besteht darin, dass die Ausführungsdauer von Vorgängen als Zufallsvariable angesehen wird, die einer Beta-Verteilung unterliegt. Die Schätzung der Parameter der betreffenden Verteilung erfolgt über einen optimistischen, einen pessimistischen und einen wahrscheinlichsten Wert für die Ausführungsdauer des Vorgangs (Dreizeitenschätzung).

Poisson-Modell für Zähldaten – ökonometrisches nicht lineares Modell (→ ökonometrisches Modell) zur Erklärung abhängiger Variablen (→ Variable, endogene), deren Realisationen Häufigkeiten bzw. natürliche Zahlen sind. – In diesem Modell liefert die Poisson-Verteilung die Wahrscheinlichkeit für einzelne Häufigkeiten und der Parameter der Poisson-Verteilung als erwartete Häufigkeit wird als nicht lineare Funktion gewisser erklärender Variablen (→ Variable, exogene) modelliert. Die Schätzung erfolgt mit der → Maximum-Likelihood-Methode. – Das Poisson-Modell unterliegt der strengen Annahme, dass die Varianz der Häufigkeiten ihrem Erwartungswert entspricht.

Diese ist jedoch relativ realitätsfern, da die Varianz der Häufigkeiten meist größer als ihr Erwartungswert ist (engl. *overdispersion*). In der Literatur werden verschiedene Negbin-Modelle (engl. *Negative-Binomial-Models*) ohne diese einschränkende Eigenschaft vorgeschlagen.

Poissonverteilung – diskrete Wahrscheinlichkeitsverteilung. Die → Wahrscheinlichkeitsfunktion der Poissonverteilung lautet:

$$f(k) = \frac{\lambda^k}{k!} e^{-\lambda}, k = 0, 1, 2, \ldots$$

Dabei ist die (Intensitäts-)Rate $\lambda > 0$, e die → Eulersche Zahl und k! = $1 \cdot 2 \cdot \ldots \cdot k$ für k > 0 und 0! = 1. Die Poissonverteilung wird u.a. zur → Approximation der → Binomialverteilung für den Fall eines sehr kleinen Anteilswertes p verwendet, d.h. für Prozesse, bei denen die Wahrscheinlichkeit für das Eintreffen eines Ereignisses sehr klein ist (seltene Ereignisse, z.B. Telefonanruf, Kundenankunft in einer kleinen Zeitspanne). Der → Parameter λ ist sowohl → Erwartungswert als auch → Varianz der Poissonverteilung.

Polygondarstellung – Darstellung einer → Häufigkeitsverteilung in Bezug auf ein → quantitatives Merkmal, bei dem eine → Klassenbildung vorgenommen wurde. Die Polygondarstellung ist nur dann korrekt, wenn gleiche Klassenbreiten vorliegen. Man trägt über jeder Klassenmitte die zugehörige (absolute oder relative) → Häufigkeit ab und verbindet die Punkte sukzessive durch Geradenstücke. Der Linienzug beginnt und endet auf der Abszisse bei denjenigen Klassenmitten, für die keine Beobachtungen mehr vorliegen. Die Polygondarstellung bietet bei Abtragen der relativen Häufigkeiten gute Vergleichsmöglichkeiten mehrerer Häufigkeitsverteilungen, ist jedoch, da sie bei verschiedenen Klassenbreiten nicht geeignet ist, gegenüber dem → Histogramm in den Hintergrund getreten. – *Beispiel:* Die in Tabelle „Polygondarstellung – Häufigkeitsverteilung" verzeichnete Häufigkeitsverteilung ergibt eine absolute Polygondarstellung gemäß der Zeichnung „Polygondarstellung – Absolute Darstellung".

Polygondarstellung – Häufigkeitsverteilung (Beispiel)

Klasse	Häufigkeit absolut	Klassenmitte
0 bis unter 10	5	5
10 bis unter 20	10	15
20 bis unter 30	20	25
30 bis unter 40	30	35
40 bis unter 50	25	45
50 bis unter 60	15	55
60 bis unter 70	5	65
zusammen	110	X

Polygondarstellung – Absolute Darstellung (Beispiel)

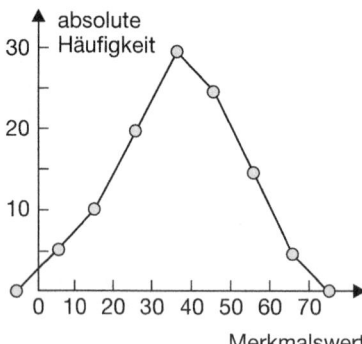

Potenzieren – Das n-fache Produkt einer Zahl mit sich selbst ($a \cdot a \cdot \ldots \cdot a = a^n$) entspricht der n-ten Potenz dieser Zahl (a^n). Dabei wird a als Basis (oder Grundzahl) und n als Exponent (oder Hochzahl) bezeichnet. – *Regeln für den Umgang mit Potenzen:* (1) $a^n \cdot a^m = a^{n+m}$;

(2) $(a^n)^m = a^{n \cdot m}$;

(3) $a^n / a^m = a^{n-m}$ (mit $a \neq 0$);

(4) $a^{-n} = 1 / a^n$ (mit $a \neq 0$);

(5) $a^0 = 1$ (Definition);

(6) $a^{\frac{n}{m}} = \sqrt[m]{a^n}$

Powerfunktion → Gütefunktion.

p-q-Formel – Formel zur Lösung von quadratischen Gleichungen. Normalform einer quadratischen Gleichung:

$x^2 + px + q = 0$.

Es ergeben sich die Lösungen x_1 und x_2:

$$x_{1,2} = -\frac{p}{2} \pm \sqrt{\left(\frac{p}{2}\right)^2 - q}.$$

p-Quantil → Quantil der Ordnung p.

Prais-Winsten-Transformation – von Prais und Winsten (1954) vorgeschlagene Methode zur Berücksichtigung der Beobachtung, die im Rahmen einer GLS-Transformation (→ Kleinstquadratemethode, verallgemeinerte) zur Begegnung von → Autokorrelation erster Ordnung verloren geht. – Berücksichtigt man als erstes transformiertes Beobachtungstupel

$$Y_1^* = \sqrt{1 - \rho^2} Y_1 \quad und \quad X_{k1}^* = \sqrt{1 - \rho^2} X_{k1}$$

für k = 1,2,...,K, wobei Y_1 die erste Beobachtung der erklärten Variable, X_{k1} die erste Beobachtung der k-ten erklärenden Variablen und ρ den bekannten Autokorrelationskoeffizienten erster Ordnung darstellt, so ist gewährleistet, dass die OLS-Schätzer (→ Kleinstquadratemethode, gewöhnliche) der GLS-Gleichung bei Autokorrelation erster Ordnung effizient sind. – Wird der → Cochrane-Orcutt-Schätzer bei Autokorrelation unter Verwendung einer Schätzung von ρ in dieser Art und Weise um die verloren gegangene Beobachtung ergänzt, spricht man häufig auch vom Prais-Winsten-Schätzer.

Primärstatistik – (statistische) → Erhebung, die eigens und ausschließlich zu statistischen Zwecken erfolgt, z.B. eine Volkszählung. – *Gegensatz:* → Sekundärstatistik.

Probit-Modell für binäre Daten – ökonometrisches nicht lineares Modell (→ ökonometrisches Modell) zur Erklärung von binären (Codierung: 0 = Ereignis tritt nicht ein, 1 = Ereignis tritt ein) abhängigen Variablen (→ Variable, endogene). Dabei beeinflusst ein Vektor von erklärenden Variablen

(→ Variable, exogene), die Wahrscheinlichkeit, dass das Ereignis eintritt. Die gängigste Alternative zum Probit-Modell ist das → Logit-Modell für binäre Daten. – Der bedingte Erwartungswert der binären Variablen (gegeben den exogenen Variablen) entspricht der Wahrscheinlichkeit, dass das Ereignis eintritt. Die exogenen Variablen bestimmen diese Wahrscheinlichkeit nicht auf eine lineare Weise, sondern beim Probit-Modell wird dafür die Standardnormalverteilung herangezogen. Damit sind die geschätzten Wahrscheinlichkeiten im Gegensatz zum linearen Wahrscheinlichkeitsmodell auf das Intervall [0,1] beschränkt. Die geschätzten Koeffizienten können aufgrund des nicht linearen Modells nicht als marginale Effekte interpretiert werden. Die Schätzung erfolgt i.d.R. mit der → Maximum-Likelihood-Methode. → Heteroskedastizität führt im Gegensatz zum linearen → Regressionsmodell häufig zu verzerrten Schätzern.

Prognose – I. Begriff: Aussage über zukünftige Ereignisse, bes. zukünftige Werte ökonomischer → Variablen (z.B. angewandt als Konjunkturprognose, Situationsanalyse oder Bevölkerungsvorausrechnung), beruhend auf Beobachtungen aus der Vergangenheit und auf theoretisch wie empirisch fundierten nachvollziehbaren Verfahren und Theorien. Prognosen richten sich v.a. auf Variablen, die nicht oder kaum durch denjenigen gestaltbar sind, der die Prognose vornimmt. – *Grundlage* jeder Prognose ist eine allg. Stabilitätshypothese, die besagt, dass gewisse Grundstrukturen in der Vergangenheit und Zukunft unverändert wirken. – *Anders:* technologische Voraussage.

II. Arten: 1. *Direkte/indirekte Prognose:* Eine direkte oder autoregressive Prognose liegt vor, wenn Werte einer ökonomischen Variablen ausschließlich aus Werten derselben Variablen in der Vergangenheit heraus prognostiziert werden. Bei indirekter Prognose wird der Wirkungszusammenhang zwischen verschiedenen Variablen in die Prognose einer Variablen eingebaut; hierbei muss allerdings letztlich wieder auf direkte Prognosen zurückgegriffen werden. – 2. *Qualitative/quantitative Prognose:* Bei einer qualitativer Prognose werden nur Art und Richtung der Entwicklung ökonomischer Variablen genannt, bei einer quantitativer Prognose geht es auch um das Ausmaß dieser Entwicklung. – 3. *Punkt-/Intervall-Prognose:* Bei einer Punkt-Prognose wird ein spezieller zukünftiger Wert für eine ökonomische Variable gesucht, bei einer Intervall-Prognose wird hingegen eine Spanne verlangt, innerhalb derer sich der zukünftige Wert mit hoher „Sicherheit", zumeist als mindestens 90%-Wahrscheinlichkeit definiert, befindet. Bei letzterer kann bes. auch ein Konfidenzbereich angegeben sein (→ Prognoseintervall). – 4. *Bedingte/unbedingte Prognose:* In einem bestimmten Sinn ist jede Prognose bedingt, also als Wenn-Dann-Aussage, zu verstehen; völlig unbedingte Prognosen sind nicht möglich. Allerdings kann so vorgegangen werden, dass Prognosen für ein und dieselbe Variable alternativ je nach gewissen eingehenden Voraussetzungen gemacht werden und dem Verwerter die Einschätzung für das Eintreten dieser Voraussetzungen überlassen wird, etwa bei Bevölkerungsprognosen unter verschiedenen Voraussetzungen bez. der Entwicklung der Geburten. – 5. *Einzel-Prognose/Prognose-Systeme:* Eine Einzel-Prognose richtet sich auf eine einzige ökonomische Variable. Ein Prognose-System bezieht sich auf eine Gesamtheit von Variablen, die in ihrer gegenseitigen Verknüpfung prognostiziert werden. – 6. Verschiedene *Fristigkeiten von Prognosen:* Kurzfristige Prognose (Prognose-Zeitraum bis zwei Jahre); mittelfristige Prognose (bis fünf Jahre); langfristige Prognose (bis zehn Jahre); säkulare Prognose (über mehrere Jahrzehnte oder Jahrhunderte). – 7. *Entwicklungs-Prognose (Informations-Prognose, Trend-Prognose):* Die Unternehmung übt keinen spürbaren Einfluss auf die zu prognostizierenden Größen aus (z.B. Marktentwicklung der Personal Computer insgesamt, Veränderungen des Abnehmerverhaltens oder Veränderungen im Distributionssystem). – 8. *Wirkungs-Prognose (Instrumental-Prognose, Entscheidungs-Prognose)*: Prognose der Wirkungen von Maßnahmen der eigenen Unternehmung (z.b. auf Größen wie Absatz, Umsatz in Abhängigkeit von bestimmten Marketingmaßnahmen). – 9. *Indikator-Prognose:* Indikatoren werden zur Prognose von Entwicklungen herangezogen. Indikatoren können, müssen aber nicht in kausaler Beziehung zu der zu prognostizierenden Variablen stehen. Indikatoren lassen sich unterteilen in vorauseilende, koindizierende und nacheilende Indikatoren. So ist die Zahl der erteilten Baugenehmigungen ein vorauseilender Indikator für die Nachfrage in der Baubranche.

III. Verfahren: 1. Bei *kurzfristigen* Prognosen, bes. im betrieblichen Bereich, werden direkte Prognosen bevorzugt, v.a. Zeitreihen-Prognosen mittels → gleitender Durchschnitte oder mittels → exponentiellem Glätten; bei *mittelfristigen* Prognosen werden ökonometrische Verfahren zur Fortrechnung des → Trends herangezogen oder auch, etwa bei Marktprognosen, die Prognose mittels Wachstumsfunktionen (logistische Funktion; Gompertz-Funktion). Bei Vorhandensein auch *saisonaler Komponenten* (→ Zeitreihenkomponenten) erfolgt die Prognose des Trends auf der Grundlage von Vergangenheitswerten, die einer Trendbereinigung unterworfen wurden; für Prognosen des *Zukunftswertes* wird dann die Saisonkomponente geeignet hinzugerechnet. *Indirekte Prognosen* erfolgen zumeist mithilfe der → Regressionsanalyse und ökonometrischen Modellen. – 2. Grundsätzlich *unterschieden* werden: a) *Quantitative Prognoseverfahren:* Basieren auf mathematischen Verfahren (z.B. Trendextrapolation, Indikatorprognose, exponentielles Glätten). – b) *Qualitative Prognoseverfahren:* Basieren auf Erfahrungen, Kenntnissen und Fingerspitzengefühl; angewandt beim Fehlen quantitativer Daten (z.B. Delphi-Technik, Expertenbefragung, Szenario-Technik). – 3. Prognosen erfolgen häufig als direkte Prognosen auf der Grundlage von ARMA-Modellen (→ ARMA(p,q)-Prozess).

IV. Beurteilung: 1. Beurteilung von Prognosen kann zunächst *qualitativ* und *im Voraus* erfolgen. Kriterien sind die ökonomisch-theoretische Fundierung, die Verträglichkeit von Einzelprognosen innerhalb eines Systems, die Verfügbarkeit qualifizierter Vergangenheitsdaten. – 2. Außerdem erfolgt die Beurteilung oft *quantitativ* und *im Nachhinein* durch eine geeignete globale Kennzeichnung der aufgetretenen Prognosefehler (Durchschnitt des absoluten, des relativen Prognosefehlers; Korrelation zwischen prognostiziertem und eingetretenem Wert; Theilscher Ungleichheitskoeffizient). Allerdings sollten die aufgetretenen Prognosefehler nicht nur eine Messung, sondern auch eine Ursachenanalyse erfahren.

Prognoseintervall – 1. *I.e.S.:* Bei Intervallprognosen (→ Prognose) der Bereich, in dem der zu prognostizierende Wert mit einer bestimmten (hohen) → Wahrscheinlichkeit ex ante zu vermuten ist. Wird i.d.R. mithilfe der → Inferenzstatistik als Spezialfall der → Konfidenzschätzung ermittelt. – 2. *I.w.S.:* Bezeichnung für ein Intervall, das alle Prognosen für den gleichen Zukunftswert einschließt; z.B. das Prognoseintervall, das durch den kleinsten und den größten aus mehreren konkurrierenden Prognosewerten für das Wirtschaftswachstum in einem zukünftigen Jahr begrenzt wird.

Program Evaluation and Review Technique → PERT.

Projektion – Aussage über zukünftige Ereignisse, bes. über zukünftige Werte ökonomischer → Variablen. Projektion ist nicht, wie → Prognosen, ausschließlich auf Beobachtungen aus der Vergangenheit und objektive Verfahren gegründet, sondern es werden auch subjektive Einschätzungen, etwa von Experten, mit verwertet.

proportional – *verhältnisgleich*. Zwei Größen X (Definitionsmenge) und Y (Wertemenge) heißen proportional, wenn für jedes x und zugehöriges y gilt:

x / y = c bzw. y = x · c.

Grafisch handelt es sich um eine Gerade durch den Koordinatenursprung.

Prozentrechnung – Mithilfe der Prozentrechnung können Anteile durch Angabe in Prozent miteinander verglichen werden (Prozentsatz p%, Grundwert G und Prozentwert P). – *Formeln:* P = G · p/100; G = P · 100/p; p% = p/100 = P/G.

Prüfgröße – zusammenfassende Bezeichnung für eine → Prüfvariable und die → Ausprägung einer solchen bei → statistischen Testverfahren.

Prüfvariable → Zufallsvariable, mit deren konkreter → Ausprägung bei → statistischen Testverfahren überprüft wird, ob ein Stichprobenbefund mit der zu prüfenden → Nullhypothese verträglich ist oder nicht. Dabei ist die → Nullverteilung der Prüfvariablen, also die Verteilung der Prüfvariablen bei Gültigkeit der Nullhypothese, heranzuziehen.

Prüfverfahren → statistische Testverfahren.

Puffer – 1. *Netzplantechnik:* Oberbegriff für → Vorgangspuffer und → Ereignispuffer; auch als *Pufferzeit* bezeichnet. – Vgl. auch → Netzplantechnik. – 2. *Produktionsplanung:* Pufferlager.

Pufferzeit – I. Personalwirtschaft: Zeitguthaben, das die selbstständige Entscheidung über den persönlichen Arbeitseinsatz im Rahmen der Arbeitszeitflexibilisierung zulässt (Arbeitszeitkonto).

II. Produktionsplanung/Netzplantechnik: → Puffer.

Punktschätzung – Ermittlung konkreter → Schätzwerte für → Parameter einer → Grundgesamtheit mithilfe von Ergebnissen aus Stichproben (→ Teilerhebung). Die Rechtfertigung für die Verwendung eines Schätzwertes liefern Eigenschaften der zugehörigen → Schätzfunktion, wie etwa → Erwartungstreue, → Wirksamkeit oder → Konsistenz. – *Gegensatz:* → Intervallschätzung.

Punktsteigungsform – dient zur Bestimmung der Funktionsgleichung einer → linearen Funktion, von der die Steigung m und die Koordinaten eines Punktes $(x_1; y_1)$ bekannt sind: $m = (y - y_1) / (x - x_1)$. – Vgl. auch → Zwei-Punkteform.

qualitatives Merkmal – statistisches → Merkmal, das gemäß einer → Nominalskala oder → Ordinalskala in → Ausprägungen zerlegt ist. – *Gegensatz:* → quantitatives Merkmal.

Quantil der Ordnung p – *p-Quantil;* bei einem Datensatz ein Merkmalswert x_n mit der Eigenschaft, dass mindestens p·100% aller Beobachtungswerte kleiner oder gleich x_n und mindestens (1-p)·100% aller Beobachtungswerte größer oder gleich x_n sind (0 < p < 1). Für eine stetige Verteilung ist das p-Quantil der Wert, für den die Verteilungsfunktion den Wert p besitzt. – *Spezielle Quantile der Ordnung p* sind der → Median (0,50-Quantil), das untere → Quartil (0,25-Quantil), das obere → Quartil (0,75-Quantil) sowie die Dezentile (0,10-, ... , 0,90-Quantil).

quantitatives Merkmal – statistisches → Merkmal, das gemäß einer metrischen Skala (→ Intervallskala, → Verhältnisskala) in → Ausprägungen zerlegt ist. – *Gegensatz:* → qualitatives Merkmal.

Quartil – ein Quantil der Ordnung 0,25 (erstes Quartil oder unteres Quartil), 0,50 (zweites Quartil oder Median), 0,75 (drittes Quartil oder oberes Quartil) einer Verteilung. – Vgl. auch → mittlerer Quartilsabstand, → Quantil der Ordnung p.

Querschnittsdaten – ergeben sich aus der Beobachtung verschiedener Wirtschaftssubjekte (z.B. Haushalte oder Unternehmungen) zu einem bestimmten Zeitpunkt.

Quotenauswahlverfahren – nichtzufälliges → Auswahlverfahren zur Gewinnung einer Stichprobe i.w.S. (→ Teilerhebung), meist aus einer Personengesamtheit. Die → Grundgesamtheit wird nach Maßgabe von → Merkmalen, die mit dem Untersuchungsgegenstand verbunden sind, meist bevölkerungsstatistischen Merkmalen (Geschlecht, Alter), in → Teilgesamtheiten gegliedert. Jeder Teilgesamtheit ist dann gemäß ihrem Anteil an der Grundgesamtheit eine bestimmte Anzahl von Elementen zu entnehmen. Dabei erfolgt keine zufällige Vorgehensweise, deshalb kann das Quotenauswahlverfahren nicht zu den → Zufallsstichprobenverfahren gerechnet werden.

R

Radizieren – *Wurzelziehen*. Die Wurzelrechnung ergibt sich als eine der beiden Umkehrungen der → Prozentrechnung (→ Logarithmus). Wenn die Gleichung $x^n = y$ nach x aufgelöst wird, ergibt sich:

$$x = \sqrt[n]{y}$$

(lies: x ist die n-te Wurzel oder Wurzel n-ten Grades aus y). *Quadratwurzeln:*

$$ax^2 = b \Rightarrow x^2 = \frac{b}{a} \Rightarrow x = \sqrt{\frac{b}{a}}.$$

Beispiel: $3x^2 = 12 \Rightarrow x^2 = 4 \Rightarrow x = \sqrt{4} = \pm 2$.

Wurzeln höheren Grades:

$x^3 = 27 \Rightarrow x = \sqrt[3]{27} = 3 \Rightarrow x^3 = -27 \Rightarrow x = -\sqrt[3]{27} = -3$,

denn $(-3) \cdot (-3) \cdot (-3) = (-27)$. – Dieses Beispiel zeigt, dass für ungerade n auch die n-te Wurzel aus negativen Zahlen definiert sein kann. – $x^4 = -16$ ist dagegen nicht lösbar, da die vierte Potenz einer Zahl nie negativ sein kann.

Random-Effects-Modell – Im Gegensatz zum → Fixed-Effects-Modell konditioniert man bei der Schätzung nicht auf die unbeobachteten individuenspezifischen Einflussfaktoren (→ Paneldaten und Paneldatenmodelle). Aufgrund der unbeobachteten Individualeffekte erhält man nun den zusammengesetzten Störterm $\alpha_i + \varepsilon_{i,t}$ und führt eine entsprechende GLS-Schätzung (→ Kleinstquadratemethode, verallgemeinerte) durch. – Der GLS-Schätzer ist in diesem Fall ein matrixgewichteter Durchschnitt des Between- und Within-Schätzers. Der große Nachteil dieser Vorgehensweise besteht darin, dass die Einflussfaktoren $x_{i,t}$ nun strikt exogen in Bezug auf die $\varepsilon_{i,t}$ und die unbeobachteten Individualeffekte α_i sein müssen. Die Individualeffekte dürfen also nicht mit den im Modell enthaltenen Einflussfaktoren korreliert sein. Allerdings kommt es nicht zu einem Verlust an Freiheitsgraden wie beim Fixed-Effects-Modell. Sind die Annahmen des Random-Effects-Modells erfüllt, so ist der Random-Effects-Schätzer effizient und konsistent, wogegen der Fixed-Effects-Schätzer nur konsistent ist (→ Hausman-Test). Außerdem kann beim Random-Effects-Modell der Einfluss von zeitinvarianten Erklärungsvariablen geschätzt werden.

Randomisierung – Bei Fragebogen Festlegung der Reihenfolge von Fragen oder Listenpositionen durch das Ergebnis eines → Zufallsvorganges. Damit sollen Reihenfolgeeffekte vermieden werden. Bei → statistischen Testverfahren mit diskreten Prüfverteilungen, bei denen ein vorgegebenes → Signifikanzniveau nicht exakt eingehalten werden kann, das Vorgehen, bei Vorliegen eines am Rande der → kritischen Region liegenden Wertes der → Prüfvariablen durch ein ergänzendes Zufallsexperiment über die Ablehnung bzw. Nichtablehnung der → Nullhypothese zu entscheiden. – Vgl. auch → konservatives Testen, → Adjustierung des Signifikanzniveaus.

Randomtafel → Zufallszahlentafel.

Random Walk – nicht stationärer AR(1)-Prozess (→ Stationarität, → AR(p)-Prozess), bei dem die Realisation im Zeitpunkt t gleich der Realisation im Zeitpunkt t–1 plus eines weißen Rauschens ist. – Vgl. auch → Drift.

Randverteilung – bei → mehrdimensionalen Verteilungen die eindimensionale Verteilung einer der beteiligten → Variablen oder eine gemeinsame Verteilung einer Teilauswahl der beteiligten Variablen.

Rang – I. Recht: Verhältnis eines Rechts zu anderen, bes. an dem gleichen Gegenstand u.Ä. bestehenden Rechten, z.B. im Hinblick auf die Verwertung des Sicherungsobjekts. – 1.

Der *Rang eines im Grundbuch eingetragenen Rechtes* ist wichtig v.a. im Zwangsversteigerungsverfahren, da das rangbessere Recht bei einer Verwertung des Grundstücks zuerst befriedigt wird. Die Rangfolge richtet sich bei mehreren Eintragungen in derselben Abteilung des Grundbuchs nach der Reihenfolge der Eintragungen, bei Eintragungen in verschiedenen Abteilungen nach dem Datum der Eintragung, soweit nicht ein abweichender Rangvermerk eingetragen ist (§ 879 BGB). Die Bedeutung des Rangs verpflichtet das Grundbuchamt, die Eintragungen in der Reihenfolge des Antragseingangs zu tätigen (Eingangsvermerk). – 2. Der *Rang eines Pfandrechts an einer beweglichen Sache oder Forderung* richtet sich regelmäßig, soweit nicht bei Sachen gutgläubiger Erwerb des Vorrangs gegeben ist, nach dem Zeitpunkt der Bestellung, bei Pfändungspfandrechten nach dem Zeitpunkt der Pfändung (§§ 1209, 1273 BGB, § 804 ZPO). Das Alter der gesicherten Forderung bleibt unberücksichtigt. – 3. Im *Insolvenzverfahren* bestehen gesetzliche Rang-Klassen.

II. Statistik: 1. Bezeichnung für eine → Ausprägung eines → Merkmals mit → Ordinalskala. – 2. Bezeichnung der *Ordnungsnummer*, die ein Element nach Maßgabe seiner Ausprägung eines ordinal oder metrisch skalierten Merkmals beim Sortieren der Größe nach erhält.

Rangkorrelation – Zusammenhang zweier verbundener statistischer → Merkmale, der (nur) mithilfe von Rangwerten (→ Rang) beurteilt wird, etwa durch den → Korrelationskoeffizienten von Spearman-Pearson. Dessen Maximalwert 1 wird erreicht, wenn die beiden Merkmale bei jedem Element dieselben Ränge aufweisen. – Vgl. auch → Korrelation.

Rangskala → Ordinalskala.

rationale Funktion – *gebrochen rationale Funktion*; → Funktion, deren Gleichung von der Form

$$y = \frac{a_0 + a_1x + a_2x^2 + \ldots + a_nx^n}{b_0 + b_1x + \ldots + b_mx^m}$$

ist, wobei n und m natürliche Zahlen sind. – Vgl. auch → ganz-rationale Funktion.

rationale Zahlen → Zahlenmengen.

Ratioskala → Verhältnisskala.

Realisation – beobachtete → Ausprägung, beobachteter Wert einer Zufallsvariablen.

Rechteckverteilung → Gleichverteilung.

reduzierte Form → Mehrgleichungsmodell.

reelle Zahlen → Zahlenmengen.

Referenzzeit – Zeitpunkt oder -raum, auf den sich statistische Ergebnisse beziehen; zeitliche Abgrenzung einer → Grundgesamtheit. Bei der statistischen → Erhebung einer → Bestandsgesamtheit wird i.d.R. ein *Referenzzeitpunkt (Erhebungsstichtag, Stichtag)* festgelegt (z.B. 25.5.1987, 0 Uhr bei der Volkszählung 1987). Beim Mikrozensus erfolgt dagegen die Festlegung einer *Berichtswoche (Erhebungswoche)* statt eines Zeitpunktes: Als Merkmalsausprägung (→ Ausprägung) gilt dann z.B. der in der Berichtswoche überwiegende Sachverhalt; eventuelle momentane Abweichungen hiervon bleiben dann ohne Bedeutung. Bei der statistischen Erhebung einer → Bewegungsgesamtheit wird ein *Referenzzeitraum* festgelegt (z.B. Geburten innerhalb eines Jahres: 1. 1., 0 Uhr bis 31.12., 24 Uhr).

Regressand → Variable, endogene.

Regression, einfache – in einem → Regressionsmodell der Fall, dass zur Erklärung der abhängigen Variable (→ Variable, endogene) nur eine erklärende Variable (→ Variable, exogene) herangezogen wird. – *Gegensatz:* → Regression, multiple. →

Regression, lineare – spezielles → Regressionsmodell, bei dem ein linearer Strukturzusammenhang zwischen abhängigen Variablen (→ Variable, endogene) und erklärenden Variablen (→ Variable, exogene) unterstellt wird. Gegenstand der linearen

Regression ist eine Schätzung des strukturellen Ansatzes $Y_i = \beta_0 + \beta_1 X_{1i} + \beta_2 X_{2i} + ... + \beta_K X_{Ki} + e_i$. Y_i ist dabei ein Wert der endogenen Variable, $X_{1i}, ..., X_{Ki}$ sind zugehörige Werte der K exogenen Variablen. e_i ist der Wert des zufälligen Störterms und $\beta_0, ..., \beta_K$ sind die Parameter des Modells, die aus einer Stichprobe geschätzt werden sollen. Wichtig ist hierbei, dass ein Regressionsmodell als linear bezeichnet wird, wenn es linear in den Parametern ist, d.h. die Parameter nur mit einem Exponenten von eins vorkommen und nicht multiplikativ miteinander verknüpft sind. Variablenlinearität ist nicht erforderlich. – *Schätzverfahren*: OLS (→ Kleinstquadratemethode, gewöhnliche). – *Gegensatz*: → Regression, nicht lineare.

Regression, multiple – in einem → Regressionsmodell der Fall, dass zur Erklärung der abhängigen Variablen (→ Variable, endogene) mehrere erklärende Variablen (→ Variable, exogene) herangezogen werden. – *Gegensatz*: → Regression, → einfache.

Regression, nicht lineare – in einem → Regressionsmodell der Fall, dass ein nicht linearer struktureller Zusammenhang zwischen abhängigen Variablen (→ Variable, endogene) und erklärenden Variablen (→ Variable, exogene) unterstellt wird, d.h. die Modellparameter nicht mit dem Exponenten eins vorkommen bzw. multiplikativ miteinander verknüpft sind. Meist wird die nicht lineare Regression durch Variablentransformation (wie z.B. Logarithmieren) umgangen, da durch diese manchmal ein lineares Modell erzeugt werden kann. Dies kann aber zu neuen Problemen führen, da die unterstellte Wahrscheinlichkeitsverteilung der Störterme im ursprünglichen Modell i.d.R. nicht mit der des transformierten Modells übereinstimmt und somit die Verteilungen von Testfunktionen nicht mehr gültig sind. – *Schätzverfahren*: NLS (engl. *Nonlinear Least Squares*). – *Gegensatz*: → Regression, lineare.

Regressionsanalyse → Regressionsmodell.

Regressionsmodell – 1. *Modellarten*: → Regression, einfache; → Regression, multiple; → Regression, lineare; → Regression, nicht lineare. – 2. *Schätzmethode*: Meist wird mit der → gewöhnlichen Kleinstquadratemethode gearbeitet, bei der die Parameter so geschätzt werden, dass die Summe der quadrierten Abweichungen der Regressionskurve von den Datenpunkten minimiert wird. Zur Schätzung der Parameter von Regressionsmodellen werden i.d.R. bestimmte Annahmen über die stochastischen Eigenschaften des additiven → Störterms getroffen: Mittelwert gleich null, gemeinsame gleiche Varianz (→ Homoskedastizität), Unabhängigkeit (keine → Autokorrelation), Unabhängigkeit von den erklärenden Variablen. – 3. *Beurteilung der Regressionsergebnisse*: Die wichtigsten Kennzahlen sind: (1) → Bestimmtheitsmaß (Anteil der durch die Regression erklärten Varianz der zu erklärenden Variable), (2) t-Werte (pro exogener Variablen ein t-Wert; Beurteilung der Signifikanz des Einflusses einzelner erklärender Variablen auf die erklärte Variable; → t-Test), (3) F-Wert (Beurteilung der Signifikanz der Regression; → F-Test für das multiple Regressionsmodell). – 4. *Hauptprobleme*: Schätzung und Spezifikation der Funktionsform des Modells und der im Modell auftretenden erklärenden Variablen, → Endogenität der erklärenden Variablen, → Multikollinearität (Korrelation der erklärenden Variablen bzw. fehlende Varianz selbiger), → Autokorrelation und → Heteroskedastizität, fehlende → Stationarität der Variablen.

Regressionsmodell, scheinbar unverbundenes → Mehrgleichungsmodell.

Regressionsschätzung – Verfahren der gebundenen → Hochrechnung, bei welchem neben der Untersuchungsvariablen (→ Merkmal) Y ein Hilfsmerkmal X ausgewertet wird. Bei bekanntem Durchschnittswert (→ arithmetisches Mittel) des Hilfsmerkmals in der → Grundgesamtheit $\overline{X}$ und unter Verwendung der

Durchschnittswerte in der Stichprobe $\overline{X}$ und $\overline{y}$ ergibt sich für den Durchschnittswert $\overline{y}$ der Untersuchungsvariablen in der Grundgesamtheit der Schätzwert $\hat{Y}' = \overline{y} + b \cdot (\overline{X} - \overline{x})$, wobei die Steigung b aus einer linearen Einfachregression geschätzt werden kann.

Regressor → Variable, vorherbestimmte.

Reihe – 1. *Begriff*: Summiert man die Glieder einer → Folge (a_n), so erhält man eine Reihe:

$$\sum_{i=1}^{n} a_i = a_1 + a_2 + a_3 \ldots + a_n.$$

2. *Arten*: a) *Arithmetische Reihe*: Diese wird aus den ersten n Gliedern einer arithmetischen Folge gebildet. – *Summenformeln*:

$$\sum_{i=1}^{n} a_i = \frac{n}{2} \cdot (2a_1 + (n-1)d)$$

und

$$\sum_{i=1}^{n} a_i = \frac{n}{2} \cdot (a_1 + a_n).$$

b) *Geometrische Reihe*: Diese wird aus den ersten n Gliedern einer geometrischen Folge gebildet. – *Summenformeln*:

$$\sum_{i=1}^{n} a_i = a_1 \cdot \frac{1-q^n}{1-q} = a_1 \cdot \frac{q^n-1}{q-1} \text{ fÄ} \frac{1}{4} r q \neq 1$$

rekursives Modell → Mehrgleichungsmodell.

relative Häufigkeit – Anteil der Elemente einer → Gesamtheit, die dieselbe Ausprägung haben oder die zu einer bestimmten Kategorie oder, bei (klassierten) → Häufigkeitsverteilungen, zu einer bestimmten → Klasse gehören. Die Summe der relativen Häufigkeiten ist 1.

relativer Fehler → Fehler.

Rente – I. Mikroökonomik: Grundrente (Bodenrente), Konsumentenrente, Produzentenrente.

II. Soziale Sicherung: 1. *Renten als Einkommensersatz*: regelmäßige Zahlung an Anspruchsberechtigte aus privater oder betrieblicher Altersvorsorge sowie im Rahmen der sozialen Sicherung. – *Beispiel*: Alterssicherung, Kriegsopferversorgung, Lastenausgleich. – Vgl. auch Rentenbesteuerung. – 2. *Renten als Produktionsfaktorentlohnung*: Grundrente, Qualitätsrente. – *Anders*: Produzentenrente.

III. Sozialversicherung/-recht: 1. *Begriff*: zu regelmäßig wiederkehrenden Zeitpunkten aufgrund von Rechtsansprüchen zu zahlende Geldbeträge. Beim Empfänger stellen Renten ein Renteneinkommen dar. – 2. *Arten*: a) *allgemein*: (1) hinsichtlich der *Dauer* der Auszahlung: (a) Zeitrente; (b) Leibrente; (c) ewige Rente oder Dauerrente, (2) hinsichtlich der *Höhe* der Beträge: (a) konstante Renten; (b) nach bestimmten Richtlinien (arithmetisch oder geometrisch) steigende oder fallende Renten, (3) nach dem *Zeitraum*, für den gezahlt wird: (a) Nachschüssige (postnumerando) Renten werden jeweils am Ende des Zeitabschnitts gezahlt; (b) vorschüssige (pränumerando) Renten werden am Anfang des Zeitabschnitts gezahlt; (c) aufgeschobene Renten: die Zahlung beginnt erst nach einer Anzahl von Jahren; (d) abgebrochene Renten: die Zahlung hört zu einem bestimmten Zeitpunkt auf; (e) unterbrochene Renten: zwischen den Rentenzahlungen liegen Leerzeiten. – *Berechnung der Renten*: Rentenberechnung. – b) *Renten als Einkommen aufgrund von Rechtsansprüchen*: (1) Renten in Form von *Ruhegehalt*: Vergütung für frühere Dienstleistungen. (2) Renten aufgrund eines gesetzlichen *Versorgungsanspruches*: Kriegsbeschädigtenrenten (Beschädigtenrenten) oder Hinterbliebenenrenten. (3) Renten aus *sonstigen Versicherungsansprüchen*: (a) Unfallrenten seitens der Berufsgenossenschaft; (b) Renten aus der Arbeiterrentenversicherung, Angestelltenversicherung, Knappschaftsversicherung aus Pensionskassen etc. (4) Renten aus *Vertrag*: betriebliche Altersversorgung (bAV), Lebensversicherung. (5) Mindestrente. – Teilweise werden diese Renten nur *auf Antrag* gewährt. Die Anträge sind sofort nach Eintritt des

Versicherungsfalls zu stellen, ohne Rücksicht darauf, ob zu diesem Zeitpunkt schon alle Unterlagen beigefügt werden können.

IV. Steuerrecht: 1. *Begriff:* periodisch wiederkehrende gleichbleibende Leistungen in Geld oder vertretbaren Sachen, die ihren Rechtsgrund in einem einheitlich nutzbaren, selbstständigen Rentenstammrecht haben und auf das Leben eines Menschen oder auf die Dauer von mind. zehn Jahren gewährt werden. Renten sind zu unterscheiden von anderen dauernden Lasten, anderen dauernden Bezügen und Kaufpreisraten. – 2. *Einzelregelungen:* Rentenbesteuerung.

V. Wertpapiere: Rentenwerte.

VI. Finanzmathematik: gleichbleibende Zahlungen (Ein- oder Auszahlungen), die in regelmäßigen Abständen geleistet werden. Man unterscheidet zwischen einer vorschüssigen Rente (Rentenraten werden zu Beginn eines Jahres fällig) und einer nachschüssigen Rente (Rentenraten werden am Ende eines Jahres fällig). – Vgl. auch → Rentenrechnung.

Rentenrechnung – Teilgebiet der Finanzmathematik. Ermittlung von R_n (Rentenendwert; Gesamtwert einer Rente am Ende der Zahlungen), R_0 (Rentenbarwert; Gesamtwert der Rente am Anfang der Zahlungen) und r (Rate, die einzelne Ein- oder Auszahlung, alle Zahlungsbeträge sind gleich hoch), wobei q der Zinsfaktor ist, mit dem die Raten in jedem Jahr verzinst werden, mit q = 1 + p/100. – *Formeln:* a) *Nachschüssige Rentenrechnung:*

$$R_n = r\frac{q^n - 1}{q - 1}, \ R_0 = r\frac{q^n - 1}{q^n(q - 1)},$$

$$r = \frac{R_n \cdot (q - 1)}{(q^n - 1)}.$$

b) *Vorschüssige Rentenrechnung:*

$$R_n^* = r \cdot q\frac{q^n - 1}{q - 1}, \ R_0 = r \cdot q\frac{q^n - 1}{q^n(q - 1)},$$

$$r = \frac{R_n^* \cdot (q - 1)}{q \cdot (q^n - 1)}.$$

Vgl. auch → Rente.

Repräsentationsschluss – *indirekter Schluss;* in der Statistik der Schluss von einem Befund aus einer → Zufallsstichprobe auf die zugehörige → Grundgesamtheit. Der Repräsentationsschluss ist die Grundlage der Schätzverfahren (→ Intervallschätzung, → Punktschätzung) und → statistischen Testverfahren der Inferenzstatistik.

Repräsentativerhebung → Erhebung, die sich nur auf eine → Teilgesamtheit (→ Stichprobe, → Teilerhebung) erstreckt und deren Ergebnisse geeignet auf die → Grundgesamtheit übertragen werden können. Die Repräsentativität der Teilgesamtheit ist abhängig von dem zugrunde liegenden → Auswahlverfahren. – *I.e.S.* können nur Zufallsstichprobenerhebungen von einer gewissen Stichprobengröße an als Repräsentativerhebungen gelten. *I.w.S.* werden trotzdem auch nichtzufällige Auswahlverfahren (→ bewusste Auswahl) unter die Repräsentativerhebungen gerechnet. Bes. eine sorgfältige und damit qualitativ hochwertige → Quotenauswahl hat sich der Zufallsauswahl immer wieder als ebenbürtig erwiesen, bietet indessen nicht die Möglichkeit der → Intervallschätzung oder → Hypothesenprüfung.

RESET-Test von Ramsey – von Ramsey (1969) vorgeschlagenes Testverfahren zur Aufdeckung von Spezifikationsfehlern (z.B. vernachlässigte Variablen, falsche funktionale Form) in linearen → Regressionsmodellen. – In einem ersten Schritt wird hier zunächst das auf Spezifikationsfehler zu untersuchende Modell $Y_i = \beta_0 + \beta_1 X_{1i} + \ldots + \beta_K X_{Ki} + \varepsilon_i$ mit OLS geschätzt. Das geschätzte Modell wird schließlich zur Bestimmung von Werten

$$\hat{Y}_i = \hat{\beta}_0 + \hat{\beta}_1 X_{1i} + \ldots + \hat{\beta}_K X_{Ki}$$

eingesetzt, die in einem zweiten Schritt dazu verwendet werden, zu untersuchen, ob die Variable Y durch Hinzufügen von Variablen $\hat{Y}^2$, $\hat{Y}^3$, $\hat{Y}^4$ usw. ins Ursprungsmodell besser erklärt werden kann. Diese Terme $\hat{Y}^2$, $\hat{Y}^3$, $\hat{Y}^4$ agieren als Proxies für jede mögliche (unbekannte) vernachlässigte Variable oder falsche funktionale Form. Kann durch einen → F-Test für das multiple Regressionsmodell die Nullhypothese, dass die Parameter der hinzugefügten Variablen alle null sind, abgelehnt werden, ist dies ein Hinweis darauf, dass ein Spezifikationsfehler vorliegt. Welcher Natur dieser aber ist (vernachlässigte Variable, falsche funktionale Form, ...) kann nicht gesagt werden.

Residuen – Abweichungen der geschätzten Regressionsfunktion (→ Regressionsmodell) von den Beobachtungen der erklärten Variable der Stichprobe.

Residuen, rekursive – Mithilfe der Beobachtungen bis zum Zeitpunkt $t-1$ werden die Parameter eines → Regressionsmodells geschätzt. Mit diesen Schätzwerten wird für die Beobachtung t ein Prognosewert ermittelt und mit der tatsächlichen Beobachtung verglichen. Die Differenz wird als rekursives Residuum bezeichnet. Dividiert man diese Residuen durch ihre jeweiligen Standardabweichungen, so spricht man von den standardisierten rekursiven Residuen.

reziproke Zahlen – zwei Zahlen, wobei eine der Kehrwert der anderen ist, z.B. 7 und 1/7, 0,2 und 5.

Risiko – I. Allgemein: Kennzeichnung der Eventualität, dass mit einer (ggf. niedrigen, ggf. auch unbekannten) → Wahrscheinlichkeit ein (ggf. hoher, ggf. in seinem Ausmaß unbekannter) Schaden bei einer (wirtschaftlichen) Entscheidung eintreten oder ein erwarteter Vorteil ausbleiben kann.

II. Management: Wagnis, Risikomanagement.

III. Statistik, Theorie der Unternehmung und Entscheidungstheorie: Entscheidungssituation, bei welcher für das Eintreten von Ereignissen objektive → Wahrscheinlichkeiten vorliegen.

RMSE → mittlerer quadratischer Vorhersagefehler.

robuste Statistik – Bezeichnung für den Teilbereich der Statistik, der sich mit der Entwicklung von Verfahren mit hoher Unempfindlichkeit gegenüber Anwendungsvoraussetzungen (→ Robustheit) oder fehlerhaften Daten sowie mit der Quantifizierung dieser Robustheit befasst.

Robustheit – *Unempfindlichkeit*.

I. Statistik: Eigenschaft von Verfahren (→ Punktschätzung, → Intervallschätzung, → statistische Testverfahren), auch dann gewisse Gütekriterien aufzuweisen, wenn die diesen Verfahren zugrunde zu legenden Voraussetzungen nicht oder nicht vollkommen gegeben sind oder wenn fehlerhafte Daten oder Ausreißer vorliegen. Je nach den diskutierten Voraussetzungen sind verschiedene Arten von Robustheit (z.B. Robustheit gegen die Annahme der → Normalverteilung) zu unterscheiden. Robustheit kann auf verschiedene Arten gemessen werden.

II. Wirtschaftsinformatik: Merkmal der Softwarequalität; die Fähigkeit eines Softwareprodukts, fehlerhaftes Verhalten seiner Umwelt (häufigster Fall: unzulässige Eingabedaten) zu erkennen, z.B. durch Plausibilitätsprüfungen, und in einer definierten Weise zu behandeln, sodass keine unvorhersehbaren Programmreaktionen entstehen. Bes. wichtig bei Dialogsystemen, mit denen ungeübte Endbenutzer in Kontakt kommen. Voraussetzung für Benutzerfreundlichkeit.

Rotation von Stichproben – vollständige oder partielle Änderung der Zusammensetzung der Stichprobeneinheiten bei Wiederholungsbefragungen (Panel). Rotation von Stichproben soll verhindern, dass mehrfach befragte Personen ihr Antwortverhalten im Zeitablauf ändern oder die weitere Mitarbeit verweigern. Eine vollständige Beibehaltung der Stichprobe kann aus erhebungstechnischen oder auch stichprobenmethodischen Gründen vorteilhaft sein. Als Kompromisslösung wird oft eine partielle Rotation von Stichproben durchgeführt, z.B. werden im

Mikrozensus jährlich 25 Prozent der Befragten ersetzt.

Rundungsfehler → Fehler, der bei einer Ausprägung eines stetigen Merkmals dadurch entsteht, dass nur wenige Nachkommastellungen angegeben (gemessen) werden und die letzte Ziffer durch Auf- bzw. Abrundung festgelegt wird. Z.B. repräsentiert der Wert 1,47 das Intervall (1,46500; ...; 1,47500); der Rundungsfehler kann hier also − 0,005 bis + 0,005 betragen. Die Auswirkungen von Rundungsfehlern bei der Verarbeitung gerundeter Werte ergeben sich nach den Regeln der → Fehlerfortpflanzung.

S

Saison – im Sprachgebrauch der Wirtschaft, insbesondere des Handels, eine Phase – insbesondere innerhalb eines Jahres – mit bes. intensiven Aktivitäten, insbesondere bes. hohen Umsätzen. – Vgl. auch → Saisonschwankungen.

Saisonbereinigung – Verfahren der → Zeitreihenanalyse, bei dem die regelmäßigen jahreszeitlichen Einflüsse aus einer Monats- oder Quartalsstatistik eliminiert werden, um langfristigen Trend und Konjunkturfigur der → Zeitreihe zu untersuchen. Eine Saisonbereinigung wird bspw. bei der Zahl der Arbeitslosen vorgenommen, da diese jahreszeitlichen Schwankungen bedingt durch Witterung (z.B. Land- und Forstwirtschaft, Bauwirtschaft) oder institutionelle Termine (Schuljahrestermine, Urlaubszeit) unterliegen. Bei der Saisonbereinigung wird die Originalzeitreihe (Z) in die zu schätzenden Komponenten → Trend (T), Saisonkomponente (S) und irreguläre Komponente (I) zerlegt. Dabei kann ein additives (Z = T + S + I) oder ein multiplikatives (Z = T × S × I) Modell zugrunde gelegt werden. Die saisonbereinigte Reihe entsteht, indem die Saisonkomponente aus der Originalreihe herausgerechnet wird, sie enthält also den Trend und die irreguläre Komponente. In der amtlichen Statistik in Deutschland werden v.a. das Berliner Verfahren und das Verfahren X12-Arima verwendet.

Saisonbereinigung und -modellierung – Es existieren eine Reihe verschiedener Möglichkeiten der Saisonbereinigung und der Modellierung der Saison: (1) Ist die Saisonkomponente deterministisch, d.h. kommt es zu einer exakten periodischen Repetition, werden Saisondummies (z.B. Monats- oder Quartalsdummies, → Dummie) zur Saisonbereinigung eingesetzt. (2) Im Falle einer stochastischen Saisonkomponente werden spezielle Zeitreihenmethoden herangezogen. Die stochastischen Saisonkomponente wird dabei durch entsprechende Differenzenbildung und Modellierung als eigenständiger → ARMA(p,q)-Prozess dargestellt. Zur Identifikation des stochastischen Prozesses, welcher der beobachteten Zeitreihe zugrunde liegt müssen vorab drei Schritte vollzogen werden. In einem ersten Schritt wird die Zeitreihe durch Bildung erster Differenzen in einen stationären Prozess (Stationarität) überführt (erste Differenzen für viele ökonomische Variablen ausreichend). Grafisch zeigen diese Differenzen bei Saisonfiguren typischerweise ein ausgeprägtes Sägezahnmuster. Eine Analyse der → Autokorrelationsfunktion zeigt bei Quartalseffekten typischerweise sehr große Autokorrelationskoeffizienten an den saisonalen Lags 4, 8, 12, usw. Grund dafür ist, dass saisonale Schwankungen häufig nicht stationäres Verhalten reflektieren. Im zweiten Schritt eliminiert man diese Quartalseffekte durch sog. saisonale Differenzenbildung. Damit verschwinden auch die Autokorrelationskoeffizienten der Lags die ein Vielfaches von 4 darstellen. Saisonale Differenzenbildung bedeutet, dass jeweils die Differenz gegenüber dem entsprechenden Vorjahreswert berechnet wird (im Quartalsfall: Vorjahresquartal). Zeigt die Autokorrelationsfunktion keine weiteren Nichtstationäritäten in der transformierten Zeitreihe, so kann diese in einem dritten Schritt als ARMA(p,q)-Modell spezifiziert werden. U.U. müssen zwei ARMA-Modelle spezifiziert werden; eins für möglicherweise noch enthaltene saisonale Effekte und eins für den nichtsaisonalen Teil der Zeitreihe. Nachdem das saisonale sowie das nicht-saisonale Teilmodell spezifiziert wurden, können beide Modelle zu einem multiplikativen Modell kombiniert werden. In diesem wird die transformierte Zeitreihe durch das Produkt aus beiden Teilmodellen erklärt. – Von der amtlichen Statistik werden saisonbereinigte Zeitreihen zur Verfügung gestellt. Dabei sei jedoch die Warnung ausgesprochen, dass viele der bereitgestellten Reihen oft noch eine Saisonfigur aufweisen.

Saisonschwankungen – jahreszeitlich bedingte Schwankungen von wirtschaftlichen Größen, etwa Umsätzen, Absatzmengen oder Arbeitslosenzahlen. – Die statistische Behandlung von Saisonschwankungen durch Schätzung der Saisonkomponente (→ Bewegungskomponenten) ist Teilgebiet der → Zeitreihenanalyse.

Sample-Selection-Problem – Das Problem der endogenen Selektion kann sich einerseits aufgrund des Umfragedesigns ergeben, indem man die Stichprobe nur aus einer Teilpopulation der interessierenden Grundgesamtheit zieht. Bspw. werden bei einer Vermögensanalyse nur private Haushalte mit einem Vermögen von mehr als 100.000 Euro berücksichtigt. In diesem Fall spricht man vom gestutzten Regressionsmodell (engl. *truncated regression*), was nicht mit dem → Tobit-Modell verwechselt werden sollte. Man hat hier im Gegensatz zum Tobit-Modell sowohl für die endogene als auch die exogenen Variablen in bestimmten Teilmengen keine Beobachtungen. Andererseits kann sich das Problem der endogenen Selektion durch das Verhalten der Untersuchungssubjekte ergeben. Bspw. hängt die Antwortbereitschaft der Individuen bei Umfragen in irgendeiner Weise von der persönlichen Ausprägung der endogenen Variablen ab. – Das Verhalten der Individuen kann auch zu komplexeren Formen der endogenen Selektion führen (Self-Selection oder Sample-Selection im engeren Sinne). Angenommen man will eine Lohngleichung für Frauen schätzen. Den Lohn kann man aber nur für diejenigen Frauen beobachten, die am Arbeitsmarkt partizipieren. Die Partizipationsentscheidung beruht wiederum auf einem nutzenmaximierenden Kalkül. Selbst wenn alle beobachteten Einflussfaktoren der Partizipationsentscheidung (Selektionsgleichung) strikt exogen in Bezug auf den Störterm der eigentlich interessierenden Beziehung (im Beispiel Lohngleichung) sind, kann es zum Problem der endogenen Selektion kommen, wenn die unbeobachteten Einflussfaktoren der Selektionsgleichung mit dem Störterm der eigentlich interessierenden Beziehung korreliert sind. In diesem Fall hängt die Beobachtbarkeit nicht von bestimmten Werten der endogenen Variablen selbst ab, sondern wird von den Ausprägungen einer anderen endogenen Variablen bestimmt. Manche Autoren bezeichnen diesen Spezialfall zur Abgrenzung von den anderen Fällen alsIncidental-TruncationoderSelf-Selection(Selbstselektion),- da das Verhalten des Individuums die Beobachtbarkeit bestimmt. Heckman (1979) hat hierzu ein zweistufiges Schätz- und Testverfahren vorgeschlagen (→ Heckman-Zweistufen-Verfahren).

Sargan-Test – von Sargan (1964) vorgeschlagenes Testverfahren zur Prüfung der Instrument-Exogenität (→ Instrumentenvariablen) im Falle von Überidentifikation (Anzahl der Instrumente größer als Anzahl der mit dem Störterm korrelierten erklärenden Variablen). – Im Falle eines linearen → Einzelgleichungsmodells wird dabei in einem ersten Schritt die überidentifizierte Gleichung mit der zweistufigen Kleinstquadratemethode (→ Kleinstquadratemethode, zweistufige) geschätzt und die gewonnenen Parameterschätzungen zur Bestimmung der → Residuen e_i ins Ursprungsmodell eingesetzt. In einem zweiten Schritt wird dann eine Regression der e_i auf alle exogenen Variablen (Modellvariablen und Instrumente) durchgeführt. Falls die Instrumente und die exogenen Modellvariablen wirklich exogen sind, sollten sie nicht mit den Residuen korreliert sein und die Schätzung der Gleichung des zweiten Schritts ein niedriges Bestimmtheitsmaß R^2 liefern. Unter der Nullhypothese, dass alle Instrumente exogen sind, ist die Teststatistik SARG = nR^2 mit q Freiheitsgraden asymptotisch

Chi-Quadrat-verteilt. q ist dabei die Anzahl der Instrumentenvariablen abzüglich der Anzahl der endogenen erklärenden Variablen, d.h. der Grad der Überidentifikation. Ist SARG größer als der entsprechende kritische Wert der Chi-Quadrat-Verteilung, muss die Nullhypothese, dass alle Instrumente exogen sind, verworfen werden. Eine Ablehnung von H_0 bedeutet, dass mind. ein Instrument mit dem Störterm korreliert ist und daher die Instrumentenvariablenschätzungen, die auf den gewählten Instrumenten basieren, nicht gültig sind.

Satz von Lindeberg-Lévy → Grenzwertsatz.

Satz von Ljapunoff → Grenzwertsatz.

Säulendiagramm – *Balkendiagramm*; grafische Darstellung von absoluten oder relativen → Häufigkeiten, bei der den beobachteten Ausprägungen vertikale Säulen gleicher Breite zugeordnet werden, deren Höhen die zugehörigen Häufigkeiten repräsentieren. Bei Vertauschung der Achsen ergibt sich ein Balkendiagramm. Zur Darstellung eines → quantitativen Merkmals, bei dem eine → Klassenbildung vorgenommen wurde, kann statt des Balkendiagrammes ein → Histogramm verwendet werden.

Schätzer – 1. *Sammelbegriff* der → Inferenzstatistik für → Schätzfunktion oder → Schätzwert. – 2. *Umgangssprachliche Bezeichnung* für Sachverständiger.

Schätzfehler → Stichprobenzufallsfehler.

Schätzfunktion – spezielle → Stichprobenfunktion, die aufgrund ihrer Eigenschaften (wie → Erwartungstreue, → Wirksamkeit oder → Konsistenz) zur → Schätzung eines → Parameters der → Grundgesamtheit qualifiziert ist, z.B. der Stichprobendurchschnitt

$$\bar{X} = \frac{1}{n}\sum X_i$$

der zur Schätzung des → Erwartungswertes in der Grundgesamtheit herangezogen wird.

Schätzung – I. Statistik/Ökonometrie: zusammenfassende Bezeichnung für → Punktschätzung und → Intervallschätzung auf der Grundlage von Befunden aus einer → Teilerhebung.

II. Abgabenordnung: zulässiges Verfahren zur Ermittlung der Besteuerungsgrundlagen durch das Finanzamt (§ 162 AO). – 1. *Zur Schätzung kommt es,* wenn der Steuerpflichtige seinen Erklärungs- und Mitwirkungspflichten nicht nachkommt, also v.a. Steuererklärungen und -anmeldungen nicht abgibt, Bücher nicht oder nicht ordnungsmäßig führt, die Vorlage der Bücher und sachdienliche Auskunft verweigert, über seine Angaben nicht ausreichend Aufklärung geben kann oder wenn das Ergebnis der Buchführung nach der Sachlage offensichtlich unrichtig ist. – 2. *Formen:* innerer und äußerer Betriebsvergleich, bes. (1) Schätzung des Rohgewinns aufgrund der Umsätze, der Beschäftigtenzahlen u.ä., (2) Festlegung der Besteuerungsgrundlagen nach den von der Finanzverwaltung aufgestellten Richtsätzen, (3) Vermögenszuwachsrechnung (Verprobungsmethoden), (4) Kassenfehlbetragsrechnung und (5) Geldverkehrsrechnung. – 3. Als *Rechtsbehelf* gegen den auf Schätzung beruhenden Steuerbescheid ist der Einspruch gegeben (§ 347 I AO).

Schätzverfahren → Intervallschätzung, → Punktschätzung.

Schätzwert – konkrete Realisation einer → Schätzfunktion aus einem Stichprobenbefund.

Schaubild → grafische Darstellung.

Scheinkorrelation → Korrelation zweier statistischer → Merkmale, für die eine sinnvolle kausale Begründung nicht gegeben werden kann oder die durch ein drittes Merkmal induziert wird. In der Korrelationsanalyse ist darauf zu achten, dass ein sachlogischer Zusammenhang zwischen den Merkmalen besteht.

Scheinregression – Regression mit zwei oder mehr Zeitreihen, bei der die Regressionskoeffizienten signifikant sind, obwohl die

Zeitreihen voneinander unabhängig sind. Scheinregressionen (engl. *spurious regressions*) sind bes. dann möglich, wenn die unabhängigen Zeitreihen einem nicht stationären Prozess (→ Stationarität) folgen.

Scheinvorgang – Begriff der Netzplanung: → Vorgang in einem Netzplan, dem im realen zugrunde liegenden Projekt keine Tätigkeit entspricht. Scheinvorgänge sind in Vorgangspfeilnetzplänen zur Darstellung gewisser Ablaufbeziehungen zwischen (realen) Vorgängen erforderlich, in Vorgangsknotennetzplänen allenfalls zur eindeutigen Darstellung des Projektanfangs bzw. des -endes als Quelle bzw. Senke des betreffenden Netzplanes. – Vgl. auch → Netzplantechnik.

Schicht – I. Statistik: beim → geschichteten Zufallsstichprobenverfahren spezielle Bezeichnung für die Primäreinheiten, in die die → Grundgesamtheit im Wege der → Schichtenbildung (z.B. Gemeindegrößen, Schultypen) aufgegliedert ist und denen jeweils eine Teilstichprobe entnommen wird.

II. Soziologie: soziale Schicht.

Schichtenbildung – *Stratifikation;* beim → geschichteten Zufallsstichprobenverfahren die Zerlegung der → Grundgesamtheit in Primäreinheiten (→ Schichten), denen dann jeweils ein Teilstichprobenumfang geeignet zugeordnet wird (→ Allokation). Die Schichtenbildung soll im Hinblick auf die → Wirksamkeit der Schätzung des → Gesamtmerkmalsbetrages bzw. Durchschnittswertes (→ arithmetisches Mittel) in der Grundgesamtheit so erfolgen, dass möglichst *homogene Schichten* resultieren. Mit zunehmender Anzahl der Schichten wird diese Schätzung ebenfalls verbessert. – In der *Praxis* erfolgt die Anwendung von Modellen der Optimierung der Schichtenbildung nur gelegentlich. Die Schichtenbildung muss oft nach regionalen Gesichtspunkten erfolgen, weil regionale Teilergebnisse gewünscht werden und kaum Informationen verfügbar sind, nach denen die Schichtenbildung bestmöglich erfolgen könnte.

Schichtungseffekt – beim → geschichteten Zufallsstichprobenverfahren der Effekt, dass durch die → Schichtenbildung bei homogenen → Schichten die Präzision der → Schätzung des → Gesamtmerkmalsbetrages bzw. Durchschnittswertes (→ arithmetisches Mittel) in der Grundgesamtheit bei sonst gleichen Umständen verbessert wird, bzw. dass eine bestimmte Präzision mit geringerem Gesamtstichprobenumfang als beim → uneingeschränkten Zufallsstichprobenverfahren erzielt werden kann.

Schiefe – in der Statistik Bezeichnung für die Eigenschaft einer → Verteilung (→ Häufigkeitsverteilung, → Wahrscheinlichkeitsfunktion, → Dichtefunktion), asymmetrisch zu sein. Man unterscheidet *linkssteile (rechtsschiefe)* und *rechtssteile (linksschiefe)* Verteilungen (Diagramme). Bei linkssteilen Verteilungen ist der → Median kleiner als der → Erwartungswert, bei rechtssteilen Verteilungen ist es umgekehrt. Es gibt → Maßzahlen zur Kennzeichnung der Schiefe, die aber kaum praktische Bedeutung haben (→ Moment).

Schiefe

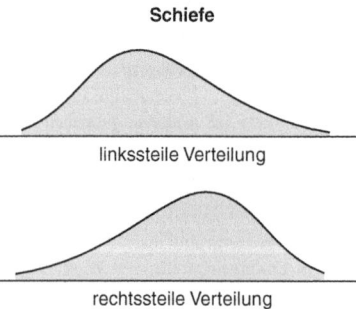

linkssteile Verteilung

rechtssteile Verteilung

Schlussziffernverfahren – spezielles Auswahlverfahren zur Gewinnung einer (uneingeschränkten) → Zufallsstichprobe nach dem Modell ohne Zurücklegen (→ Urnenmodell). Einer lückenlos durchnummerierten → Grundgesamtheit werden alle Elemente entnommen, die ausgewählte Schlussziffern aufweisen. Dabei ergibt die

Auswahl einer einstelligen (zwei-, dreistelligen) Schlussziffer einen → Auswahlsatz von 10 Prozent (1 Prozent, 1 Promille).

Schnittmenge – *Durchschnittsmenge*; Begriff der → Mengenlehre. Zu zwei vorgegebenen Mengen M_1 und M_2 die Menge derjenigen Elemente, die sowohl zu M_1 als auch zu M_2 gehören. Zeichen: $M_1 \cap M_2$.

Schnittpunktbestimmung – Der Schnittpunkt von zwei Funktionen lässt sich durch Gleichsetzen der Funktionsgleichungen berechnen, da die x- und y-Werte beider Funktionen in diesem Punkt identisch sein müssen. Den Wert für die unabhängige Variable erhält man durch Auflösen nach x. Der zugehörige y-Wert ergibt sich durch Einsetzen des gefundenen x-Wertes in eine der beiden Funktionsgleichungen.

Schwarz-Informationskriterium – von Schwarz (1978) vorgeschlagene Kennzahl zum Vergleich alternativer → Spezifikationen von → Regressionsmodellen. – Das Schwarz-Informationskriterium (engl. *Schwarz Information Criterion, SIC*) wird als $SIC = \ln(RSS/n) + [\ln(n) \cdot (K+1)]/N$ berechnet, wobei RSS die Residuenquadratsumme (→ Residuen) des geschätzten Modells, n der Stichprobenumfang und K die Anzahl der erklärenden Variablen im Modell sind. ln symbolisiert den natürlichen Logarithmus. – Im Vergleich zweier Modellspezifikationen anhand SIC ist diejenige als die bessere zu betrachten, die das niedrigere SIC aufweist. Anders als das angepasste → Bestimmtheitsmaß wird das Hinzufügen weiterer erklärender Variablen in ein Modell von SIC stärker bestraft. Eine Spezifikation, die das angepasste Bestimmtheitsmaß maximiert bezieht also meist mit höherer Wahrscheinlichkeit eine irrelevante Variable ins Modell ein als eine, die durch Minimierung von SIC gewählt wird. – Vgl. auch → Akaike-Informationskriterium.

Sekundärstatistik – Bezeichnung für eine Form der statistischen → Erhebung, die im Wesentlichen aus der Übernahme von Daten, die ursprünglich nicht für statistische Zwecke ermittelt wurden, besteht, z.b. Übernahme von Daten aus dem Rechnungswesen für Zwecke der Statistik. Die → Adäquation ist bei einer Sekundärstatistik, die oft aus Wirtschaftlichkeitsgründen angestrebt wird, häufig nur unvollkommen. – *Gegensatz:* → Primärstatistik.

Sequentialtestverfahren – *Folgeprüfverfahren*; Klasse von → statistischen Testverfahren, bei denen der Stichprobenumfang nicht fest vorgegeben ist, sondern sich als → Ausprägung einer → Zufallsvariablen im Verlauf der Testdurchführung erst ergibt. Anwendung v.a. in der Qualitätskontrolle (Qualitätssicherung) und bei Stichprobeninventuren. Ziel ist, den beta-Fehler für ausgewählte Alternativen zu begrenzen. – Nach Entnahme eines Stichprobenelements und Feststellung seiner Merkmalsausprägung gibt es hierbei *drei Handlungsalternativen*: Ablehnung der → Nullhypothese; Beibehaltung der Nullhypothese; Fortsetzung der Entnahme. Letzteres dann, wenn der Stichprobenbefund zwar zur Ablehnung der Nullhypothese führt, der beta-Fehler aber noch unbefriedigend groß ist. Dabei ist für die → Prüfgröße ein dritter Bereich *neben* Ablehnungs- (kritische Region) und → Nichtablehnungsbereich festgelegt. – *Vor- und Nachteile:* Mit Sequentialtestverfahren können in vielen Fällen erhebliche Kostenvorteile erzielt werden. Es besteht jedoch auch das Risiko eines sehr großen Stichprobenumfangs; ggf. muss der Entnahmevorgang nach einem geeigneten Kriterium abgebrochen werden.

Sequenzanalyse – I. Statistik: → Sequentialtestverfahren.

II. Mikroökonomik: Untersuchung von ökonomischen Prozessen, insbesondere vom Ungleichgewicht ins Gleichgewicht und umgekehrt (*Beispiel:* Cobweb-Theorem). Die Sequenzanalyse ist immer dynamisch (vgl. Analyse-Methoden). Der Untersuchungszeitraum wird in Perioden zerlegt und die Entwicklung der interessierenden ökonomischen Variablen über alle Perioden untersucht.

SIC → Schwarz-Informationskriterium.

Signifikanzniveau – *Irrtumswahrscheinlichkeit;* vorab festgelegte größtmögliche → Wahrscheinlichkeit α der fälschlichen Ablehnung der → Nullhypothese, also des Begehens eines → Alpha-Fehlers bei → statistischen Testverfahren. – Vgl. auch → Adjustierung des Signifikanzniveaus, → konservatives Testen, → Randomisierung.

Simplexalgorithmus – Verfahren des → Operations Research (OR) zur optimalen Lösung → linearer Optimierungsprobleme. Da bekannt ist, dass eine optimale Lösung (wenn sie existiert) in einer Ecke des durch die linearen Restriktionen beschriebenen Polyeders angenommen wird, versucht der Simplexalgorithmus ausgehend von einer zulässigen Ecke iterativ zu einer benachbarten Ecke zu gehen, ohne dass sich der Zielfunktionswert verschlechtert.

Simulation – 1. *Begriff:* ein möglichst realitätsnahes Nachbilden von Geschehen der Wirklichkeit. Aus Sicherheits- und Kostengründen ist es für fast alle konkreten Problemkreise notwendig, sie aus der Realität zu lösen und abstrakt zu behandeln; d.h. durch Abstraktion wird ein Modell geschaffen, an dem zielgerichtet experimentiert wird. Die daraus resultierenden Ergebnisse werden anschließend wieder auf das reale Problem übertragen. Simulation ist nicht auf analytische Verfahren (→ effektiver Algorithmus) in geschlossener Form zurückzuführen; bei der Konzipierung des Modells sind deshalb viel Geschick und Erfahrung einzubringen, um die wesentlichen Einflussgrößen zu erfassen und keine unzulässige Vergröberung vorzunehmen. – 2. *Klassifizierung:* (1) *Physikalische Modelle* (Windkanal) oder *abstrakte Modelle* (Planspiel); (2) *Modelle mit menschlicher Entscheidung* (militärische Sandkastenspiele) oder *ohne menschliche Entscheidung* (Automatensteuerung); (3) *deterministische Modelle* (Wärmeflussgleichungen) oder *stochastische Modelle* (Nachbildung der Molekularbewegung). – Unter Simulation *i.e.S.* versteht man die Behandlung mathematischer Probleme, die Modelle von technischen oder ökonomischen Vorgängen sind. I.d.R. werden zeitabhängige Phänomene behandelt, deren Änderung in Zeitschritten (zeitorientiert) oder Ereignisschritten (ereignisorientiert) nachvollzogen werden kann. – 3. *Stochastische Simulation:* Bei der stochastischen Simulation sind die zu betrachtenden Einflussgrößen durch den Zufall bestimmt, daher wird der Simulations-Ablauf durch die Regeln der Wahrscheinlichkeitsrechnung bestimmt. Eingangsdaten sowie Ergebnisse sind Statistiken und somit nicht reproduzierbar. Bei dem Modellaufbau müssen die Beziehungen der Wahrscheinlichkeitsverteilungen untereinander und die Veränderung der Systemzustände beschrieben werden. In Form von Ablaufdiagrammen und daraus resultierenden Computerprogrammen wird die Logik des Systemablaufes nachgebildet. Notwendige Daten zur Ermittlung eines Simulationsergebnisses werden aus → Zufallsgeneratoren gewonnen, die jede vorgegebene Verteilung synthetisch erzeugen. Zur Steuerung von Systemänderungen werden zeitorientierte Ereignislisten geführt. Spezielle Simulationssprachen (SIMULA, GPSS) erleichtern den EDV-technischen Aufbau und Ablauf von Simulationsmodellen. Simulationssoftware bietet interaktive grafische Entwicklung und Animation von Simulation. – 4. *Anwendung:* Simulation wird angewandt, wenn ein Problem sich nicht durch ein mathematisches Modell beschreiben lässt, also keine analytische Lösung existiert oder eine exakte Lösung einen unverhältnismäßig hohen Rechenaufwand verursacht. Oft können → Wartesysteme nicht mit der → Warteschlangentheorie behandelt werden (Verteilungsprämissen), sodass die aufwendigere aber flexible Simulation zum Einsatz kommt.

Simulationsmodelle → Simulation, Modell.

simultanes System – Typisches Beispiel eines simultanen Systems ist Folgendes:

(1) $Y_{1i} = \beta_0 + \beta_1 Y_{2i} + \beta 2 X_{1i} + \beta_3 X_{2i} + \epsilon_{1i}$
(2) $Y_{2i} = \alpha_0 + \alpha_1 Y_{1i} + \alpha 2 X_{1i} + \alpha_3 X_{3i} + \epsilon_{2i}$

Die unverzögerten endogenen Variablen (→ Variable, endogene) Y_1 und Y_2 werden als gemeinsam abhängige Variablen (→ Variable, gemeinsam abhängige) bezeichnet. Ihre Werte werden durch das Modell bestimmt. Daneben enthält das simultane Gleichungssystem i.allg. Variablen, die nicht gleichzeitig durch das Modell erklärt werden. Sie sind als vorherbestimmt zu betrachten. Zu den vorherbestimmten Variablen (→ Variable, vorherbestimmte) rechnet man die verzögerten endogenen Variablen (hier keine enthalten) und die echten, von außerhalb des Modells vorgegebenen, exogenen Variablen (→ Variable, exogene) (hier X_1, X_2 und X_3). Ein simultanes Gleichungssystem wird als vollständig bezeichnet, wenn es ebenso viele Gleichungen wie gemeinsam abhängige Variablen enthält (hier gegeben). Simultane Gleichungssysteme können in der strukturellen Form und in der reduzierten Form geschrieben und analysiert werden (→ Mehrgleichungsmodell). – Warum es in simultanen Systemen zur Korrelation zwischen Störterm und erklärenden Variablen kommt, kann leicht an obigem Modell veranschaulicht werden. Nimmt z.B. ϵ_1 zu, so führt dies zu einer Erhöhung von Y_1 in Gleichung 1, was wiederum zu einer Erhöhung von Y_2 über Gleichung 2 führt, da Y_1 hier eine erklärende Variable ist. Diese Erhöhung von Y_2 geht dann wieder in Gleichung 1 ein, da Y_2 hier eine erklärende Variable ist. Eine Erhöhung des Störterms ϵ_1 führt also in Gleichung 1 auch zu einer Erhöhung der erklärenden Variable Y_2. ϵ_1 und Y_2 sind also korreliert.

Skala – beschreibt in der Statistik die Art, wie eine → Ausprägung eines → Merkmals oder einer → Variablen erfasst wird. Eine Skala repräsentiert eine Vorschrift, die für das interessierende Merkmal jeder Beobachtung bei einer statistischen Einheit einer Stichprobe einen Beobachtungswert (ein Datum) zuordnet. Dieser Wert ist dann die spezielle Ausprägung des Merkmals. Die Strukturierung der Skala bez. des Informationsgehalts bestimmt das → Skalenniveau. Die Festlegung einer Skala für ein Merkmal wird als *Skalierung* bezeichnet (→ Messung).

Skalenniveau – *Messniveau*; Begriff der Statistik für das Intensitätsniveau einer → Messung. – Zu *unterscheiden*: (1) → Nominalskala: Dient lediglich der Klassifikation und Identifikation von Untersuchungsobjekten (z.B. Geschlecht: 1: männlich, 2: weiblich). Die Analyse nominalskalierter Daten beschränkt sich auf Häufigkeitsanalysen. (2) → Ordinalskala: Diese ordnet die Untersuchungsobjekte nach ihrem Rang (z.B. Rating A ist besser als Rating B), sagt jedoch nichts über das Ausmaß der Unterschiede aus. Zulässige mathematische Operationen bei ordinalskalierten Daten sind bspw. die Berechnung des Modus und des Medians. (3) → Intervallskala: Es wird eine Maßeinheit vorausgesetzt, sodass der Abstand zwischen zwei Zahlen oder die Differenz zweier Zahlen eine Bedeutung bekommt (z.B. Temperaturmessung in Grad Celsius). Es existiert jedoch kein natürlicher Nullpunkt. Ein → arithmetisches Mittel ist berechenbar und bietet eine sinnvolle Interpretation. (4) → Verhältnisskala (Ratioskala): Diese bildet das höchste Skalenniveau. Sie hat im Vergleich mit der Intervallskala zusätzlich einen eindeutig festgelegten Nullpunkt (z.B. Höchstgeschwindigkeit eines Fahrzeugs). Intervall- und Verhältnisskalen werden oft zu *metrischen Skalen* bzw. *Kardinalskalen* zusammengefasst.

Skalierung → Skala.

Snedecor-Verteilung → F-Verteilung.

Spannweite – bei einer → Gesamtheit, bei der ein → quantitatives Merkmal interessiert, die Differenz aus größter und kleinster → Ausprägung. Die Spannweite wird in der statistischen Qualitätskontrolle (Qualitätssicherung) als einfaches → Streuungsmaß verwendet.

Spektralanalyse → Zeitreihenanalyse.

Spezifikation – I. Informatik: Begriff aus dem Software Engineering; zahlreiche unterschiedliche Bedeutungen. – 1. *Phase im Softwarelebenszyklus:* (1) Synonym für *Anforderungsdefinition;* (2) Synonym für *Entwurf;* (3) je nach Phasenmodell auch eine Phase mit Aufgaben aus (1) und (2). – 2. *Dokument:* (1) Beschreibung des Leistungsumfangs eines Softwareprodukts; auch als *Systemspezifikation* bezeichnet; (2) Synonym für *Pflichtenheft;* (3) Definition der Aufgabe eines *Moduls.* – 3. *Konzept bei der Softwareentwicklung:* Für ein Modul wird durch die Spezifikation zunächst seine Aufgabe detailliert festgelegt (das „Was"); auf Grundlage der Spezifikation erfolgt dann die Implementierung des Moduls (das „Wie"). Ein Grundprinzip des Software Engineering fordert, dass Spezifikation und Implementierung strikt getrennt werden. – 4. *Methode* zur Entwicklung und Darstellung einer Spezifikation. – *Arten:* informale Spezifikation, halbformale Spezifikation und formale Spezifikation.

II. Ökonometrie: Phase der ökonometrischen Modellentwicklung, in der ein wirtschaftstheoretisch begründetes und statistisch schätzbares Modell (Schätzmodell) festgelegt wird. Es werden die abhängigen Variablen (→ Variable, endogene) und die erklärenden Variablen (→ Variable, exogene) sowie deren funktionaler Zusammenhang durch die Funktionalform des Schätzungsmodells bestimmt. Die → Box-Cox-Transformation ermöglicht es, die Wahl der Funktionalformen aus der Phase der Spezifikation herauszunehmen und durch die Schätzung der Funktionsformparameter zu ersetzen. Problemekönnen bei der Wahl der geeigneten exogenen Variablen, bei der empirischen Operationalisierung der Variablen sowie bei der Aggregation des Modells (→ Aggregation) auftreten. – Die Spezifikation eines → ökonometrischen Modells basiert immer auf einem ökonomischen Modell und kann daher stets nur so gut sein wie das zugrunde liegende ökonomische Modell. Die Spezifikation des stochastischen Teils des Modells geht davon aus, dass der systematische Teil des Modells korrekt spezifiziert ist. Für die Beobachtungs- und Messfehler bzw. im Regelfall für die Störvariablen werden stochastische Spezifikationen gewählt, die die Ableitung von Schätz- und Testfunktionen mit wünschenswerten Eigenschaften ermöglichen und die mit den Annahmen bez. des systematischen Teils des Modells kompatibel sind. Nicht alle diese stochastischen Annahmen sind jedoch einer Überprüfung zugänglich (→ Spezifikationsfehlertest). Für eine Reihe von Fällen gibt es robuste Verfahren, die nur in geringem Maße auf eine Verletzung gewisser Verteilungsannahmen reagieren. Die Spezifikation eines ökonometrischen Modells wird i.d.R. in einem aufwendigen Trial-and-Error-Prozess gefunden.

Spezifikationsfehlertest – Test zur Überprüfung der → Spezifikation eines → ökonometrischen Modells. Vor einem solchen Test muss aber immer entschieden werden, welcher Teil der Spezifikationsannahmen überprüft werden soll und welche Teile ungeprüft bleiben. – Die meisten der Spezifikationsfehlertests sind für lineare → Einzelgleichungsmodelle konzipiert und basieren auf den Residuen einer OLS-Schätzung (→ Kleinstquadratemethode, gewöhnliche) bzw. davon abgeleiteten → Residuen. Zu den Tests der stochastischen Spezifikation zählen u.a. die → Autokorrelationstests und die Heteroskedastizitätstests. Häufig gibt aber bereits eine visuelle Betrachtung der Entwicklung der Schätzresiduen Hinweise auf eventuelle Spezifikationsmängel. Die Annahme beobachtungsinvarianter Koeffizienten kann mit sog. → Strukturbruchtests überprüft werden. Tests auf Fehler im systematischen Teil des Modells sind z.B. der → Hausman-Test und der → RESET-Test von Ramsey. – Bei → Mehrgleichungsmodellen deuten große numerische Unterschiede und Vorzeichenwechsel in den mit Schätzverfahren mit beschränkter Information bzw. Schätzverfahren mit voller Information geschätzten

Koeffizienten auf im Modell vorhandene Spezifikationsfehler hin.

Stabdiagramm – grafische Darstellung von absoluten oder relativen → Häufigkeitsverteilungen bzw. → Wahrscheinlichkeitsfunktionen. In einem Stabdiagramm wird den beobachteten bzw. möglichen Ausprägungen eine vertikale Strecke („Stab") zugeordnet, deren Länge die beobachtete → Häufigkeit bzw. die → Wahrscheinlichkeit repräsentiert.

Standardabweichung – positive Wurzel aus der → Varianz. Die Standardabweichung ist weit verbreitet als (absolutes) → Streuungsmaß. Sie hat dieselbe Dimension wie die Merkmalswerte selbst.

Standardisierung – I. Management: Standardisierung dient der Reduktion der intra- und interbetrieblichen Prozesskosten. Intrabetrieblich sind das v.a. Wechselkosten und Lernkosten, extrabetrieblich Transaktionskosten. Qualitätsstandardisierte Produkte reduzieren den Beschaffungsaufwand und das Beschaffungsrisiko. Das Marktfeld wird erweitert. Die Absatzflexibilität kann bei reduzierter Lagerhaltung gesteigert werden. Die Entscheidungsproblematik liegt in der Prognose, wie viel Gleichteile der Kunde bei unterschiedlichen Produkten und Marken bemerkt und akzeptiert, ohne seine Markenpräferenz aufzugeben.
II. Handelsbetriebslehre: Festlegung eines Ausführungs- oder Qualitätsmusters, das den Durchschnitt einer bestimmten Warenart darstellt, für den die Preisbestimmung gelten soll (Standard).
III. Industriebetriebslehre: Produktstandardisierung.
IV. Marketing: Standardisierungsstrategie.
V. Rechnungswesen: Standardkosten und entsprechende Maße für Kalkulation und Betriebsabrechnung; Richtzahlen für den Betriebsvergleich.
VI. Statistik: 1. *Allgemeine Statistik:* → Standardtransformation. – 2. In der *Bevölkerungsstatistik* und → Wirtsc → haftsstatistik: Ermittlung von statistischen Kenngrößen für eine → Gesamtheit unter Zugrundelegung einer – von der beobachteten verschiedenen – Standard-Struktur. – *Beispiel:* Standardisierung der (globalen) Sterberate (Mortalitätsmaße) einer Bevölkerung erfolgt dadurch, dass aus den altersspezifischen Sterberaten ein gewogenes → arithmetisches Mittel errechnet wird, bei dem zur → Gewichtung die Anteile der einzelnen Altersklassen einer Standard-Bevölkerung (z.B. Bevölkerung 31.12.1995) eingehen. Eine solche standardisierte Sterberate gibt Auskunft über die Mortalität der Bevölkerung, wobei der Einfluss der Veränderung ihres Altersaufbaus seit 1995 neutralisiert ist.

Standardnormalverteilung – spezielle → Normalverteilung mit → Erwartungswert 0 und → Varianz 1. Für die → Dichtefunktion und → Verteilungsfunktion der Standardnormalverteilung existieren Tabellenwerke. Mit diesen können Werte von Dichte- bzw. Verteilungsfunktionen beliebiger Normalverteilungen ermittelt werden. – Vgl. auch → Standardtransformation.

Standardtransformation – gelegentlich auch *Standardisierung;* in der Statistik spezielle lineare Transformation eines → quantitativen Merkmals bzw. einer → Zufallsvariablen (→ Variablentransformation). Bei der Standardtransformation wird vom jeweiligen Wert das → arithmetische Mittel bzw. der → Erwartungswert subtrahiert und das Resultat durch die → Standardabweichung dividiert. Damit entsteht ein Merkmal bzw. eine → Variable mit dem arithmetischen Mittel bzw. Erwartungswert 0 und der → Varianz 1. – *Anwendung:* Die Standardtransformation ist bes. bei Variablen mit einer → Normalverteilung von Bedeutung, weil dann nur noch Tabellen für die → Standardnormalverteilung erforderlich sind. Außerdem spielt die Standardtransformation in verschiedenen Bereichen der Statistik, etwa beim zentralen → Grenzwertsatz, und in der Ökonometrie eine Rolle.

stationärer Prozess → Stationarität.

Stationarität – *stationärer Prozess*. Eine → Zeitreihe folgt einem schwach stationären Prozess, wenn der Erwartungswert und die Varianz endlich und zeitunabhängig sind und die Autokovarianzen lediglich von der zeitlichen Verschiebung, d.h. von der Länge des Lags zwischen zwei Realisationen des Prozesses abhängen. Eine Zeitreihe folgt einem stark stationären Prozess, wenn die gemeinsame Verteilungsfunktion einer Untergruppe ihrer Elemente nicht von der Zeit abhängig ist. – *Beispiele für nicht stationäre Prozesse*: 1. → Random Walk, Random Walk mit → Drift. – 2. *Regression mit Zeitreihen, die Realisationen nicht stationärer Prozesse darstellen*: → Scheinregression. – 3. *Stationaritätstests*: → Dickey-Fuller-Test, → KPSS-Stationaritätstest. – 4. *Herstellung von Stationarität*: Ein Random Walk oder ein Random Walk mit Drift sind zwar nicht stationär, jedoch ihre ersten Differenzen $\Delta Y_t = Y_t - Y_{t-1}$. Es besteht die generelle Möglichkeit einen nicht stationären Prozess durch Differenzenbildung $\Delta^d Y_t$ in einen stationären zu überführen. Die Höhe der Größe d, der sog. → Integrationsgrad, ist dabei von Prozess zu Prozess verschieden. – Vgl. auch → Trendbereinigung und Stationarisierung.

statisches Modell → ökonometrisches Modell, welches im Gegensatz zum dynamischen Modell (→ Lag-Modell) keine verzögerten erklärenden Variablen enthält.

statistische Einheit → Erhebungseinheit.

statistische Masse → Grundgesamtheit.

statistische Qualitätskontrolle → Partialkontrolle.

statistischer Fehler → Fehler.

statistische Schätzverfahren → Intervallschätzung, → Punktschätzung.

statistische Testverfahren – *statistische Prüfverfahren, Hypothesenprüfung*. 1. *Begriff*: Statistische Testverfahren sind diejenigen Methoden der → Inferenzstatistik, mit denen eine Entscheidung über die Beibehaltung oder Zurückweisung einer → Nullhypothese H_0 mithilfe eines Stichprobenbefundes getroffen wird. – 2. *Beispiele für den Einsatz von statistischen Testverfahren:* a) Eine Lieferung technischer Kleinteile soll gemäß Vertragsbedingungen höchstens 3 Prozent Ausschuss enthalten; die Einhaltung dieser Bedingung kann vom Abnehmer durch ein statistisches Testverfahren überprüft werden. – b) Die Qualität einer Bestandsbuchführung bez. Korrektheit des Totalwertes des Lagers kann mithilfe eines statistischen Testverfahrens auf der Grundlage einer Stichprobeninventur getestet werden. – c) Durch ein statistisches Testverfahren kann die Hypothese überprüft werden, eine bestimmte → Variable besitze eine → Normalverteilung. – d) Liegen mehrere → Grundgesamtheiten vor, kann deren Homogenität bez. → Parametern oder → Verteilungen einer Variablen getestet werden. – 3. *Gegenstände*: a) Ein statistisches Testverfahren kann einen *Parameter* einer Grundgesamtheit (z.B. → Erwartungswert, → Varianz, → Anteilswert) zum Gegenstand haben (→ Parametertest). Dabei kann ein punktueller Wert (→ zweiseitige Fragestellung) oder ein Mindest- bzw. Höchstwert (→ einseitige Fragestellung) behauptet sein. Auch gibt es die Möglichkeit der Prüfung einer Hypothese über die *Verteilung* einer Grundgesamtheit, z.B. Normalverteilung (Anpassungstest, Goodness-of-Fit-Test, → Chi-Quadrat-Test) oder die Prüfung auf Zufälligkeit der Stichprobenentnahme. Die genannten Gegenstände betreffen, da sie sich nur auf *eine* Grundgesamtheit beziehen, den *Ein-Stichproben-Fall*. – b) Der *Zwei- und Mehr-Stichproben-Fall* betrifft den Vergleich von Parametern bzw. Verteilungen in mehreren Grundgesamtheiten. – 4. *Gedankenfolge bei der Durchführung von Testverfahren*, dargestellt für punktuelle Parameterhypothesen: Es wird zunächst eine kleine (z.B. 0,05) → Wahrscheinlichkeit α dafür festgelegt, dass H_0 fälschlich abgelehnt wird (→ Signifikanzniveau, → Alpha-Fehler). Die Menge aller möglichen Stichprobenresultate wird in zwei Teilmengen derart zerlegt, dass der einen Teilmenge, der → kritischen Region, bei Gültigkeit von H_0 eine Wahrscheinlichkeit von höchstens α zukommt. Die Zerlegung erfolgt auf der Grundlage einer → Prüfvariablen, z.B. dem Stichprobendurchschnitt bei der Prüfung eines Erwartungswertes. Liefert die Stichprobe einen Befund aus der kritischen Region, wird H_0 beim Signifikanzniveau α abgelehnt, sonst beibehalten. Neben dem Risiko eines Alpha-Fehlers besteht auch das Risiko eines → Beta-Fehlers, also der fälschlichen Beibehaltung von H_0. – 5. Statistische Tests sind nicht symmetrisch in den Hypothesen. Aufgrund der Konstruktion können statistische Tests stets nur die jeweilige Alternativhypothese zum vorgegebenen Signifikanzniveau α statistisch absichern. Lehnt ein Test die Nullhypothese nicht ab, so kann lediglich ausgesagt werden, dass die aktuelle Stichprobe nicht gegen die Nullhypothese spricht. Gute Tests zeichnen sich bei einem vorgegebenen alpha-Fehler durch einen möglichst kleinen beta-Fehler (zumindest punktuell) aus (→ Gütefunktion, → Teststärke). – 6. *Übersicht über statistische Testverfahren:* Eine erste Hauptgruppe von statistischen Testverfahren ist durch die Voraussetzung gekennzeichnet, die betrachteten Variablen besitzen eine Normalverteilung *("klassische", parametrische, verteilungsgebundene statistische Testverfahren)*. Hierzu rechnen etwa der *t-Test* (Prüfung eines Erwartungswertes; Vergleich zweier Erwartungswerte) oder der *F-Test* (Vergleich zweier Varianzen). Falls keine spezielle Verteilungsform unterstellt werden kann, werden nichtparametrische Tests verwendet, etwa der *Vorzeichentest* oder *Vorzeichen-Rang-Test* (Prüfung eines → Medians) oder der *Wilcoxon-Mann-Whitney-Test* (Vergleich zweier → Lokalisationen). Die parametrischen Testverfahren weisen gewisse theoretische Optimalitätseigenschaften auf; die nicht parametrischen (verteilungsfreien) Testverfahren haben die Vorteile nicht restriktiver Anwendungsvoraussetzungen.

statistische Variable – → Merkmal.

Steigung – einer → Funktion ist die infinitesimal kleine Änderung der abhängigen Variable dividiert durch die Änderung der unabhängigen Variable. Die Steigung lässt sich mithilfe der ersten → Ableitung f' einer Funktion bestimmen. – Vgl. auch → Differenzialquotient, → Differenzialrechnung.

stetiges Merkmal – in der Statistik Bezeichnung für ein → Merkmal, bei dem mehr als abzählbar unendlich viele mögliche Ausprägungen vorkommen können oder zumindest denkbar sind. – *Beispiele:* Länge, Gewicht, Zeitdauer. – Wegen der in der Praxis immer beschränkten Messgenauigkeit bleibt ein stetiges Merkmal *theoretische Modellvorstellung*. – *Gegensatz:* → diskretes Merkmal.

Stetigkeitskorrektur – in der Statistik bei der → Approximation einer diskreten durch eine stetige → Verteilung die geeignete Korrektur der Bereichsgrenzen bei der Ermittlung von → Wahrscheinlichkeiten um 0,5 Einheiten zur Verbesserung der Approximation. Z.B. wird, falls die Voraussetzungen vorliegen, der Wert der → Verteilungsfunktion der → Binomialverteilung bei der (ganzzahligen) → Ausprägung x durch den Wert der entsprechenden → Normalverteilung an der Stelle x + 0,5 angenähert.

Stichprobe – Teilmenge einer → Grundgesamtheit, die für eine Untersuchung ausgewählt wird. – *I.w.S.:* Durchführung und Ergebnis einer → Teilerhebung. – *I.e.S.:* Synonym für → Zufallsstichprobe.

Stichprobenfehler → Stichprobenzufallsfehler.

Stichprobenfunktion – Funktion des → Zufallsvektors $(X_1, ..., X_n)$, welcher die n Beobachtungswerte aus einer → Zufallsstichprobe bezeichnet, z.B. der Stichprobendurchschnitt

$$\bar{X} = \frac{1}{n}\sum X_i.$$

Zu den Stichprobenfunktion rechnen bes. die → Schätzfunktionen und die Teststatistiken.

Stichproben-Regressionsgerade – in der → Regressionsanalyse Bezeichnung für eine

Regressionsgerade, die mithilfe von Stichprobenbefunden numerisch konkretisiert (geschätzt) wird. Sie wird als → Kleinste-Quadrate-Regressionsgerade aus Wertepaaren, die Punkte repräsentieren, gewonnen. Die Kenngrößen der Stichproben-Regressionsgerade werden als → Schätzwerte für die → Parameter der Regressionsgerade der → Grundgesamtheit verwendet.

Stichprobentheorie – Teilgebiet der methodischen Statistik. Gegenstand der Stichprobentheorie sind die → Zufallsstichprobenverfahren, wobei bes. die Quantifizierung des → Stichprobenzufallsfehlers im Mittelpunkt steht. Außerdem umfasst die Stichprobentheorie die Bestimmung „optimaler" Verfahrensweisen beim Einsatz → höherer Zufallsstichprobenverfahren.

Stichprobenverfahren – 1. *I.w.S.*: Synonym für → Teilerhebung. – 2. *I.e.S.*: Synonym für → Zufallsstichprobenverfahren.

Stichprobenverteilungen – gelegentlich zusammenfassende Bezeichnung für die Gaußsche → Normalverteilung, die → Chi-Quadrat-Verteilung, die → F-Verteilung und die → t-Verteilung, die in der → Stichprobentheorie eine bes. Rolle spielen.

Stichprobenzufallsfehler – *Stichprobenfehler, Schätzfehler, Zufallsfehler*; in der Stichprobentheorie und in der → Inferenzstatistik der → Fehler einer → Schätzfunktion (z.B. Varianz), der dadurch zustande kommt, dass dessen Berechnung eine → Zufallsstichprobe zugrunde liegt. – *Gegensatz*: → Nichtstichprobenfehler.

Stichtag – I. Statistik: → Referenzzeit.

II. Recht: für rechtsverbindliche Abmachungen (Verträge), Gesetze und Verordnungen der Zeitpunkt des In-Kraft-Tretens.

III. Rechnungswesen: der durch HGB vorgeschriebene Bilanzzeitpunkt (Stichtagsprinzip) oder für Zwischen- und Sonderbilanzen der von der Sache her gebotene Termin.

Stochastik – Oberbegriff für Wahrscheinlichkeitsrechnung bzw. → Wahrscheinlichkeitsrechnung und für Statistik auf der Grundlage der Wahrscheinlichkeitstheorie. V.a. zählt die → Inferenzstatistik zur Stochastik.

stochastischer Prozess – Folge von Zufallsvariablen $(X(t))_t$, die mit einem (z.B. zeitlichen) Index t aus einer Indexmenge (z.B. natürliche Zahlen oder $(0,\infty)$) versehen sind. Je nachdem, ob für jedes reelle t oder nur für einzelne, etwa ganzzahlige t eine Betrachtung erfolgt, unterscheidet man stochastische Prozesse mit stetiger oder diskreter Indexmenge (z.B. Zeit). Anhand der Verknüpfung zwischen den Verteilungen der Zufallsvariablen zu den verschiedenen Zeitpunkten bzw. den Abhängigkeiten zwischen Zufallsvariablen mit verschiedenen Indizes (z.B. Zeiten) werden *verschiedene Typen* von stochastischen Prozessen unterschieden. – *Anwendung* der Theorie der stochastischen Prozesse z.B. in der → Zeitreihenanalyse auf spektralanalytischer Grundlage, in der Marktforschung (z.B. Markenwahlmodelle auf der Grundlage eines → Markov-Prozesses) und in der → Warteschlangentheorie, Zuverlässigkeitstheorie und bei Lagerhaltungsproblemen.

stochastische Unabhängigkeit – 1. Bei *zwei* → Ereignissen A und B liegt stochastische Unabhängigkeit dann vor, wenn die Information, dass Ereignis B eingetreten ist, die Wahrscheinlichkeit des Eintretens von Ereignis A nicht beeinflusst im Sinne von $P(A|B) = P(A)$. Stochastische Unabhängigkeit ist dadurch gekennzeichnet, dass $P(A \cap B) = P(A) \cdot P(B)$ gilt, die → Wahrscheinlichkeit des Eintretens beider Ereignisse also gleich dem Produkt der Einzelwahrscheinlichkeiten ist (→ Multiplikationssätze der Wahrscheinlichkeit). In diesem Fall gilt auch für die → bedingten Wahrscheinlichkeiten $P(A|B) = P(A)$ bzw. $P(B|A) = P(B)$, wobei $P(B) \neq 0$ bzw. $P(A) \neq 0$ vorausgesetzt werden muss. – Bei *mehr als zwei Ereignissen* wird bei der Definition der stochastischen Unabhängigkeit zwischen paarweiser und gemeinsamer stochastischer Unabhängigkeit der beteiligten Ereignisse unterschieden. – 2. Bei *einem* → Zufallsvektor (X,Y) *mit* *zwei Komponenten* liegt der Spezialfall stochastische Unabhängigkeit vor, wenn für die gemeinsame → Verteilungsfunktion F von X und Y gilt: $F_{X,Y}(x, y) = F_X(x) \cdot F_Y(y)$. In diesem Fall ist die → Wahrscheinlichkeitsfunktion (bzw. → Dichtefunktion) des Zufallsvektors (X,Y) ebenfalls als Produkt der Wahrscheinlichkeitsfunktionen (bzw. Dichtefunktionen) von X und Y darstellbar (vgl. diskrete bzw. stetige → Zufallsvariablen). – Für einen *Zufallsvektor mit mehr als zwei Komponenten* ist die Definition der stochastischen Unabhängigkeit entsprechend zu verallgemeinern.

Störgröße → Störterm.

Störterm – *Störgröße, Störvariable;* im → Regressionsmodell und allg. bei der → Spezifikation von ökonometrischen Modellen die Zufallsvariable, die beim strukturellen Ansatz (→ Struktur) für jede Beobachtung der abhängigen Variablen (→ Variable, endogene) neben den Werten der unabhängigen Variablen (→ Variable, exogene) und vorherbestimmten Variablen (→ Variable, vorherbestimmte) zur Erklärung herangezogen wird. Über die Störterme werden gewisse Annahmen getroffen, etwa dass ihr Erwartungswert null ist, dass ihre Varianzen gleich sind, dass sie unkorreliert sind, sodass sie generell als Realisationen von → weißem Rauschen betrachtet werden können. Ggf. wird auch die Annahme getroffen, dass die Störterme normalverteilt sind. Die Störterme sind der Inbegriff der Einflüsse, die in nicht dominierender Weise neben den erklärenden Variablen auf die endogene Variable einwirken.

Störvariable → Störterm.

Stratifikation → Schichtenbildung.

Streuung – I. *Statistik: Dispersion, Variabilität;* das mehr oder minder weite Entferntsein der Beobachtungswerte eines → Merkmals bzw. der Ausprägungen einer → Zufallsvariablen voneinander. Die Quantifizierung der Streuung erfolgt durch → Streuungsmaße.

II. *Werbung: Mediastreuung.* 1. *Begriff:* alle Maßnahmen, die zur Verbreitung des verschiedenartigsten Werbematerials gehören und dazu dienen, Werbebotschaften an einen bestimmten Empfängerkreis (Zielgruppe) zu bringen bzw. mit ihm in Kontakt zu kommen; ein geschlossenes Arbeitsgebiet im Bereich der Werbung. – 2. *Charakterisierung:* Durch die Streuung wird das Werbematerial gewissermaßen aktiviert und zum Werbemittel umfunktioniert. Dabei ist wichtig, dass der Einsatz des Werbemittels beim Werbesubjekt zum richtigen Zeitpunkt und über den richtigen Werbeträger (Medien) erfolgt. Voraussetzung ist gründliche Kenntnis aller Medien sowie eine exakte Markt- und Mediaanalyse; beides dient als Grundlage zur Aufbereitung eines Streuplans. Um einen maximalen Erfolg zu gewährleisten, muss streuungsbezogen die Vielzahl der gegebenen Möglichkeiten zusammengefasst und auch genutzt werden. Die Streuung im Optimalfall müsste ohne Streuverluste den gesamten potenziellen Interessenten- und Kundenkreis, aber auch einzelne, kleine Gruppen erreichen. – 3. *Streuarten:* a) Nach der *Gezieltheit:* (1) *Auswahl-Streuung (gezielte Streuung):* Die Werbung richtet sich an die für das Produkt oder die angebotene Leistung einzige Bedarfsgruppe (Zielgruppe). Das Werbematerial kann gezielt gestreut werden. – *Beispiel:* Jede Firma, die eine Datenverarbeitungsanlage unterhält, benötigt auch Datenträger etc.; mit Fachzeitschriften oder über Adressen der Betriebe (Adressenverlage) im Bereich Datenverarbeitung kann in diesem Fall gezielt geworben werden. – (a) Ist der Interessenten- oder Personenkreis so klein, dass eine spezielle Gruppe angesprochen werden kann, die wahrscheinlich gewillt ist, das Produkt zu kaufen oder anzuwenden, ist „fein gezielte" Streuung möglich. – *Beispiel:* Streuung in die als Kunden bekannten Adressen; im Investitionsgüterbereich z.B. Benutzer gelieferter Maschinen und Einrichtungen, denen Ergänzungsgeräte oder bes. Dienstleistungen angeboten werden. – (b) Kategorien von Konsumenten, die der Anbieter z.B. mit der Post oder als Leser einer bestimmten

Fachzeitschrift erreichen kann, werden mit der sog. *grob gezielten* Streuung erfasst. – *Beispiel:* Postwurfsendung an alle Schließfachinhaber. (2) *Zufalls-Streuung (ungezielte Streuung):* vielseitiges Gebiet. Kann nur bei bestimmten Konsumgütern angewandt werden. – *Beispiel:* Fernseh- und Funkspots. Die ungezielte Streuung wird feiner, wenn eine Postwurfsendung auf alle Haushaltungen in einem bestimmten Stadtbezirk begrenzt wird (Direktwerbung). – b) Nach der *Art des Streuweges:* (1) *Eigenstreuwege:* Streuung über Vertreter, Verkäufer, Propagandisten, Boten etc. (2) *Fremdstreuwege:* Streuung über Post, Botendienste etc.

Streuungsdiagramm – *Korrelationsdiagramm;* grafische Veranschaulichung der verbundenen Beobachtungen $(x_1, y_1), (x_2, y_2)$, ... zweier → Merkmale durch Punkte in einem Koordinatensystem. Das Streuungsdiagramm bildet die optische Grundlage der → Regressionsanalyse und der Ermittlung der → Korrelation.

Streuungsmaß – in der Statistik zusammenfassende Bezeichnung für → Maßzahlen zur Kennzeichnung der → Streuung, bes. → Varianz, → Standardabweichung, → durchschnittliche absolute Abweichung, → Spannweite, → mittlerer Quartilsabstand (absolute Streuungsmaße) und → Variationskoeffizient (relatives Streuungsmaß). – Bei theoretischen → Verteilungen wird das Wort in analoger Bedeutung (→ Streuungsparameter) gebraucht.

Streuungsparameter – funktional- oder explizite → Parameter von theoretischen → Verteilungen, die die → Streuung kennzeichnen.

Struktur – I. Wissenschaftstheorie: Menge der die einzelnen Elemente eines Systems verknüpfenden Relationen. Im Rahmen der Betriebswirtschaftslehre kommt verschiedenen strukturellen Regelungen zum Zweck der Organisation des betrieblichen Geschehens bes. Bedeutung zu.

II. Statistik: Bezeichnung für die Verhältnisse in der → Grundgesamtheit. Z.B. ist die strukturelle Regressionsgerade die Regressionsgerade der Grundgesamtheit, deren → Parameter aus einer Stichprobe (→ Teilerhebung) zu schätzen sind.

III. Ökonometrie: Die Struktur eines → ökonometrischen Modells umfasst die Funktionalform und deren Parameter sowie die Verteilungsfunktionen der Zufallsvariablen im Modell und deren Parameter.

Strukturbruch – Vorgang, dass bei einem Regressionsansatz (→ Regressionsanalyse) oder in einem Modell der Ökonometrie Änderungen der Werte der → Parameter eintreten. Ist ein Strukturbruch vorgekommen, muss eine erneute Parameterschätzung vorgenommen werden. Das Eintreten eines Strukturbruchs kann durch → statistische Testverfahren überprüft werden. In der Realität eher allmähliche Strukturveränderungen.

Strukturbruchtest – Verfahren zur Überprüfung der Annahme beobachtungsinvarianter Koeffizienten. Für lineare → Einzelgleichungsmodelle findet v.a. der → Chow-Test, der → CUSUM-Test und der → CUSUMQ-TEST Anwendung.

Student-Verteilung → t-Verteilung.

subjektive Wahrscheinlichkeit → Wahrscheinlichkeit, die als quantitativer Ausdruck des Überzeugtheitsgrades eines Subjektes, z.B. eines Experten, numerisch festgelegt wurde. Bei der Festlegung von subjektiven Wahrscheinlichkeiten sind die Axiome der → Wahrscheinlichkeitsrechnung zu beachten. – *Anwendung* z.B. in der Entscheidungstheorie oder im Marketing, soweit aus → relativen Häufigkeiten gewonnene objektive Wahrscheinlichkeitswerte nicht zur Verfügung stehen. – Vgl. auch → Wahrscheinlichkeitsauffassungen.

Summationsindex → Summenzeichen (Σ).

Summenfunktion – in der Statistik Funktion, die jeder reellen Zahl die Anzahl *(absolute Summenfunktion)* oder den Anteil (*relative* Summenfunktion oder empirische → Verteilungsfunktion) der Elemente zuordnet, die *höchstens* diese Zahl als Merkmalswert aufweisen. Bei Ermittlung aus → Urwerten erhöht sich der Wert der Summenfunktion bei jedem Beobachtungswert um 1 bzw. die entsprechende → Häufigkeit bzw. den entsprechenden Anteil. Die Summenkurve (grafische Veranschaulichung einer Summenfunktion) ist eine Treppenkurve. Bei Vorliegen einer → klassierten Verteilung ordnet man jeder Klassenobergrenze die zugehörige kumulierte Häufigkeit (→ Kumulierung) zu und erhält unter Hinzunahme des linken Randpunktes der ersten Klasse mit Ordinate 0 einen Polygonzug als Näherung für die Summenkurve durch geradlinige Verbindung dieser Punkte.

Summenkurve → Summenfunktion.

Summenzeichen – Σ; vereinfachende und verkürzte Schreibweise von Summen:

$$a_1 + a_2 + a_3 + \cdots + a_n = \sum_{i=1}^{n} a_i,$$

wobei: Σ = Summenzeichen, Σ ist das große griech. S (Sigma); a_i = allg. Summenglied, i-te Stelle in der Summe; i = Summationsindex; l, n = untere und obere Summationsgrenze (Summationsanfang und -ende). Eine große Bedeutung hat das Summenzeichen dann, wenn es möglich ist, die zu summierende Größe a_i explizit als eine Funktion des Summationsindex i darzustellen: $a_i = f(i)$. – *Regeln für das Rechnn mit Summen:*

(1) $\sum_{i=1}^{n} a = n \cdot a$ wenn a = konstant;

(2) $\sum_{i=1}^{n} ca_i = c \cdot \sum_{i=1}^{n} a_i$ wenn c = konstant;

(3) $\sum_{i=1}^{n}(a_i + b_i) = \sum_{i=1}^{n} a_i + \sum_{i=1}^{n} b_i.$

SUR – Abk. für *Seemingly Unrelated Regression Model*, vgl. → Mehrgleichungsmodell.

systematische Auswahl mit Zufallsstart → Auswahlverfahren zur Gewinnung einer uneingeschränkten Zufallsstichprobe (→ uneingeschränktes Zufallsstichprobenverfahren). Benötigt wird eine lückenlos durchnummerierte → Grundgesamtheit. Sind aus N Elementen n auszuwählen und ist N/n ganzzahlig, so wird aus den ersten N/n Elementen eines zufällig ausgewählt (Zufallsstart, z.B. mithilfe einer → Zufallszahlentafel). Ist a die Nummer dieses Elements, so gelangen weiter die Elemente mit den Ordnungsnummern

$$a + \frac{N}{n}, \ a + 2\frac{N}{n}, \ldots, \ a + (n-1)\frac{N}{n}$$

in die Stichprobe. – *Problematisch* ist dieses Auswahlverfahren dann, wenn die Nummerierung der einzelnen Elemente mit dem Untersuchungsgegenstand zusammenhängt.

systematischer Fehler – in der Statistik Bezeichnung für den → Nichtstichprobenfehler (→ Fehler).

T

Tabellenprogramm – vor Beginn einer statistischen → Erhebung zu entwickelndes Schema, aus dem ersichtlich wird, welche Kombinationen von → Ausprägungen der zu erhebenden → Merkmale in Tabellen mit einfachem oder mehrfachem Eingang erfasst werden sollen. Oft wird auf Tabellenprogramme aus früheren Erhebungen zurückgegriffen. – Bei *mündlichen Befragungen* ist das Tabellenprogramm eine der Grundlagen zur Gestaltung des Fragebogens.

Tabusuche → Metaheuristik

Teilerhebung – Begriff der Statistik für eine → Erhebung, bei der nur *ein Teil* der → Grundgesamtheit untersucht wird (→ Teilgesamtheit); damit ergibt sich eine → Stichprobe i.w.S. Teilerhebungen sind kostengünstiger als → Vollerhebungen; bei unendlichen Grundgesamtheiten oder bspw. einer zerstörenden Prüfung sind nur Teilerhebungen möglich. Je nachdem, nach welchem → Auswahlverfahren die Teilerhebung erfolgt, ist die Übertragung von Ergebnissen der Teilerhebung auf die Grundgesamtheit (→ Hochrechnung) mehr oder minder problematisch. Ist diese Übertragung möglich, so ist die Stichprobe repräsentativ (Repräsentativität). – *Gegensatz:* → Vollerhebung.

Teilgesamtheit – Teilmenge jeder Art einer → Grundgesamtheit, z.B. Stichprobe i.w.S. (→ Teilerhebung), → Schicht, → Klumpen.

Teilmenge – Begriff der → Mengenlehre. Eine Menge M_2 heißt Teilmenge einer Menge M_1, wenn jedes Element von M_2 auch zu M_1 gehört. Zeichen: $M_2 \subset M_1$.

Term – Rechenausdruck, meist mit Variablen, z.B. $2x^3 + 5x - 10$.

Test – Testen, → statistische Testverfahren, → Testverfahren.

Teststärke – *Trennschärfe, Güte eines Tests, Macht eines Tests;* Wert der → Gütefunktion eines → statistischen Testverfahrens an einer Stelle (einem zulässigen Parameterwert). Die Teststärke gibt insbesondere die Fähigkeit eines Tests an, eine falsche → Nullhypothese als solche kenntlich zu machen.

Testverfahren – *Prüfungsverfahren.*

I. Statistik: → statistische Testverfahren.

II. Psychologie: psychologische Testverfahren.

III. Marktforschung: Neben den → statistischen Testverfahren und psychologischen Testverfahren werden bes. nach dem Erkenntnisobjekt Anzeigentest, Markttest, Store-Test, Namenstest, Preistest, Verpackungstest, Konzepttest, Produkttest und Markentest (Recalltest) unterschieden.

IV. Informatik: Testen (Testen der Software), Benchmark-Test (Testen der Leistungsfähigkeit der Hardware).

Theils Ungleichheitskoeffizient – Abk. *TUK;* der TUK ist definiert als Quadratwurzel des Quotienten aus mittlerem quadratischen Fehler der prognostizierten Veränderung und dem Durchschnitt der quadratischen tatsächlichen Veränderungen. Für perfekte Prognosen nimmt der TUK den Wert null an. TUK = 1 bedeutet, dass die Prognosen nicht besser sind als eine sog. naive Prognose, d.h. eine solche, die davon ausgeht, dass sich die betrachtete Variable nicht verändert. – Vgl. auch → ökonometrisches Prognosemodell.

Tilgungsrechnung – Teilgebiet der → Finanzmathematik. Durch die Tilgungsrechnung werden die Tilgungsdauer, die Restschuld am Ende jedes Jahres, die Zinsen, die Tilgungsrate und die → Annuität ermittelt. Diese Posten ergeben den Tilgungsplan.

Tobit-Modell – Verfahren zur ökonometrischen Erklärung von zensierten Variablen, d.h. Variablen, bei denen die Daten nur einen Teil der möglichen Variablenwerte annehmen. Die exogenen Variablen sind jeweils für alle Beobachtungen (für die zensierten und nicht zensierten) vorhanden. Beim gestutzten → Regressionsmodell sind die exogenen Variablen dagegen nur bekannt, wenn die endogene Variable beobachtet werden kann. – Die Zensierung kann sich aufgrund der Codierung der endogenen Variablen bei der Datenerfassung (alle Einkommen größer 100.000 Euro werden auf diesen Wert gesetzt, Stadionkapazität) oder aufgrund von Eckpunkt-Lösungen (Corner-Solution-Modell) beim Optimierungsprozess der Wirtschaftssubjekte ergeben (die jährlichen Ausgaben für neue Möbel nehmen bei vielen Haushalten den Wert null an). Die Schätzung erfolgt gewöhnlich mit der → Maximum-Likelihood-Methode unter der Annahme der Normalverteilung. → Heteroskedastizität und die Verletzung der Normalverteilung führen im Gegensatz zum linearen Regressionsmodell häufig zu verzerrten Schätzern. Das Tobit-Modell unterstellt für die zensierten und die nicht zensierten Bobachtungen die gleichen Einflussfaktoren mit dazugehörigem Parametervektor. Deshalb ist das Tobit-Modell für das Corner-Solution-Modell weniger geeignet.

Totalerhebung → Vollerhebung.

totales Differenzial – Ist $f(x_1, x_2, ..., x_n)$ eine in Richtung von allen unabhängigen Variablen $x_1, x_2, ..., x_n$ differenzierbare Funktion an der Stelle $\bar{x}_1, \bar{x}_2, ..., \bar{x}_n$, dann ist das totale Differenzial die Summe der partiellen Differenziale: $df = f'x_1(\bar{x}_1, \bar{x}_2, ..., \bar{x}_n) \cdot dx_1 + fx_2(\bar{x}_1, \bar{x}_2, ..., \bar{x}_n) \cdot dx_2 + ... + f'x_n(\bar{x}_1, \bar{x}_2, ..., \bar{x}_n) \cdot dx_n$ mit $dx_i = x_i - \bar{x}_i$. Das totale Differenzial gibt näherungsweise an, wie sich die abhängige Variable verändert, wenn sich die $\bar{x}_i$ um dx_i ändern. – Vgl. auch → Differenzial (dy), → partielle Ableitung.

Trend – 1. *Deterministische Trends*: a) *Typen deterministischer Trends* (nach Funktionsform des Trendbestandteils): (1) *Konstanter Trend*: Sonderfall eines konstant bleibenden Grundwertes einer Zeitreihe; (2) *linearer Trend*: Trend, bei dem die Grundrichtung der Zeitreihe durch eine Gerade ausgedrückt wird; (3) *parabolischer Trend*: Trend, bei dem eine Parabel zweiten oder höheren Grades zugrunde liegt; (4) *Exponential-Trend*: Trend, bei dem von einer Exponentialfunktion ausgegangen wird. – b) *Verfahren der Identifikation deterministischer Trends*: Verfahren zur Schätzung der → Parameter der unterstellten Trendfunktion. Sind keine zyklischen Komponenten (→ Zeitreihenkomponenten) enthalten, so sind nur gewisse Annahmen über die zufällige Komponente zu treffen und es kann dann z.B. im Falle eines vermuteten linearen Trends ein Modell $Y_t = \beta_0 + \beta_1 t + \varepsilon_t$ mit OLS (→ Kleinstquadratemethode, gewöhnliche) geschätzt werden. t ist hier eine Variable, die nur ganze Zahlen von 1 bis T annehmen kann, wobei T die Anzahl der Zeitreihenbeobachtungen darstellt. Sind z.B. Saisonbestandteile enthalten, muss die Zeitreihe zunächst saisonbereinigt, d.h. ihr Saisonbestandteil muss aus den Originalwerten geeignet herausgerechnet werden. Erst danach kann dann die Schätzung der Trendkomponente erfolgen. Eine andere Möglichkeit besteht in der Modellierung der Saison (→ Saisonbereinigung und -modellierung). – c) *Deterministischer Trend und Stationarität*: Weist eine Zeitreihe einen deterministischen Trend auf, so ist sie nicht stationär (→ Stationarität). Regressionen mit derartigen Zeitreihen sind typische → Scheinregressionen. – 2. *Stochastische Trends*: Derartige Trends treten typischerweise auf, wenn Zeitreihen Realisationen eines → Random Walk (mit → Drift) sind. Zeitreihen mit stochastischem Trend sind also ebenfalls nicht stationär und ihre Verwendung in Regressionen führt zu → Scheinregressionen. Viele ökonomische Variablen weisen eher stochastische als deterministische Trends auf. – Vgl. auch → Trendbereinigung und Stationarisierung.

Trendbereinigung und Stationarisierung – 1. *Deterministische Trends*: Bei der Trendbereinigung sind zunächst die

Trendparameter mit OLS (→ Kleinstquadratemethode, gewöhnliche) zu schätzen. Im Falle eines linearen Trends sind dies die Parameter des Modells $Y_t = \beta_0 + \beta_1 t + \varepsilon_t$. Mit den Parameterschätzungen können dann die Werte der trendbereinigten und damit stationären Zeitreihe über

$$\tilde{Y}_t = Y_t - \hat{\beta}_0 - \hat{\beta}_1 X_t$$

bestimmt werden. Diese sind nichts anderes als die → Residuen aus der Schätzung der Trendparameter. – Unterliegen die Variablen eines → Regressionsmodells ähnlichen deterministischen Trends, so kann entweder jede Variable in der oben beschriebenen Art trendbereinigt und dann das Modell ohne das Risiko einer → Scheinregression geschätzt werden. Alternativ kann im Falle eines linearen Trends auch einfach eine Variable t mit den ganzzahligen Realisationen 1,...,T in das zu schätzende Modell aufgenommen werden. Diese beseitigt die Verzerrung, der Parameterschätzer, die bei vorliegendem deterministischen Trend entstünde. – Die Bildung erster höher oder höherer Differenzen von Zeitreihen mit deterministischen Trends führt zu schwerwiegenden Komplikationen. Der differenzierte Störterm stellt i.Allg. einen nicht invertierbaren MA(1)-Prozess dar, da der MA-Prozess eine Einheitswurzel (→ Einheitswurzeltest) aufweist. – 2. *Stochastische Trends*: Folgt eine Zeitreihe einem stochastischen Trend, müssen im Gegensatz zu deterministischen Trends Differenzen gebildet werden, um stationäre Reihen zu erhalten. Bei einem Random Walk mit Drift sind z.B. die ersten Differenzen stationär. Bei anderen Prozessen sind es ggf. erst höhere Differenzen. Werden derart gebildete stationäre Differenzen in Regressionsmodellen eingesetzt, ist die Gefahr einer Scheinregression gebannt. – Eine lineare Trendbereinigung, wie sie beim deterministischen Trend beschrieben wurde, würde bei stochastischen Trends nicht stationäre Reihen liefern, warum von einer derartigen Vorgehensweise bei stochastischen Trends strikt abzuraten ist.

Trendextrapolation → Extrapolation.

Trennschärfe → Teststärke.

t-Test – gewöhnlicher Test bei linearen → ökonometrischen Modellen zur Überprüfung der Nullhypothese, dass ein Regressionskoeffizient gleich null ist. Voraussetzung der Anwendung des t-Tests sind unkorrelierte und identisch verteilte → Störterme. Bei endlichen Stichproben müssen die Störterme zudem normalverteilt sein. – Als Teststatistik wird der Quotient aus geschätztem Regressionsparameter und dem zugehörigen geschätzten Standardfehler (→ Kleinstquadratemethode, gewöhnliche) gebraucht. Der daraus resultierende Wert wird mit dem sich für ein gewähltes Signifikanzniveau ergebenden kritischen Wert einer Student-Verteilung mit n − K Freiheitsgraden verglichen, wobei n der Anzahl der Beobachtungen und K der Anzahl der erklärenden Variablen entspricht. Ist der Abolutbetrag der Teststatistik größer als der kritische Wert, wird die Nullhypothese abgelehnt.

TUK – Abk. für → Theil's Ungleichheitskoeffizient.

t-Verteilung – *Student-Verteilung*; stetige Wahrscheinlichkeitsverteilung, die durch W.S. Gosset (1908; Pseudonym: „Student") entwickelt wurde. Besitzen die → Zufallsvariablen X_1 bzw. X_2 eine → Standardnormalverteilung bzw. eine → Chi-Quadrat-Verteilung mit k Freiheitsgraden und sind sie stochastisch unabhängig (→ stochastische Unabhängigkeit), dann ist die aus ihnen abgeleitete Zufallsvariable

$$X_1/\sqrt{X_2/k}$$

t-verteilt mit k Freiheitsgraden. Die t-Verteilung ist symmetrisch zur Ordinatenachse. Für Quantile der t-Verteilung existieren Tabellenwerke. Mit zunehmendem k nähert sich die t-Verteilung der Standardnormalverteilung (Approximation). – *Anwendung* u.a. bei der → Konfidenzschätzung von → Erwartungswerten normalverteilter Variablen mit unbekannter Varianz sowie bei verschiedenen → statistischen Testverfahren (Prüfung eines Erwartungswertes im Ein-Stichproben-Fall; Vergleich von Erwartungswerten im Zwei-Stichproben-Fall).

U

Überidentifizierende-Restriktionen-Test → Sargan-Test.

Umkehrfunktion – *Inverse*. Da bei einer eineindeutigen Funktion jedem x genau ein y und jedem y genau ein x zugeordnet wird, ist eine Umkehrung möglich. Wenn man eine Funktionsgleichung nach der unabhängigen Variablen auflöst, erhält man die Umkehrfunktion $f^{-1}(y)$. Grafisch erhält man eine Umkehrfunktion durch Spiegelung der Funktion an der Winkelhalbierenden.

Unbestimmtheitsmaß – in der → Regressionsanalyse die Differenz zwischen 1 und dem → Bestimmtheitsmaß. Das Unbestimmtheitsmaß liegt zwischen 0 und 1. Ein relativ hoher Wert des Unbestimmtheitsmaßes, also ein niedriger Wert des Bestimmtheitsmaßes, bringt zum Ausdruck, dass ein erheblicher Teil der → Streuung der endogenen Variablen (→ Variable, endogene) nicht durch die exogenen Variablen (→ Variable, exogene) erklärt wird, sondern auf sonstige Einflüsse zurückzuführen ist.

uneingeschränktes Zufallsstichprobenverfahren – Verfahren der → Teilerhebung mit zufälliger Auswahl der → Untersuchungseinheiten (→ Auswahlverfahren) gemäß einem der beiden einfachen → Urnenmodelle. Alle Elemente der → Grundgesamtheit haben die gleiche → Wahrscheinlichkeit, in die Stichprobe zu gelangen, und alle möglichen Stichproben die gleiche Wahrscheinlichkeit, realisiert zu werden. – *Gegensatz:* → höhere Zufallsstichprobenverfahren.

Unempfindlichkeit → Robustheit.

Unit-Root → Einheitswurzeltest.

Unkorreliertheit – Begriff der → Korrelationsanalyse. Unkorreliertheit zweier Variablen liegt vor, wenn ihre → Kovarianz und damit ihr (Maß-) → Korrelationskoeffizient Null ist. Unkorreliertheit kann auch anhand des Spearman-Pearsonschen Rangkorrelationskoeffizienten (→ Rangkorrelation) definitorisch festgelegt werden.

Untererfassung – in der Statistik der Fall, dass bei einer → Erhebung die Untersuchungsgesamtheit nur eine mehr oder minder große Teilmenge der → Grundgesamtheit ist, auf die die Untersuchung abzielt.

Untersuchungseinheit – in der Statistik ein Element der → Grundgesamtheit, das für die → Erhebung ausgewählt wurde und an dem die → Ausprägungen aller interessierenden → Merkmale festgehalten werden. – Vgl. auch → Erhebungseinheit.

Untersuchungsmerkmal → Merkmal.

Untersuchungsvariable → Merkmal.

Unverzerrtheit → Erwartungstreue.

Urliste – in der Statistik Bezeichnung für die Auflistung von Werten → qualitativer Merkmale und → quantitativer Merkmale gemäß → Erhebung. Bes. bei quantitativen Merkmalen wird mit Urliste die Menge der originalen Beobachtungswerte vor Übergang zu einer → Häufigkeitsverteilung bezeichnet.

Urmaterial – die bei einer statistischen Untersuchung durch → Vollerhebung oder → Teilerhebung gewonnenen Originalunterlagen wie Fragebogen, Interviewer-Berichte, Zählkarten, → Urlisten u.Ä.

Urnenmodell – in der Statistik Hilfsmittel zur Veranschaulichung eines elementaren → Zufallsvorganges. – 1. Entnahme einer uneingeschränkten Zufallsstichprobe aus einer → Grundgesamtheit *(einfaches Urnenmodell).* – a) Beim einfachen Urnenmodell *mit Zurücklegen* werden aus einer Urne, die die Grundgesamtheit darstellt, n Elemente zufällig derart entnommen, dass jedes Element nach Feststellung seiner Merkmalsausprägung in die Urne zurückgelegt wird. Ein und dasselbe Element kann dann ggf. mehrfach in die Stichprobe gelangen. – b) Beim einfachen Urnenmodell *ohne Zurücklegen* unterbleibt die Rückgabe der Elemente in die Urne, sodass jedes Element der Grundgesamtheit höchstens einmal resultieren kann. – 2. Für den Spezialfall eines → dichotomen Merkmals ist die Anzahl der Elemente der einen Sorte in der Stichprobe beim einfachen Urnenmodell *mit Zurücklegen* binomialverteilt (→ Binomialverteilung) und *ohne Zurücklegen* hypergeometrisch verteilt (→ hypergeometrische Verteilung).

Urwerte – in der Statistik Bezeichnung für die einzelnen → Ausprägungen der interessierenden, meist → metrischen Merkmale bei den Elementen der interessierenden → Gesamtheit (→ Urliste). Oft werden die Urwerte in eine → Häufigkeitsverteilung überführt.

V

Variabilität → Streuung.

Variable – Größe, die unterschiedliche Werte annehmen kann. – *Gegensatz:* → Konstante.

I. Statistik: Variable wird synonym für → Merkmal verwendet. Die Werte der Variable heißen → Ausprägungen oder bei Zufallsvariablen → Realisationen.

II. Informatik: In der Programmentwicklung ein Datenelement oder eine Datenstruktur, die bei der Ausführung des Programms verschiedene Werte annehmen kann (analog zum mathematischen Begriff der Variable). Eine Variable besitzt einen Datentyp.

Variable, abhängige → Variable, endogene.

Variable, endogene – *abhängige Variable, erklärte Variable, Regressand*; diejenige Variable eines → ökonometrischen Modells oder theoretischen Modells, deren Wert innerhalb des Modells erklärt wird. Endogene Variablen können in → Mehrgleichungsmodellen auch zur Erklärung der Werte anderer endogener Variablen herangezogen werden. Generell werden auch erklärende Variablen, die mit dem Störterm einer Regressionsbeziehung korreliert sind, als endogene Variablen bezeichnet.

Variable, erklärende → Variable, exogene.

Variable, erklärte → Variable, endogene.

Variable, exogene – *erklärende Variable, Regressor, unabhängige Variable*; diejenige Variable eines → ökonometrischen Modells oder theoretischen Modells, die nur eine erklärende Rolle hat, selbst aber nicht erklärt wird. Ihre Werte werden als außerhalb des Modellzusammenhangs bestimmt angenommen. Generell werden auch erklärende Variablen, die nicht mit dem Störterm einer Regressionsbeziehung korreliert sind, als exogene Variablen bezeichnet. – Vgl. auch → Variable, vorherbestimmte.

Variable, gemeinsam abhängige – von einem → Mehrgleichungsmodell zu beschreibende abhängige Variable (→ Variable, endogene).

Variable, unabhängige → Variable, exogene.

Variable, vorherbestimmte – unabhängige Variable (→ Variable, exogene) oder verzögerte gemeinsam abhängige Variable (→ Variable, gemeinsam abhängige) in einem → Mehrgleichungsmodell.

Variablentransformation – *Transformation, Merkmalstransformation*; in der Statistik Übergang von einem → metrischen Merkmal zu einer bestimmten Funktion desselben, wodurch eine neue → Variable entsteht; die einzelnen → Ausprägungen werden nach Maßgabe dieser Funktion in Ausprägungen der neuen Variablen übergeführt. Z.B. ergibt die *lineare* Variablentransformation $y_i = 1.000 \, (x_i - 5)$ der Werte x_i des Füllgewichts (in kg) von Waschmittelpaketen die Ausprägungen der Variablen: Abweichung des Füllgewichts vom Sollgewicht 5 kg in g. – In der Ökonometrie werden *nicht lineare Variablentransformationen*, z.B. die logarithmische Variablentransformation, eingesetzt, um einen Modellansatz zu linearisieren.

Varianz – gebräuchlichste Maßzahl zur Charakterisierung der → Streuung einer theoretischen oder empirischen → Verteilung. Die Varianz ist ein nicht relativiertes → Streuungsmaß. – 1. Ist X eine → Zufallsvariable, so bezeichnet
$(\text{Var}(X) =) \text{ Var } X = E((X - EX)^{2)} = EX^2 - (EX)^2$
deren Varianz. Bei einer diskreten Zufallsvariablen mit den Ausprägungen $x_1, x_2, \ldots$, der → Wahrscheinlichkeitsfunktion f und dem → Erwartungswert EX ist die Varianz gemäß
$$Var X = \sum (x_i - EX)^2 f(x_i) = \sum x_i^2 f(x_i) - (EX)^2$$

zu ermitteln; analog ist bei stetigen Zufallsvariablen mit Dichtefunktion f mittels Integration zu verfahren:

$$VarX = \int (x - EX)^2 f(x)dx = \int x^2 f(x)dx - (EX)^2$$

Liegen n Ausprägungen $x_1, ..., x_n$ eines → metrischen Merkmals vor, so ist deren empirische Varianz s_x^2, berechnet aus den → Urwerten,

$$s_x^2 = \frac{1}{n}\sum_{i=1}^{n}(x_i - \bar{x})^2 = \frac{1}{n}\sum_{i=1}^{n} x_i^2 - \bar{x}^2$$

wobei $\bar{x}$ den Durchschnitt bezeichnet (→ arithmetisches Mittel). – 3. Ist eine → klassierte Verteilung gegeben, dann ist die Varianz exakt als Summe der → internen Varianz (Binnenklassenvarianz) und der → externen Varianz (Zwischenklassenvarianz) zu bestimmen (→ Varianzzerlegung). Stehen die interne und externe Varianz nicht zur Verfügung, so wird die Varianz oft unter Verwendung der Klassenmitten x'_j und der → relativen Häufigkeiten p_j, j=1, ... ,m , gemäß

$$\sum_{j=1}^{m}(x'_j - \bar{x}_{klass})^2 p_j$$

approximativ bestimmt, wobei $r\{x\}_{klas}$ das klassierte Mittel, i.e. der analoge Näherungswert für das arithmetische Mittel ist. Diese Näherung tendiert zu einem zu niedrigen Ausweis der Varianz, da die interne Varianz mit 0 unterstellt wird. – 4. Liegt ein Befund aus einem → uneingeschränkten Zufallsstichprobenverfahren vor, dann wird die *Stichproben-Varianz*

$$s_{St}^2 = \frac{1}{n-1}\sum(x_i - \bar{x})^2 = \frac{n}{n-1}s_x^2$$

als → Schätzwert für die Varianz der → Grundgesamtheit verwendet, weil sie im Gegensatz zu s_x^2 erwartungstreu ist (bes. → Erwartungstreue). Zur einfacheren Berechnung der Varianz wird der → Verschiebungssatz angewendet, der oben jeweils die zweite Formel ergibt.

Varianzanalyse – Verfahren der → multivariaten Statistik und Testverfahren zum Mehr-Stichproben-Fall, das im Marketing und in der experimentellen naturwissenschaftlichen Forschung auf der Grundlage verschiedener Versuchspläne eingesetzt wird. Wie bei der → Regressionsanalyse, die eine analoge Fragestellung betrifft, unterscheidet man bei der Varianzanalyse drei Gruppen von Variablen: Eine oder mehrere abhängige Variablen, eine oder mehrere unabhängige Variablen (→ Faktoren) und Störvariablen (→ Störgröße). Während die abhängigen Variablen metrische skaliert sind, sind bei der Varianzanalyse die Faktoren kategorial (→ Skalenniveau); ggf. werden die Kategorien durch → Klassenbildung gewonnen. Ziel der Varianzanalyse ist es, zu testen, ob die Faktoren einzeln oder in Kombination die abhängige(n) Variable(n) beeinflussen. Grundprinzip der Varianzanalyse ist die → Varianzzerlegung. – Zur Umgehung der Normalverteilungsvoraussetzung (→ Normalverteilung) für die abhängige(n) Variable(n) wurden verteilungsungebundene Verfahren der Varianzanalyse entwickelt, etwa die Rang-Varianzanalyse.

Varianzzerlegung – Aufteilung der gesamten → Varianz s^2 einer in Teilgesamtheiten zerlegten Gesamtheit in die → interne Varianz s_w^2 und die → externe Varianz s_b^2, gemäß der Identität $s^2 = s_w^2 + s_b^2$. Die interne Varianz ist, falls die Zerlegung durch → Klassenbildung erfolgte, klein gegenüber der externen Varianz. Deshalb wird in solchen Fällen s_w^2 gelegentlich approximativ mit Null angesetzt.

Variation → Kombination mit Berücksichtigung der Anordnung ohne Wiederholung.

Variationskoeffizient – relatives → Streuungsmaß, das als Quotient aus empirischer → Standardabweichung und → arithmetischem Mittel definiert ist.

Vektor – 1. *Physik*: Gerichtete Größe. – 2. *Mathematik*: → Matrix mit einer Spalte (Spaltenvektor) oder einer Zeile (Zeilenvektor).

Vektorautoregressionsmodell – Die grundlegende Idee lässt sich an einem VAR-Modell mit zwei Variablen und zwei Lags (bivariates VAR(2)-Modell) erkennen: Der Wert einer Variablen zum Zeitpunkt t ist also von den Vergangenheitswerten dieser Variablen abhängig (→ AR(p)-Prozess) und zudem von den Vergangenheitswerten aller weiteren endogenen Variablen des Modells. Die insgesamt acht Koeffizienten können mittels OLS (→ Kleinstquadratemethode, gewöhnliche) in separaten Regressionen beider Gleichungen geschätzt werden. – Zu den Störgrößen des Modells werden die Annahmen eines Erwartungswerts von null und nicht vorhandener Autokorrelation getroffen. Eine kontemporäre Korrelation der Störterme der einzelnen Variablen ist jedoch möglich. Die Variablen des Modells müssen stationär sein. – In VAR-Modellen geht man meistens davon aus, dass alle Variablen endogen sind und lediglich von ihren Vergangenheitswerten abhängen. Deshalb unterliegen die Vektorautoregressionsmodelle keinen so massiven a priori Restriktionen wie die Struktur ökonometrischer Modelle. – Vorteile von VAR-Modellen sind, dass durch sie simultane Prognosen für ein System aus K Variablen und Analysen der Zusammenhänge der Variablen eines solchen Systems möglich sind. Zudem sind Vektorautoregressionsmodelle sehr einfach mit OLS zu schätzen. Da VAR-Modelle Aussagen über den dynamischen Zusammenhang von Variablen ermöglichen, können mit ihnen auch Kausalitätstests einfach durchgeführt werden. – Als Nachteil der Vektorregression sei die Tatsache erwähnt, dass man schon bei wenigen endogenen Variablen und betrachteten Lags eine große Anzahl an Variablen in den Gleichungen enthält. Die Anzahl der Freiheitsgrade wird dementsprechend gering und man benötigt lange Zeitreihen. Die Vektorautoregression beschränkt sich deshalb meistens auf eher kleine Modelle. – Beiden Kritiken tragen die strukturellen VektorautoregressionsmodelleRechnung. In diesen Modellen werden Restriktionen bez.

verschiedener gelagter endogener Variablen und/oder der Varianz- Kovarianz-Matrix der → Störterme getroffen, was sie den klassischen → Mehrgleichungsmodellen annähert. – Vgl. auch → Impuls-Antwort-Funktion.

Vektorfehlerkorrekturmodell → Mehrgleichungsmodell, in dem mind. eine Gleichung eine Fehlerkorrekturdarstellung hat (→ Fehlerkorrekturmodell). Die wichtigste Form eines Vektorfehlerkorrekturmodells ist das → Kointegrationsmodell.

Verdienststrukturerhebung – Die Verdienststrukturerhebung (früher Gehalts- und Lohnstrukturerhebung) stellt Daten zu Verdiensten, Anzahl der Arbeitnehmer und Arbeitszeiten untergliedert u.a. nach Wirtschaftszweigen und Unternehmensgröße bereit. Daneben gibt sie Auskunft über persönliche → Merkmale des Arbeitnehmers (z.B. Geschlecht und Geburtsjahr sowie Beruf oder Dauer der Betriebszugehörigkeit) sowie Merkmale des Beschäftigungsverhältnisses (z.B. Angaben zum Tarifvertrag, Art der Beschäftigung oder Höhe des Urlaubs). Damit werden Aussagen über → Verteilung und → Streuung der Arbeitnehmerverdienste möglich. Die Verdienststrukturerhebung ist eine repräsentative zweistufige Stichprobenerhebung, bei der über 30.000 Betriebe und knapp 2 Mio. Arbeitnehmer erfasst werden. Detaillierte Angaben der Verdienststrukturerhebung werden in Form einer Fachserie vom Statistischen Bundesamt (StBA) veröffentlicht.

Vereinigungsmenge – Begriff der → Mengenlehre. Zu zwei vorgegebenen Mengen M_1 und M_2 die Menge derjenigen Elemente, die zu M_1 oder zu M_2 gehören. Zeichen: $M_1 \cup M_2$.

verhältnisgleich → proportional.

(1) $Y_{1t} = \alpha_{1,1}^1 Y_{1,t-1}^1 + \alpha_{1,2}^1 Y_{2,t-1} + \alpha_{1,1}^2 Y_{1,t-2} + \alpha_{1,2}^2 Y_{2,t-2}^2 + \epsilon 1, t.$
(2) $Y_{2t} = \alpha_{2,1}^1 Y1, t-1 + \alpha_{2,2}^1 Y_{2,t-1} + \alpha_{2,1}^2 Y_{1,t-2} + \alpha_{2,2}^2 Y_{2,t-2} + \epsilon 2, t.$

Verhältnisschätzung – Verfahren der gebundenen → Hochrechnung, bei welchem neben der Untersuchungsvariablen (→ Merkmal) Y ein Hilfsmerkmal X ausgewertet wird. Bei bekanntem Durchschnittswert (→ arithmetisches Mittel) des Hilfsmerkmals in der → Grundgesamtheit $\overline{x}$ und unter Verwendung der Durchschnittswerte in der Stichprobe $\overline{\overline{x}}$ und $\overline{\overline{y}}$ ergibt sich für den Durchschnittswert Y der Untersuchungsvariablen in der Grundgesamtheit der Schätzwert $\overline{y} = \overline{\overline{y}} / \overline{\overline{x}} \cdot \overline{x}$. Bei der Verhältnisschätzung geht man davon aus, dass das Verhältnis der Durchschnittswerte von Untersuchungs- und Hilfsvariablen in der Grundgesamtheit und der Stichprobe (ungefähr) gleich ist.

Verhältniskala – *Ratioskala;* → Skala, auf der alternative → Ausprägungen bezüglich Verschiedenheit, Rangordnung und Abstand bewertbar sind und auch ein Verhältnis von Ausprägungen sinnvoll interpretiert werden kann. – *Beispiele:* Länge, Einkommen, Einwohnerzahl. – Vgl. auch → Skalenniveau.

Verhältniszahl – Quotient zweier statistischer Größen (→ Gesamtmerkmalsbeträge, Umfänge von → Gesamtheiten, Merkmalswerte). – *Arten:* → Messzahlen, → Beziehungszahlen und → Gliederungszahlen.

Verlaufsstatistik – Zweig der beschreibenden Statistik, der die Untersuchung der Entwicklung und Veränderung von → Gesamtheiten (Bestandsmassen) im Zeitablauf durch Zu- und Abgänge zum Gegenstand hat. Hauptinstrumente der Verlaufsstatistik sind die zeitlich kumulierte → Zugangsfunktion und → Abgangsfunktion sowie die → Bestandsfunktion. Jedes Element der Gesamtheit ist durch eine Verweildauer gekennzeichnet, die sich aus der Differenz von Austritts- und Eintrittszeit des Elements aus der bzw. in die Gesamtheit bestimmt. Wesentlicher Teilbereich ist die Analyse von → Verweildauern. – *Bedeutung:* Verlaufsstatistik ist die methodische Grundlage der Bevölkerungsstatistik und wesentlicher Teilbereiche der betrieblichen Statistik (Lagerstatistik, Personalstatistik, Anlagenstatistik, Finanzstatistik).

Verschiebungssatz – Identität, die als Hilfe bei der Berechnung der → Varianz verwendet wird. Es gilt für die empirische Varianz s^2 im metrischen Datensatz $x_1, ..., x_n$ und für ein beliebiges reelles a:

$$s^2 = (\frac{1}{n}\sum_{i=1}^{n}(x_i - a)^2) - (\bar{x} - a)^2$$

Der Verschiebungssatz besagt insbesondere, dass

$$\frac{1}{n}\sum_{i=1}^{n}(x_i - \bar{x})^2 = \frac{1}{n}\sum_{i=1}^{n}x_i^2 - \bar{x}^2$$

gilt. Analog gilt für eine → Zufallsvariable X
$E(X - EX)^2 = EX^2 - (EX)^2$.

Versicherungsmathematik – spezielles Gebiet der angewandten Mathematik mit Problemstellungen aus dem Versicherungsbereich als Untersuchungsgegenstand. Methoden der Versicherungsmathematik vorwiegend aus der Wahrscheinlichkeitstheorie (→ Wahrscheinlichkeitsrechnung) und → Finanzmathematik.

Verteilung – I. Statistik: Bezeichnung für eine empirische → Häufigkeitsverteilung oder für die Wahrscheinlichkeitsverteilung einer → Zufallsvariablen, die etwa durch eine → Verteilungsfunktion, eine → Dichtefunktion oder eine → Wahrscheinlichkeitsfunktion angegeben wird.

II. Volkswirtschaftslehre: Distribution, Verteilungstheorie.

verteilungsfreie Testverfahren – nicht parametrische (verteilungsfreie) Testverfahren.

Verteilungsfunktion – Funktion F, die jeder reellen Zahl x die → Wahrscheinlichkeit $F(x) = P(X \leq x)$ dafür zuordnet, dass die → Zufallsvariable X einen Wert von höchstens x annimmt. Die Verteilungsfunktion ist eine nichtfallende Funktion, die nur Werte von 0 bis 1 annehmen kann. Bei einer diskreten Zufallsvariablen mit den Ausprägungen $x_1, x_2, ...$ kann die Verteilungsfunktion aus der → Wahrscheinlichkeitsfunktion f durch → Kumulierung, also gemäß

$$F(x) = \sum_{x_i \leq x} f(x_i),$$

ermittelt werden. Bei einer stetigen Zufallsvariablen wird die Verteilungsfunktion an einer Stelle x durch Integration über die → Dichtefunktion ermittelt:

$$F(x) = \int_{-\infty}^{x} f(z)dz$$

– Bei empirischen → Verteilungen wird die relative → Summenfunktion als *empirische Verteilungsfunktion* bezeichnet.

Vertrauensbereich → Konfidenzintervall.

Verweildauer – in der → Verlaufsstatistik die Länge der Zeitspanne, für die ein Element zur Beobachtungsgesamtheit (Bestandsmasse) gehört. – *Zu unterscheiden:* (1) *Bisherige* Verweildauer eines Elementes in einem Bestand zum Zeitpunkt t: Länge der Zeitspanne vom Eintritt in die Beobachtungsgesamtheit bis t. (2) *Restverweildauer:* Länge der Zeitspanne ab t bis zum Abgang aus der Beobachtungsgesamtheit. (3) *Abgeschlossene Verweildauer (Gesamtverweildauer):* Summe von bisheriger und Restverweildauer. – Vgl. auch → durchschnittliche (mittlere) Verweildauer, → Verweilfläche.

Verweilfläche – in der → Verlaufsstatistik die Fläche zwischen dem Graphen der zeitlich kumulierten → Zugangsfunktion Z (Z(t) ist der kumulierte Zugang bis zur Zeit t seit dem fest gewählten Beobachtungsbeginn t_0) vermehrt um den Anfangsbestand B(t_0)

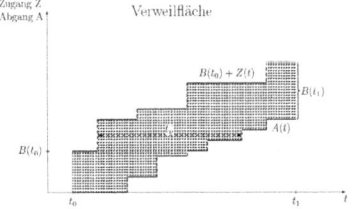

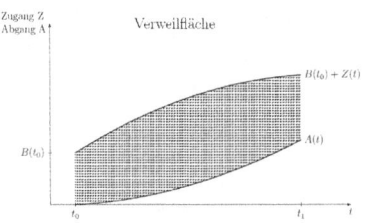

und dem Graphen der zeitlich kumulierten → Abgangsfunktion A in einem Zeitintervall (t_0,t] gemäß dem Diagramm in den Abbildung zur Verweilfläche. – In der Graphik kann an jeder Stelle t der Bestand B(t) abgelesen werden. Zudem kann die Verweildauer t_v eines Elements bestimmt werden. Wichtige Maßzahlen in einer Verlaufsstatistik sind der → Durchschnittsbestand und die → durchschnittliche (mittlere) Verweildauer.

Verzerrung → Bias.

Vollerhebung – *Totalerhebung, Zensus;* in der Statistik eine → Erhebung, in die sämtliche Elemente der → Grundgesamtheit einbezogen sind. Die Verfahren der Statistik beschränken sich in diesem Fall auf Deskription (→ deskriptive Statistik); die → Inferenzstatistik steht im Hintergrund. In vielen Fällen ist Vollerhebung nicht möglich oder zu aufwendig. Vollerhebungen sind bes. die Volkszählungen. – *Gegensatz:* → Teilerhebung.

vollständige Enumeration – Verfahren des → Operations Research (OR) – → Entscheidungsbaumverfahren -, das zur Lösung eines Optimierungsproblems eingesetzt wird, wenn keine analytischen Lösungsalgorithmen existieren und der Lösungsraum endlich ist. Es werden alle zulässigen Lösungen ermittelt und durch Vergleich die optimale Lösung gefunden. Durch den hohen Rechenaufwand (bei n Variablen mit k möglichen Werten ergeben sich k^n Lösungen) ist dieses Verfahren nur bei sehr kleinen Problemen anwendbar. I.d.R. wird man zu → begrenzter Enumeration, → Branch-and-Bound-Verfahren oder → dynamischer Optimierung übergehen.

Vorgang – zeiterforderndes Geschehen mit definiertem Anfang und Ende. – Vgl. auch → kritischer Vorgang.

Vorgangsknotennetzplan → Netzplan.

Vorgangspfeilnetzplan → Netzplan.

Vorgangspuffer – *Vorgangspufferzeit*, z.T. auch nur *Puffer, Pufferzeit*. 1. *Begriff*: In der → Netzplantechnik derjenige Zeitraum, in dem (bei gewissen Annahmen über die Anfangszeitpunkte seiner Vorgänger und seiner Nachfolger) die Ausführungsdauer eines → Vorgangs maximal ausgedehnt *(Dehnungspuffer)* bzw. (bei konstanter Ausführungsdauer) sein Beginn hinausgezögert werden kann, ohne den geplanten bzw. den frühestmöglichen Beendigungstermin des Projekts zu gefährden. – 2. *Arten*: a) *Gesamter Puffer (gesamte Pufferzeit, Gesamtpuffer, Gesamtpufferzeit)*: Zeitraum, der für dessen zeitliche Verschiebung oder Ausdehnung zur Verfügung steht, wenn seine sämtlichen Vorgänger zu ihren frühestmöglichen und seine sämtlichen Nachfolger zu ihren spätesterlaubten Anfangszeitpunkten begonnen werden. – b) *Freier Puffer (freie Pufferzeit)*: Puffer, der sich ergibt, wenn sämtliche Vorgänger und Nachfolger zu ihren frühestmöglichen Anfangszeitpunkten begonnen werden. – c) *Unabhängiger Puffer (unabhängige Pufferzeit)*: Puffer, der sich unter der Annahme ergibt, dass – sofern möglich – alle Vorgänger des betrachteten Vorgangs zu ihren spätesterlaubten und die Nachfolger zu ihren frühestmöglichen Anfangszeitpunkten begonnen werden. – d) *Freier Rückwärtspuffer (freie Rückwärtspufferzeit)*: Zeitraum, der für dessen zeitliche Verschiebung bzw. Ausdehnung zur Verfügung steht, wenn seine sämtlichen Vorgänger und Nachfolger zu ihren spätesterlaubten Anfangszeitpunkten begonnen werden. – 3. *Bedeutung*: Vorgangspuffer geben bereits vor Projektbeginn Auskunft darüber, welche Tätigkeiten bes. sorgfältig zu überwachen sind (das sind v.a. Vorgänge ohne Pufferzeiten), damit sich keine Verzögerung des geplanten Beendigungstermins des Projekts ergibt. Während der Realisierung des Projekts zeigen Vorgangspuffer an, welche Auswirkungen bereits eingetretene Verzögerungen von Vorgängen auf den Beginn und das Ende anderer Vorgänge sowie auf den geplanten Projektendtermin haben. Verschiebungen von Vorgängen im Rahmen ihrer Pufferzeiten lassen sich darüber hinaus zur Erzielung einer gleichmäßigen Kapazitätsauslastung nutzen. Vorgänge ohne Pufferzeit bilden schließlich Ansatzpunkte für Maßnahmen zur Verkürzung der Projektdauer.

Vorgangspufferzeit → Vorgangspuffer.

Vorhersagefehler – Abweichung des tatsächlichen Werts einer Variablen von der mit einem geschätzten → ökonometrischen Modell abgegebenen Prognose. – Vgl. auch → ökonometrisches Prognosemodell.

vorschüssige Rente → Rente.

W – Y

Wachstumsrate – bei einer → Zeitreihe von Beobachtungswerten x_t, x_{t+1}, ... einer → Variablen, etwa des Bruttoinlandprodukts eines Staates, die auf den Wert der vorhergehenden Periode bezogene Änderung in der aktuellen Periode, also

$$r_t = \frac{x_t - x_{t-1}}{x_{t-1}};$$

$$r_{t+1} = \frac{x_{t+1} - x_t}{x_t}; \ldots$$

Wird eine differenzierbare Funktion f(t) der Zeit betrachtet, dann wird als Wachstumsrate im Zeitpunkt t

$$\frac{df(t)}{dt}/f(t)$$

bezeichnet, also die auf den momentanen Funktionswert bezogene Steigung der Zeitfunktion.

Wahrscheinlichkeit – einem → Ereignis A (z.B. Eintreten eines Versicherungsfalles) zugeordnete Zahl zwischen 0 und 1, die mit P(A) bezeichnet wird und die Chance des Eintretens dieses Ereignisses quantifiziert. Das Rechnen mit Wahrscheinlichkeiten erfolgt im Rahmen der Axiome der → Wahrscheinlichkeitsrechnung (→ Additionssätze, → Multiplikationssätze der Wahrscheinlichkeit); die numerische Festlegung von Wahrscheinlichkeiten geschieht nach Maßgabe verschiedener → Wahrscheinlichkeitsauffassungen.

Wahrscheinlichkeitsauffassungen – verschiedene Erklärungen für Werte einer → Wahrscheinlichkeit, die in den verschiedenen Anwendungsfeldern der → Wahrscheinlichkeitsrechnung zur numerischen Konkretisierung von Wahrscheinlichkeiten herangezogen werden. – 1. Der *klassischen Wahrscheinlichkeitsauffassung* (*Laplaceschen Wahrscheinlichkeitsauffassung*; Symmetrieprinzip) liegt die Vorstellung zugrunde, dass bei einem → Zufallsvorgang Elementarereignisse unterschieden werden können, die alle dieselbe Eintrittswahrscheinlichkeit besitzen (→ Gleichmöglichkeit). Die Wahrscheinlichkeit für das Eintreten eines Ereignisses ergibt sich als der Quotient aus der Anzahl der für dieses Ereignis günstigen und der Anzahl der in gleicher Weise möglichen Elementarereignisse. Etwa ist bei einem symmetrischen Würfel die Wahrscheinlichkeit, eine Augenzahl von mind. fünf zu erhalten, $2/6$. – 2. Bei der *„statistischen"* Wahrscheinlichkeitsauffassung (Häufigkeitsinterpretation der Wahrscheinlichkeit) wird als Wahrscheinlichkeit eines Ereignisses der „Grenzwert" der → relativen Häufigkeit des Eintretens dieses Ereignisses bei zunehmender Anzahl der Wiederholungen des Zufallsvorganges verstanden. Diese liegt etwa den Sterbewahrscheinlichkeiten einer Sterbetafel zugrunde (s. → Gesetze der großen Zahlen, Schwaches Gesetz großer Zahlen). – 3. Bei der *subjektivistischen* Wahrscheinlichkeitsauffassung wird als Wahrscheinlichkeit des Eintretens eines zufälligen Ereignisses der subjektive Überzeugtheitsgrad einer Person, etwa eines Experten, angesetzt (→ subjektive Wahrscheinlichkeit).

Wahrscheinlichkeitsdichte → Dichtefunktion einer stetigen → Zufallsvariablen X mit der Interpretation: Ist f(x) die Wahrscheinlichkeitsdichte an einer bestimmten Stelle x, dann ist f(x) · Δx bei kleinem Δx eine Näherung für die Wahrscheinlichkeit, dass X einen Wert im Intervall (x; x + Δx) annimmt. Eine Dichtefunktion f hat stets nichtnegative Funktionswerte, und es gilt

$$\int_{-\infty}^{\infty} f(x)dx = 1$$

Wahrscheinlichkeitsfunktion – bei einer diskreten → Zufallsvariablen X mit den Ausprägungen x_i, i= 1,2, ... die Funktion f mit $f(x_i)$

= $P(X=x_i)$, $i = 1, 2, \ldots$, und Null sonst, die also jeder reellen Zahl die → Wahrscheinlichkeit dafür zuordnet, dass sie als Wert resultiert. Analog wird die Wahrscheinlichkeitsfunktion einer mehrdimensionalen diskreten Zufallsvariablen definiert.

Wahrscheinlichkeitsnetz – Hilfsmittel zur schnellen näherungsweisen Überprüfung der Behauptung, eine → Grundgesamtheit weise eine → Normalverteilung auf, sowie ggf. zur schnellen Ermittlung von → Schätzwerten $\hat{\mu}$ und $\hat{\sigma}$ für deren → Parameter μ und σ anhand eines Stichprobenbefundes. – 1. *Konstruktion* des Wahrscheinlichkeitsnetzes: Ein Wahrscheinlichkeitsnetz für die Normalverteilung ist so konstruiert, dass die dort eingezeichneten Punkte einer empirischen Verteilungsfunktion zu einer Stichprobe aus einer Normalverteilung auf einer Geraden liegen. – 2. *Prüfung einer Verteilungshypothese:* Werden über den Merkmalswerten (nicht klassierte Daten) oder Klassenobergrenzen (klassierte Daten, → Klassenbildung) die zugehörigen kumulierten → relativen Häufigkeiten aus einer Stichprobe (→ Teilerhebung) im Wahrscheinlichkeitsnetz abgetragen und ergibt sich eine ungefähr lineare Anordnung der resultierenden Punkte, so besteht Grund zu der Annahme, die Grundgesamtheit sei normalverteilt. – 3. *Parameterschätzung:* Gleicht man diese Punkte visuell durch eine Gerade aus, so kann man mit ihrer Hilfe Schätzwerte $\hat{\mu}$ und $\hat{\sigma}$ für die entsprechenden Parameter ermitteln. Hierzu geht man bei den Ordinaten 50 Prozent, 15,87 Prozent und 84,13 Prozent in das Wahrscheinlichkeitsnetz ein (vgl. Abbildung „Wahrscheinlichkeitsnetz – Beispiel"). Der zur Ordinate 50 Prozent gehörende Abszissenwert ist $\hat{\mu}$; subtrahiert man die Abszissenwerte, die zu den Ordinaten 84,13 bzw. 15,87 gehören, voneinander und halbiert die Differenz, so erhält man damit $\hat{\sigma}$.

Wahrscheinlichkeitsrechnung – Teilgebiet der Mathematik mit hoher Anwendungsbedeutung für die Wirtschaftswissenschaften und Grundlage der → Inferenzstatistik. *Gegenstand* sind die Gesetzmäßigkeiten des Eintretens von → Ereignissen. *Grundbegriff* ist die → Wahrscheinlichkeit. – Die Wahrscheinlichkeitsrechnung ist auf *drei Axiome* gegründet: (1) Jedem Ereignis A ist eine bestimmte Zahl P(A), also eine Wahrscheinlichkeit zugeordnet, die ≥ 0 ist. (2) Die Wahrscheinlichkeit des sicheren Ereignisses ist 1. (3) Die Wahrscheinlichkeit dafür, dass eines von endlich oder abzählbar unendlich vielen unvereinbaren Ereignissen eintritt, ist gleich der Summe der Wahrscheinlichkeiten dieser Ereignisse, also

$$P(A_1 \cup A_2 \cup \ldots) = P(A_1) + P(A_2) + \ldots$$

falls die Ereignisse (Mengen) A_1, A_2, ... paarweise disjunkt sind. – Auf diese Axiome lassen sich alle *Sätze der Wahrscheinlichkeitsrechnung* zurückführen. – Die *konkrete Festlegung* von Wahrscheinlichkeiten erfolgt gemäß den verschiedenen → Wahrscheinlichkeitsauffassungen.

Wahrscheinlichkeitstabelle – tabellarische Darstellung der möglichen → Ausprägungen einer diskreten → Zufallsvariablen und der zugehörigen Werte der → Wahrscheinlichkeitsfunktion. Bei einer zweidimensionalen Zufallsvariablen ist die Wahrscheinlichkeitstabelle eine Tabelle mit zweifachem Eingang und enthält die Wahrscheinlichkeiten für die möglichen Paare von Ausprägungen der beiden Variablen. In der Randzeile bzw. Randspalte sind dann die Rand-Wahrscheinlichkeitsfunktionen der beiden Zufallsvariablen verzeichnet.

Wahrscheinlichkeitsnetz – Beispiel

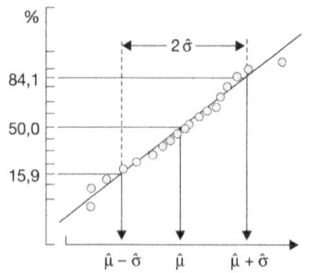

Wahrscheinlichkeitstheorie – Fortsetzung der → Wahrscheinlichkeitsrechnung im Sinne einer mathematischen Disziplin

Wald-Test – asymptotische Testprozedur, die bei Richtigkeit der Nullhypothese Chi-Quadrat verteilt ist, wobei die Freiheitsgrade der Anzahl der Restriktionen entsprechen. Die auf diesem Prinzip beruhenden Tests erfordern nur die Schätzung des nicht restringierten Modells. Dies ist die am meisten genutzte Testprozedur, v.a. wenn die Schätzungen nicht auf der Maximum-Likelihood Methode beruhen. Der Wald Test kann als Verallgemeinerung des → t-Tests zur Überprüfung von Hypothesen bez. der Regressionsparameter aufgefasst werden. – *Andere* Testprinzipien sind der → Likelihood-Ratio-Test und → Lagrange-Multiplier-Test.

Wartekosten – bewertete → Wartezeiten von Transaktionen in einer Warteschlange. Werden normalerweise als Opportunitätskosten behandelt.

Warteschlange – *Queue*; Beobachtungsgröße der → Warteschlangentheorie; eine Anhäufung (Stau) von Transaktionen vor einer oder mehreren besetzten → Abfertigungseinheiten. – Vgl. auch → Wartekosten, → Wartesystem, → Wartezeit.

Warteschlangentheorie – 1. *Charakterisierung*: Eines der Hauptgebiete des → Operations Research (OR). Gegenstand sind Vorgänge, bei denen beliebige Einheiten (Transaktionen) in unregelmäßigen und oft unkontrollierbaren Abständen auf Engpässe (→ Abfertigungseinheit) zukommen, an denen sie abgefertigt werden wollen (→ Warteschlange). Zwischeneintrittszeiten und Bedienungszeiten sind zufälligen Schwankungen unterworfen. Als Folge können → Wartezeiten und Stauungen auftreten (→ Wartesystem). – *Ziel* sind Aussagen über die Länge der Wartezeit, die Anzahl Wartender, die Auslastung bzw. notwendige Anzahl der Bedienstationen. – 2. *Mathematisches Modell*: a) *Prämissen* über die Wahrscheinlichkeit für das zufällige Eintreffen von Transaktionen: (1) In jedem sehr kurzen Zeitintervall ist (unabhängig vom Zeitpunkt) die Wahrscheinlichkeit für das Eintreffen einer Transaktion proportional zur Länge des Zeitintervalls; (2) die Wahrscheinlichkeit für das Eintreffen von mehr als einer Transaktion in diesem Zeitintervall ist Null. – b) *Ergebnisse*: Aufgrund der genannten Prämissen kann bewiesen werden (Differenzialgleichungen), dass der so beschriebene Ankunftsprozess einer Poisson-Verteilung unterliegt. Gilt diese Aussage auch für den Bedienungsprozess, wobei in diesem Fall die Zwischeneintrittszeiten exponential verteilt (→ Exponentialverteilung) sind, kann mithilfe der Theorie der → Markov-Prozesse der stationäre Zustand des Wartesystems formelmäßig beschrieben werden. Sind die Verteilungsparameter a (Ankünfte), b (Abfertigung) und die Anzahl s der Bedienstationen bekannt, so können hieraus etwa die mittlere Warteschlangenlänge, Wartezeit, Aufenthaltszeit und Wahrscheinlichkeit der verschiedenen Schlangenlängen berechnet werden. Können aufgrund fehlender Verteilungsprämissen derartige analytische Lösungen nicht herbeigeführt werden, kommt die → Simulation zum Einsatz. – 3. Als *Optimierungsziel* wird i.d.R. die Minimierung der Gesamtkosten eines Wartesystems angenommen. Diese setzen sich aus Verweilkosten (Wartezeit und Bedienzeit), Verlustkosten (abgewiesene Transaktionen) und Kosten der Bedienstationen zusammen. – 4. *Schreibweise*: Als Charakteristiken von Wartesystemen dienen Ausprägungen bzw. Anzahl von Ankunftsprozess, Warteschlangen, Bedienstation, Bedienungsprozess sowie Kapazitätsbeschränkungen. International hat sich die Kurzschreibweise in 3-Tupeln bzw. 5-Tupeln durchgesetzt: x/y/s bzw. x/y/s/a/b (mit x = Ankunftsprozess, y = Bedienungsprozess, s = Anzahl paralleler Bedienstationen, a = Warteschlangenkapazität, b = Anzahl Transaktionen).

Wartesystem – *Bediensystem, Servicesystem*; Anordnung und Eigenschaften von Transaktionen, → Abfertigungseinheiten und

→ Warteschlangen in der Warteschlangentheorie. Hierzu gehören auch die Verhaltensregeln im dynamischen Ablauf (Beachtung von Prioritäten).

Wartezeit – **I. Arbeitszeit:** Teil der Grundzeit (t_g). Planmäßiges Warten der Menschen auf das Ende von Ablaufabschnitten, bei denen Betriebsmittel oder Arbeitsgegenstand zeitbestimmend sind. – *Kurzzeichen nach REFA-Verband für Arbeitsstudien, Betriebsorganisation und Unternehmensentwicklung e. V.*: t_w. Ist der Anteil der Wartezeit (unbeeinflussbare Zeit) hoch, ist der Akkordlohn als Lohnform nicht anwendbar.

II. Operations Research: Zeit, die eine Transaktion vor einer besetzten → Abfertigungseinheit in einer → Warteschlange zubringt oder Stillstandszeit einer Abfertigungseinheit, die auf zu bearbeitende Transaktionen wartet. Wichtiges Effektivitätsmaß bei → Wartesystemen. – *Bewertete Wartezeit:* → Wartekosten.

III. Arbeitsrecht: 1. *Urlaub:* Der volle Urlaubsanspruch wird erstmalig nach sechsmonatigem Bestehen des Arbeitsverhältnisses erworben (§ 4 BUrlG). – 2. *Ruhegeldzusagen:* Diese werden oft nur unter der aufschiebenden Bedingung gewährt, dass eine bestimmte Wartezeit erfüllt ist, d.h. dass der Arbeitnehmer bei Eintritt des Versorgungsfalls eine bestimmte Mindestzeit im Arbeitsverhältnis zurückgelegt hat oder bis zu einem bestimmten Lebensalter im Betrieb tätig wird. – 3. *Anders:* Unverfallbarkeitsfristen (Begriff des Betriebsrentengesetzes). – Vgl. auch Pensionsanwartschaft.

IV. Sozialversicherung: Die für die Entstehung eines Leistungsanspruchs erforderliche Mindestversicherungszeit (Anwartschaft). – 1. *Gesetzliche Krankenversicherung:* Für Mutterschaftsgeld: zwölf Wochen Pflichtversicherung in der Zeit vom Beginn des zehnten bis zum Ende des vierten Monats vor der Entbindung (§ 200 RVO). – 2. *Gesetzliche Rentenversicherung:* Die sog. allgemeine Wartezeit beträgt fünf Jahre. Es werden auf die allgemeine Wartezeit Beitragszeiten, Ersatzzeiten, Zeiten aus Versorgungsausgleich, aus Rentensplitting unter Ehegatten angerechnet. Die Erfüllung der allgemeinen Wartezeit ist erforderlich für den Anspruch auf Altersrente, Rente wegen Erwerbsminderung, Rente wegen Todes, → Erziehungsrente. Unter bestimmten Voraussetzungen kann die Wartezeit auch fingiert werden (z.B. §§ 50 I 2, 53, 245 SGB VI). Neben der allgemeinen Wartezeit sind nach § 50 II SGB VI je nach Rentenart Wartezeiten von 20, 25 und 35 Jahren für den Rentenanspruch zu erfüllen. Mit welchen rentenrechtlichen Zeiten die verschiedenen Wartezeiten erreicht werden, regelt die Vorschrift des § 51 SGB VI. – 3. *Soziale Pflegeversicherung:* Seit 1.1.2000 gilt eine Wartezeit von fünf Jahren (Vorversicherungszeit). Vorversicherungszeiten in der sozialen Pflegeversicherung und privaten Pflege-Pflichtversicherung werden zusammengerechnet. – 4. *Unfallversicherung:* keine Wartezeiten. – 5. *Arbeitslosenversicherung:* kennt anstelle der Wartezeit den Begriff der Anwartschaftszeit. Diese hat der Versicherte im Regelfall erfüllt, wenn er in der Rahmenfrist (von drei Jahren) mindestens zwölf Monate, als Saisonarbeitnehmer mindestens sechs Monate, in einem Versicherungspflichtverhältnis gestanden hat (§ 142 SGB III). Von der Dauer des Versicherungsverhältnisses hängt u.a. die Dauer des Anspruchs auf Arbeitslosengeld ab (abhängig auch vom Alter des Arbeitslosen), vgl. § 147 SGB III.

V. Individualversicherung: Zeitspanne zwischen Versicherungsbeginn und Beginn des Anspruchs auf Versicherungsleistungen, während der bei einem Schaden keine oder nur gekürzte Leistungen gewährt werden. Wartezeit in der Privatversicherung grundsätzlich *nicht üblich.* – Wesentliche *Ausnahmen:* (1) teilweise bei *Lebensversicherungen* ohne ärztliche Untersuchung oder von nicht ganz gesunden Personen sowie bei Selbstmord. (2) In der *Krankenversicherung* allgemeine Wartezeit drei Monate, bes. Wartezeit für Entbindung, Psychotherapie,

Zahnbehandlung, Zahnersatz und Kieferorthopädie acht Monate. Bei Unfällen, einzelnen akuten Infektionskrankheiten etc. entfällt die Wartezeit.

Wartezeitprobleme – Problembereich des → Operations Research (OR), der darauf abzielt, Engpässe so zu dimensionieren, dass die → Wartezeiten an den Engpässen, wie z.B. die Stillstandszeiten beim Ausfall einer Maschine, bestimmte Grenzen nicht überschreiten.

Wechselrechnung – *Diskontrechnung*; bei der Diskontierung von Wechseln die Berechnung des Gegenwertes oder Barwertes, da die Wechselsumme ein Zukunftswert ist, der bereits die Zinsen enthält. Der Zinsbetrag (Diskont) muss deshalb von der Wechselsumme abgezogen werden. Nach kaufmännischem Brauch erfolgt die Berechnung des Diskonts so, dass die Wechselsumme (Zukunftswert) als Grundwert behandelt wird (nicht, wie es mathematisch „richtig" wäre, durch → Prozentrechnung mit dem Zukunftswert als vermehrtem Grundwert).

$$\text{Tageszinssatz} = \frac{\text{Diskontsatz} \cdot \text{Tage}}{360}.$$

Weibull-Verteilung – stetige Wahrscheinlichkeitsverteilung. Eine stetige → Zufallsvariable X besitzt eine Weibull-Verteilung mit den → Parametern α und β (α, β > 0), falls ihre → Dichtefunktion durch

$$f_x(x) = \alpha \beta x^{\beta-1} e^{-\alpha x^\beta},$$

für x > 0 gegeben ist. Speziell für β = 1 ergibt sich die → Exponentialverteilung mit Parameter α. – *Bedeutung*: Die Weibull-Verteilung spielt in der Praxis eine Rolle bei der statistischen Analyse von → Verweildauern und Lebensdauern, bes. solchen, welche im Zusammenhang mit Materialermüdungserscheinungen stehen. Hat die Verweildauer eines Elementes in einer Gesamtheit eine Weibull-Verteilung mit Parametern α und β, dann beträgt seine Ausfallrate nach einer bisherigen Verweildauer von x Zeiteinheiten gerade $\alpha \beta x^{\beta-1}$. Die → Wahrscheinlichkeit dafür, dass dieses Element in dem kurzen Intervall [x; x + δ x] ausscheidet, ist also ungefähr $\alpha \beta x^{\beta-1} \cdot \delta x$.

weißes Rauschen – elementarer stochastischer Prozess, der allen → Zeitreihenmodellen und auch den → Störtermen in den → ökonometrischen Modellen zugrunde liegt. Realisationen von weißem Rauschen haben einen Erwartungswert von null, eine endliche und konstante Varianz und die Autokovarianzen sind gleich null. Die Annahme der Normalverteilung ist keine Voraussetzung für weißes Rauschen.

Wendepunkt – I. Mathematik: Punkt einer → Funktion, in dem eine Krümmungsänderung stattfindet. Da die zweite → Ableitung f" die Krümmung einer Funktion angibt, lassen sich mit ihrer Hilfe Wendepunkte bestimmen. – Schema zur Bestimmung von Wendepunkten von f: (1) Bildung von f"; (2) Bestimmung der Nullstellen von f": f" (x) = 0; (3) Bildung von f'''; (4) Überprüfung aller Nullstellen von f" durch Einsetzen in f''': f'''(x_0) ≠ 0: an der Stelle x_0 liegt ein Wendepunkt vor f'''(x_0) = 0: Untersuchung der höheren Ableitungen bis erstmals eine Ableitung ungleich Null wird; (5) f$^{(n)}$ (x_0) ≠ 0 n ungerade: An der Stelle x_0 liegt ein Wendepunkt vor.

II. Konjunktur: Konjunkturphasen.

White-Heteroskedastizitätstest – Zur Testdurchführung wird zunächst das interessierende Modell mit OLS (→ Kleinstquadratemethode, gewöhnliche) geschätzt. In einem zweiten Schritt werden dann die quadrierten → Residuen dieser Regression auf die erklärenden Variablen (Variable, exogene), die quadrierten erklärenden Variablen und die Kreuzprodukte der erklärenden Variablen des ursprünglichen Modells regressiert. Die Multiplikation des Bestimmtheitsmaßes dieser Hilfsregression mit dem Stichprobenumfang liefert den Wert der Teststatistik, die bei korrekter Nullhypothese asymptotisch einer

Chi-Quadrat-Verteilung mit Freiheitsgraden in Höhe der erklärenden Variablen der Hilfsregression folgt. Ist die Teststatistik größer als der kritische Wert aus der Chi-Quadrat-Verteilung, so kann die Nullhypothese abgelehnt werden. – Die Anwendung dieses Tests ist trotz seiner Vorteile mit Vorsicht zu genießen. Weist ein Regressionsmodell nämlich viele erklärende Variablen auf, so können ihre Kreuzprodukte, die in der Hilfsregression entstehen, sehr schnell zu einer Aufzehrung von Freiheitsgraden führen. Im Fall von 3 erklärenden Variablen würden sich in der Hilfsregression schon 9 Terme ergeben. In einem solchen Fall empfiehlt sich folgender Ausweg: Anstelle einer Hilfsregression des beschriebenen Typs schätzt man

$$e_i^2 = \alpha_0 + \alpha_1 \hat{Y}_i + \alpha_2 \hat{Y}_i^2 + u_i$$

wobei e_i die Residuen und $\hat{Y}_i$ die prognostizierten Werte von Y_i sind. $\hat{Y}_i^2$ kann als Funktion aller Quadrate und Kreuzprodukte der erklärenden Variablen der ursprünglichen Regression interpretiert werden. Unabhängig von der Anzahl der erklärenden Variablen in der ursprünglichen Gleichung kann man dann die Nullhypothese der → Homoskedastizität wie beim Test nach White (1980) prüfen, wobei nun die Teststatistik bei korrekter Nullhypothese asymptotisch einer Chi-Quadrat-Verteilung mit zwei Freiheitsgraden folgt.

White-Standardfehler – von White (1980) vorgeschlagene konsistente Schätzer der Standardfehler von OLS-Schätzern (→ Kleinstquadratemethode, gewöhnliche), die dem Problem der → Heteroskedastizität Rechnung tragen. – Da OLS-Schätzer im Fall von Heteroskedastizität nicht verzerrt sind und GLS-Schätzungen (→ Kleinstquadratemethode, verallgemeinerte) mit einer Reihe von Problemen verbunden sind, wird in der Praxis in großen Stichproben gelegentlich auf White-Standardfehler zurückgegriffen. Sie ersetzen die bei dieser Verletzung fehlerhaften OLS-Standardfehler, die u.a. unter → Homoskedastizität hergeleitet werden, und korrigieren damit verfälschte Testentscheidungen. Häufiger wird in der Praxis bei → Zeitreihen auf → Newey-West-Standardfehler zurückgegriffen, da diese zusätzlich auch → Autokorrelation berücksichtigen.

Wirksamkeit – *Effizienz*; in der → Inferenzstatistik Bezeichnung für eine wünschenswerte Eigenschaft einer → Schätzfunktion. Eine erwartungstreue (→ Erwartungstreue) Schätzfunktion U für einen zu schätzenden → Parameter in der → Grundgesamtheit heißt *wirksamst*, wenn sie unter allen erwartungstreuen Schätzfunktionen die kleinste → Varianz aufweist.

Wirtschaftsstatistik – I. Gegenstand: Wirtschaftsstatistik ist ein Hauptanwendungsfeld der methodischen Statistik mit fundamentaler Bedeutung für Politik und Gesellschaft. Wirtschaftsstatistik kann als Inbegriff der statistischen Methoden zur Beschreibung und Analyse von Strukturen und Prozessen des Wirtschaftsgeschehens definiert werden und umfasst auch die Ergebnisse des Einsatzes solcher Methoden.

II. Adressaten und Konsumenten: Die Untersuchungsziele der Wirtschaftsstatistik entstammen v.a. dem Informationsbedarf der Träger der Wirtschafts- und Sozialpolitik (z.B. Entwicklung der Arbeitslosigkeit), aber auch der Unternehmungen (z.B. Entwicklung des Außenhandels) oder der Haushalte (z.B. Entwicklung der Lebenshaltungskosten; Verbraucherpreisindex für Deutschland).

III. Typische Probleme: In bes. Weise stehen Fragen der statistischen Begriffsbildung *(Kategorienlehre)* in der Wirtschaftsstatistik im Vordergrund, z.B. Begriffe wie Haushalt, Einkommen. Hierbei sind aus der ökonomischen Theorie stammende Begriffe so weit wie möglich angesichts der Möglichkeiten und Grenzen der Vorgehensweisen der Wirtschaftsstatistik zu operationalisieren (→ Adäquation). Neben der Ermittlung von Umfängen und Strukturmerkmalen von Beständen wirtschaftlicher Einheiten *(Strukturstatistik)* gehört bes. die Erfassung von Verläufen, etwa Veränderungen von Preisniveaus oder Unternehmensgrößen *(Prozessstatistik),* zur Wirtschaftsstatistik.

IV. Träger: Hauptträger der Wirtschaftsstatistik ist die amtliche Statistik Deutschlands [Statistisches Bundesamt (StBA); Landesämter; statistische Ämter der größeren Städte; Ministerien]. Hinzu kommen supranationale Institutionen wie EU, UNO, FAO oder ILO. Daneben wird Wirtschaftsstatistik auch von den Industrie- und Handelskammern (IHK), den Handwerkskammern, den Arbeitgeberverbänden und den Gewerkschaften durchgeführt. Ökonomische Analysen auf der Grundlage von Wirtschaftsstatistik werden überdies von mehreren Wirtschaftsforschungsinstituten vorgenommen. Schließlich verfügen auch größere Unternehmen, bes. Finanzdienstleister, über Abteilungen, die wirtschaftsstatistische Daten ermitteln und vergleichen.

V. Hauptarbeitsgebiete: Die wichtigsten Gegenstände der Wirtschaftsstatistik sind: die Erwerbsbeteiligung der Bevölkerung (Erwerbstätigkeitsstatistiken), der Arbeitsmarkt (Arbeitsmarktstatistik), die Ermittlung des Preisniveaus und seiner Entwicklung (Preisstatistik), die Struktur und die Entwicklung der verschiedenen Wirtschaftszweige (Wirtschaftszweigsystematik), die Ermittlung von Einkommensgrößen und der Einkommensverteilung [Einkommens- und Verbrauchsstichprobe (EVS)], die Unternehmen und Arbeitsstätten (Arbeitsstättenzählung), der Außenhandel (Außenhandelsstatistik), Geld und Kredit (Kreditstatistik), Finanzen und Steuern (Finanzstatistik). Hinzu kommt das etwas anders strukturierte Gebiet der Volkswirtschaftlichen Gesamtrechnung (VGR).

VI. Ausbildung: Wirtschaftsstatistik ist ein wesentlicher Bestandteil der Pflicht-Grundausbildung Statistik in den wirtschafts- und sozialwissenschaftlichen Studiengängen an Universitäten, Fachhochschulen und Berufsakademien. Darüber hinaus wird Wirtschaftsstatistik an vielen Universitäten auf fortgeschrittenem Niveau im Hauptstudium im Rahmen des Wahlpflichtfaches Statistik gelehrt.

Within-Schätzer für Paneldatenmodelle → Fixed-Effects-Modell.

Wolds Dekomposition – aufgestelltes Theorem, das besagt, dass jeder schwach stationäre, stochastische Prozess (→ Stationarität) mit einem Erwartungswert von null durch einen MA-Prozess (→ MA(q)-Prozess) und einen deterministischen Teil repräsentiert werden kann. Wold's Dekomposition ist bes. in der Zeitreihenanalyse (→ Zeitreihenmodelle) von Bedeutung.

Wurzelfunktion – Funktion, in der die unabhängige Variable x unter einem Wurzelzeichen steht:

$$f(x) = \sqrt[n]{x} = x^{\frac{1}{n}}.$$

In den Wirtschaftswissenschaften eignen sich Wurzelfunktionen zur Darstellung von Kostenfunktionen mit einer degressiven Steigung.

x-Achse → Koordinatensystem.

y-Achse → Koordinatensystem.

Zahlenmengen – In den Wirtschaftswissenschaften benutzt man verschiedene Zahlenmengen, z.B. bei der Festlegung der Definitionsmenge. – 1. *Natürliche Zahlen:* Zahlen, mit deren Hilfe beliebige Objekte gezählt werden: 1, 2, 3, 4, 5, ... Sie lassen sich z.B. unterteilen in: *Gerade Zahlen,* die ohne Rest durch 2 teilbar sind (2, 4, ... oder allg. 2n) und *ungerade Zahlen* (1, 3, 5, ... oder entsprechend 2n + 1). – 2. *Ganze Zahlen:* Wenn die natürlichen Zahlen um die Zahl 0 und die ganzen negativen Zahlen erweitert werden, erhält man die Menge der ganzen Zahlen: ... , -3, -2, -1, 0, 1, 2, 3, ... – 3. *Rationale Zahlen:* Die rationalen Zahlen umfassen die ganzen Zahlen und zusätzlich solche Zahlen, die sich als Quotient zweier ganzer Zahlen ausdrücken lassen: p/q mit q ≠ 0. Als Dezimalzahl geschrieben sind sie entweder endlich (z.B. 5/16 = 0,3125) oder unendlich aber dann periodisch (z.B. 1/3 = 0,3333333... = 0,$\bar{3}$). – 4. *Reelle Zahlen:* Sie beinhalten als Teilmenge die rationalen Zahlen. Zusätzlich treten hier die irrationalen Zahlen hinzu, die sich nicht als Quotient zweier ganzer Zahlen darstellen lassen. Wenn man irrationale Zahlen als Dezimalzahl ausdrückt, erhält man eine unendliche und nicht periodische Zahl z.B. √2 = 1,41421356... . Weitere neben den Wurzeln häufig verwandte irrationale Zahlen sind e und π.

Zeitreihe – Folge von Werten einer Variablen, die sich auf aufeinander folgende Zeitpunkte oder Zeiträume bezieht. – *Komponenten:* → Zeitreihenkomponenten.

Zeitreihenanalyse – 1. *Begriff:* Verfahren der Zerlegung einer → Zeitreihe in ihre Komponenten (→ Zeitreihenkomponenten) anhand eines gegebenen empirischen Zeitreihenverlaufes. Zweck einer Zeitreihenanalyse ist v.a. die → Prognose des Zeitreihenverlaufes in der Zukunft. – 2. *Methoden:* Bei den *herkömmlichen Verfahren* der Zeitreihenanalyse wird unterschieden: a) der Fall, dass *keine zyklische Komponente,* also nur → Trend und zufällige Komponente, enthalten ist. Es kann mithilfe → gleitender Durchschnitte die Trendkomponente auch dann ermittelt (geschätzt) werden, wenn keine Vorstellung über den Funktionstyp des Trends vorliegt. Ist eine solche Hypothese hingegen vorhanden, erfolgt die Ermittlung des Trends durch ein geeignetes Anpassungsverfahren, etwa die → Methode der kleinsten Quadrate (→ Kleinstquadratemethode, gewöhnliche). – b) der Fall, dass auch eine zyklische Komponente wirkt. Die Ermittlung (Schätzung) einer zyklischen Komponente, etwa einer Saisonkomponente, kann unter verschiedenen Annahmen erfolgen. Die einfachste Hypothese besteht darin, dass sich der Saisonbestandteil der Zeitreihe Jahr für Jahr in genau derselben Weise wiederholt. Daneben kann auch der Fall eines im Zeitablauf variablen Saisonbestandteils bearbeitet werden. Für verschiedene Analyse- und Prognosezwecke ist es sinnvoll, aus einer Zeitreihe den Trend- bzw. den Saisonbestandteil herauszurechnen *(Trendbereinigung;* → Saisonbereinigung). – Eine weitere Möglichkeit der Zeitreihenanalyse besteht in der Analyse im Frequenzbereich auf Grundlage der *Spektralanalyse.* Dabei wird eine Zeitreihe mit zyklischen Komponenten in Sinus- und Cosinusfunktionen verschiedener Frequenz zerlegt, um jene Funktionen zu bestimmen, die den größten Einfluss ausüben.

Zeitreihendaten resultieren aus der Beobachtung eines bestimmten Wirtschaftssubjektes oder eines bestimmten Aggregates (z.B. der Konsumausgaben aller privaten Haushalte) über mehrere aufeinander folgende Zeitpunkte.

Zeitreihenkomponenten – Komponenten einer Zeitreihe, deren Summe i.d.R. den beobachteten Zeitreihenwerten entsprechen. Die Zeitreihenkomponenten sind die Trendkomponente (glatte Komponente; → Trend), die Konjunkturkomponente, die Saisonkomponente und die zufällige Komponente (Restkomponente), die die verbleibenden Schwankungen enthält. In der Ökonometrie sind darüber hinaus auch andere Zerlegungen bekannt. – Die Präsenz einer Saison- und/oder Trendkomponente führt dazu, dass die betrachtete Zeitreihe nicht stationär ist. Um solche Reihen in ökonometrischen Analysen einsetzen zu können, ist daher, falls keine entsprechenden Kointegrationsbeziehungen (→ Kointegration) vorliegen, zunächst eine Bereinigung von deterministischen bzw. stochastischen Trend- und Saisonkomponenten erforderlich (→ Trendbereinigung und Stationarisierung, → Saisonbereinigung und -modellierung).

Zeitreihenmodelle → ökonometrische Modelle, in denen die zu erklärenden Variablen (Variable, endogene) nur als stochastische Prozesse modelliert werden. Im Rahmen ökonometrischer Analysen werden auch uni- bzw. multivariate autoregressive Modelle, gleitende Durchschnittsmodelle oder Mischformen dieser Modelle (→ AR(p)-Prozess, → MA(q)-Prozess, → ARMA(p,q)-Prozess, → ARIMA(p,d,q)-Prozess, → Vektorautoregressionsmodell) benutzt. – V.a. aus der Kritik an strukturellen Modellen wegen der Identifikationsproblematik (→ Identifikation) werden derartige Ansätze verwendet. Vergleichbare Probleme treten jedoch auch bei diesen Zeitreihenmodellen auf. Die Wahl der jeweils maximalen Lags muss von einem auf Ex-Post-Prognosen basierenden Kriterium abhängig gemacht werden. Die Zeitreihen müssen i.d.R. Realisationen stationärer stochastischer Prozesse (→ Stationarität) sein. Sind die stochastischen Prozesse nicht stationär, aber kointegriert (→ Kointegration), erfolgt die Schätzung in → Kointegrationsmodellen bzw. → Vektorfehlerkorrekturmodellen, um alle Informationen zu nutzen. Andernfalls empfiehlt es sich, die Prozesse durch Differenzenbildung in eine stationäre Form zu überführen. Auf derartigen Zeitreihenmodellen basieren auch die sog. Kausalitätstests.

Zensus → Vollerhebung, Volkszählung, Zensus 2011.

zentraler Grenzwertsatz → Grenzwertsatz.

Zentralwert → Median.

Zielfunktion – I. Unternehmenstheorie: (Theorie der Unternehmung): 1. Wirtschaften ist *zielgerichtetes* (teleologisches) *Handeln;* das Verhalten ökonomischer Entscheidungseinheiten (z.B. des Staates, der Unternehmungen, der privaten Haushalte, der Individuen) ist jeweils auf einen erstrebten Zustand hin orientiert. – 2. Voraussetzung für die Analyse wirtschaftlicher Prozesse ist, dass – über die bloße Zielstrebigkeit hinausgehend – *konkrete Normen* angebbar sind, an denen die Entscheidungsträger, bes. die Unternehmungen, ihr Handeln ausrichten. – a) Nach der *klassischen Unternehmenstheorie* werden alle betrieblichen Aktivitäten zu einem Zweck geleitet: Der unbedingten *Maximierung des kurzfristigen Gewinns* bzw. der *Minimierung des kurzfristigen Verlusts,* unabhängig von der Marktform und von der Zahl der am Unternehmungsgeschehen beteiligten Personen (Ein- bzw. Mehrpersonen-Unternehmungen). – b) In der *modernen Unternehmenstheorie* haben sich in Bezug auf Inhalt und Zustandekommen der Ziele bedeutsame Wandlungen vollzogen. Man spricht von einem *Zielbündel,* das in Unternehmungen angestrebt wird. Einzelziele können z.B. in der langfristigen Gewinnmaximierung, der Machtexpansion, der Umsatzsteigerung u.Ä. bestehen. Auch die Arbeitnehmer haben Ziele, die in Unternehmen zum Tragen kommen (z.B. Einkommensziele, Karriereziele u.Ä.). Hier entsteht mitunter ein *Zielkonflikt.* Die Zielbildung wird heute als multipersonaler Vorgang begriffen; d.h. Ziele mehrerer Entscheidungsträger (Arbeitnehmer, Aktionäre, Manager, Banken etc.) gehen in das Zielbündel ein. – Vgl. auch Unternehmungsziele.

II. Unternehmensforschung/Entscheidungstheorie: Die Zielfunktion drückt den Zusammenhang zwischen Entscheidungsvariablen und Zielkriterien eines Optimierungsproblems aus. $x_o = f_o(x_1, x_2, ..., x_n)$, die bei einem Optimierungsproblem jedem Vektor $(x_1, x_2, ..., x_n)$ von Zahlen $x_1, x_2, ..., x_n$, bes. auch jeder Lösung des betrachteten Restriktionssystems, einen Zielwert x_o zuordnet.

Zielgesamtheit → Coverage-Fehler.

Zinsrechnung – Teilgebiet der → Finanzmathematik. – **1.** *Begriff:* Berechnung von → Zinssatz, Endkapital, Anfangskapital und Laufzeit. Folgende Symbole werden verwandt: p = Zinssatz, q = Zinsfaktor, mit q = 1 + p/100, K_0 = Anfangskapital (Kapital zu Beginn der Laufzeit), K_n = Endkapital (Kapital am Ende der Laufzeit), n = Laufzeit (Jahre). – **2.** *Arten:* a) *Einfache Verzinsung:* Vorgeschriebene Zinsrechnung zwischen Privatleuten. – *Formeln:*

$$K_n = K_0 \cdot (1 + n \cdot \frac{p}{100}), \quad K_0 = \frac{K_n}{1 + n \cdot \frac{p}{100}},$$

$$n = \left(\frac{K_n}{K_0} - 1\right) \cdot \frac{100}{p}, \quad p = \left(\frac{K_n}{K_0} - 1\right) \cdot \frac{100}{n}.$$

b) *Zinseszinsrechnung:* Übliche Verzinsung bei Banken und Geschäftsleuten. – *Formeln:*

$$K_n = K_0 \cdot q^n, \quad K_0 = \frac{1}{q^n} \cdot K_n,$$

$$p = \left(\sqrt[n]{\frac{K_n}{K_0}} - 1\right) \cdot 100, \quad n = \frac{\log \frac{K_n}{K_0}}{\log q}.$$

Vgl. auch → Barwert, → Diskontierung. – c) *Unterjährige Verzinsung:* Die Intervalle der Verzinsung sind kleiner als ein Jahr, m Intervalle pro Jahr. – *Formeln:*

$$K_n = K_0 \cdot \left(1 + \frac{p}{m \cdot 100}\right)^{n \cdot m},$$

$$p^* = \left(\left(1 + \frac{p}{m \cdot 100}\right)^m - 1\right) \cdot 100,$$

wobei: p^* = effektiver Jahreszins. – d) *Stetige Verzinsung:* Die Intervalle der Verzinsung werden als unendlich klein angenommen, m geht gegen Unendlich. Diese Überlegung hat in der Zinsrechnung wenig praktische Bedeutung, sondern findet Anwendung bei Wachstumsvorgängen. Formel:

$$K_n = \lim_{m \to \infty} K_0 \cdot \left(1 + \frac{p}{m \cdot 100}\right)^{n \cdot m} = K_0 \cdot e^{\frac{p \cdot n}{100}},$$

$$p^* = \left(e^{\frac{p}{100}} - 1\right) \cdot 100.$$

wobei: p^* = effektiver Jahreszins.

Zinssatz – wird üblicherweise als Synonym für *Zinsfuß* gebraucht. Für die Zwecke der Finanzmathematik ist es aber zweckmäßig, zwischen dem Zinssatz (p% = p/100) und dem Zinsfuß (p) zu unterscheiden.

zufälliges Ereignis – in der Statistik Teilmenge der → Ergebnismenge eines → Zufallsvorganges. – *Beispiel:* Beim Würfeln das Ereignis, „eine 1" bzw. „eine gerade Zahl" bzw. „höchstens eine 4" zu erhalten.

Zufallsauswahl – Verfahren der Auswahl von Stichproben, bei dem jedes Element der → Grundgesamtheit eine vorab bekannte Chance besitzt, in die Stichprobe zu gelangen. – **1.** *Verfahren:* bekanntestes Verfahren ist die einfache Zufallsauswahl, bei der jedes Element die gleiche Wahrscheinlichkeit hat. Komplexere Verfahren gehen von einer Unterteilung der Grundgesamtheit in Teilgesamtheiten aus, wobei jedes Element der Grundgesamtheit zu genau einer Teilgesamtheit gehört. Bei der geschichteten Zufallsstichprobe werden aus allen Teilgesamtheiten einfache Zufallsstichproben gezogen. Bei der Clusterauswahl werden zufällig Teilgesamtheiten gezogen, die dann vollständig erhoben werden. Bei der zweistufigen Auswahl werden zunächst zufällig Teilgesamtheiten gezogen, in denen dann durch einfache Zufallsauswahl wiederum Einheiten gezogen werden. Diese Grundformen lassen sich kombinieren und erweitern. So kann die

Auswahl der Cluster mit einer geschichteten Stichprobe erfolgen. – 2. *Zufallsstichproben in der Praxis*: In der Praxis sind bes. zufällige Telefonstichproben und Stichproben für persönliche Befragungen relevant. Bei ersteren werden beim *Gabler-Häder-Verfahren* von den in Telefonbüchern bekannten Telefonnummern die letzten beiden Ziffern gestrichen und alle möglich Ziffern von 00 bis 99 wieder angehängt. Dadurch werden auch solche Haushalte erreicht, die nicht in den Telefonbüchern verzeichnet sind. Bei Stichproben zur persönlichen Befragung werden zunächst lokale Einheiten von ca. 1500 Einwohnern (sog. Sample Points) ausgewählt, aus denen dann nach einem Zufallsverfahren Haushalte ausgewählt werden. Bei beiden Verfahren erfolgt dann die Auswahl der zu befragenden Person z.B. nach dem Last-Birthday-Verfahren, bei dem die Zielperson befragt wird, welche zuletzt Geburtstag hatte. – *Anders:* → Bewusste Auswahl.

Zufallsexperiment → Zufallsvorgang.

Zufallsfehler → Stichprobenzufallsfehler.

Zufallsgenerator → Algorithmus zur Erzeugung von gleichverteilten, d.h. mit gleichen Realisierungswahrscheinlichkeiten versehenen → Zufallszahlen. Die durch einen Zufallsgenerator im Computer erzeugte Folge von Zufallszahlen muss statistischen Tests, bes. auf Gleichverteilung und Unabhängigkeit genügen. Zum Einsatz kommt häufig der lineare Kongruenzgenerator (Lehmer 1949):

$$x_{n+1} \equiv (k^* \cdot x_n + 1) \bmod m,$$

wobei x_0 die Zufallsstartzahl, k, l, m $\in$ N geeignet und zu wählende Parameter sind; es muss m > max (k, l, x_0) sein. Aus der gewonnenen Folge (x_i) i = 1, ..., m können durch Transformationen andere → Verteilungen erzeugt werden.

Zufallsschwankung – in der → Zeitreihenanalyse und bei → Prognosen diejenige Komponente einer Zeitreihe (→ Zeitreihenkomponenten), durch die ein nicht dominierender und sich auf längere Frist ausgleichender Resteinfluss erfasst wird.

Zufallsstichprobe – Ergebnis einer nach Zufallsauswahl (→ Auswahlverfahren) durchgeführten → Teilerhebung. Da Zufallsstichproben nur zufallsabhängig sind, können ihre Kenngrößen mit Methoden der → Inferenzstatistik auf die → Grundgesamtheit übertragen werden (→ Hochrechnung). Eine Zufallsstichprobe wird daher als repräsentativ für die Grundgesamtheit bezeichnet. – Zu *unterscheiden* sind Zufallsstichproben als Ergebnisse → uneingeschränkter Zufallsstichprobenverfahren und → höherer Zufallsstichprobenverfahren.

Zufallsstichprobenverfahren – in der Statistik Verfahren einer → Teilerhebung mit zufälliger Auswahl der → Untersuchungseinheiten (→ Auswahlverfahren); dadurch Gewinnung einer → Zufallsstichprobe. – *Zu unterscheiden:* → uneingeschränkte Zufallsstichprobenverfahren; → höhere Zufallsstichprobenverfahren.

Zufallsvariable – in der Statistik eine Größe, die ihre Werte (Realisationen) mit bestimmten → Wahrscheinlichkeiten annimmt bzw. die mit gewissen Wahrscheinlichkeiten Werte in Intervallen annimmt. Im letzteren Fall kann die mathematische Beschreibung der Wahrscheinlichkeiten über → Wahrscheinlichkeitsdichten (Dichtefunktionen) erfolgen. Aus einem → Zufallsvorgang entsteht eine Zufallsvariable bspw. dadurch, dass jedem Ergebnis des Zufallsvorganges eine reelle Zahl zugeordnet wird (z.B. Anzahl der Augen beim zweifachen Würfelwurf, Summe der täglichen Verkäufe eines Produkts in einer Woche). – a) Eine *diskrete Zufallsvariable* ist dadurch gekennzeichnet, dass sie höchstens abzählbar unendlich viele Werte annehmen kann; ihre → Verteilung kann durch eine → Wahrscheinlichkeitsfunktion dargestellt werden. – b) Eine *stetige Zufallsvariable* kann überabzählbar unendlich viele Werte annehmen. Ihre Verteilung wird z.B. durch eine → Dichtefunktion repräsentiert. – Vgl.

auch → Zufallsvektor, → ökonometrische Modelle.

Zufallsvektor – *mehrdimensionale Zufallsvariable;* Kombination von mehreren → Zufallsvariablen, die auf der → Ergebnismenge desselben → Zufallsvorganges erklärt sind. Für Zufallsvektoren können analog zum eindimensionalen Fall einer Zufallsvariablen → Verteilungsfunktion, → Wahrscheinlichkeitsfunktion und → Dichtefunktion erklärt werden.

Zufallsvorgang – *Zufallsexperiment;* Vorgang, der unter konstanten Rahmenbedingungen beliebig wiederholbar ist und dessen Resultat nicht sicher vorhergesagt werden kann.

Zufallszahlen – durch einen Zufallsmechanismus gewonnene Folge der Ziffern 0, 1, 2, ..., 9 mit der Maßgabe, dass jede Ziffer mit → Wahrscheinlichkeit 0,1 aufgetreten ist *(gleichverteilte Zufallszahlen).* Z.B. können Zufallszahlen durch Entnahme von Kugeln mit Zurücklegen aus einer Urne gewonnen werden, die je eine Kugel mit den Ziffern 0, ..., 9 enthält, oder durch Ausspielen einer Walze mit einem regelmäßigen Zehneck als Grundfläche. Zufallszahlen werden heute i.d.R. nicht experimentell, sondern maschinell erzeugt *(Pseudo-Zufallszahlen),* wobei jeweils ein geeigneter deterministischer Generierungsprozess zugrunde gelegt wird (→ Zufallsgenerator). Die Überprüfung der Qualität einer Ziffernfolge, zufällig zu sein, erfolgt mithilfe → statistischer Testverfahren. Zur Erzeugung von Zufallszahlen, die → Realisationen einer → Variablen mit einer bestimmten → Verteilung, z.B. einer → Normalverteilung, sein sollen, werden gleichverteilte Zufallszahlen geeignet transformiert. – Für die *praktische Anwendung* stehen auch tabellarische Verzeichnisse von Zufallszahlen zur Verfügung (→ Zufallszahlentafel).

Zufallszahlentafel – *Randomtafel;* tabellarisches Verzeichnis von gleichverteilten → Zufallszahlen, das z.B. bei der technischen Gewinnung einer uneingeschränkten Zufallsstichprobe (→ uneingeschränktes Zufallsstichprobenverfahren) verwendet wird.

Zugangsfunktion – Begriff aus der → Verlaufsstatistik. In der beschreibenden Statistik ordnet die Zugangsfunktion Z jedem Zeitpunkt t die kumulierte Zugangsmenge (oder die Zugänge) Z(t) im Beobachtungsintervall $(t_0, t]$ zu; t_0 ist dabei ein fest gewählter Beobachtungsbeginn.

Zwei-Punkteform – dient zur Bestimmung der Funktionsgleichung einer → linearen Funktion, von der die Koordinaten zweier Punkte $(x_1; y_1)$ und $(x_2; y_2)$ bekannt sind:

$$\frac{y_2 - y_1}{x_2 - x_1} = \frac{y_1 - y}{x_1 - x}.$$

Vgl. auch → Punktsteigungsform.

zweiseitige Fragestellung – bei → statistischen Testverfahren der Fall der Prüfung einer Punkthypothese, also nur einen Wert umfassende Behauptung über den Wert eines → Parameters der → Grundgesamtheit. In diesem Fall besteht die → kritische Region, die mithilfe einer geeigneten → Prüfgröße abgegrenzt wird, aus zwei getrennten Teilintervallen. Die Hypothese wird abgelehnt, falls ein zu niedriger oder zu hoher Wert der → Prüfvariablen resultiert. – *Gegensatz:* → einseitige Fragestellung.

Zwischeneintrittszeit – Zeitspanne, die zwischen zwei aufeinander folgenden Ereignissen (z.B. Ankünfte in einem Wartesystem) vergeht.

Zwischenklassenvarianz → externe Varianz.

SPRINGER NATURE

GPSR Compliance

The European Union's (EU) General Product Safety Regulation (GPSR) is a set of rules that requires consumer products to be safe and our obligations to ensure this.

If you have any concerns about our products, you can contact us on ProductSafety@springernature.com

In case Publisher is established outside the EU, the EU authorized representative is:

Springer Nature Customer Service Center GmbH
Europaplatz 3
69115 Heidelberg, Germany

The manufacturer's authorised representative in the EU is Springer Nature Customer Service Centre GmbH, Europaplatz 3, 69115 Heidelberg, Germany. If you have any concerns regarding our products, please contact ProductSafety@springernature.com

Printed and bound by CPI Group (UK) Ltd, Croydon, CR0 4YY
25/03/2026
02078194-0001